추천사

이어령 _____

초대 문화부 장관, 한중일비교문화연구소 이사장

2011년 봄, 나의 딸 이민아 목사는 이 책의 저자인 김재호 교수의 초대로 부산의 여러 대학과 교회들을 다니며 간증 집회를 했다. 그것이 내가 저자를 알게 된 인연의 시작이었다. 그때 부산대학교 설립자 윤인구尹仁駒 총장에 대한 감동적인 이야기를 들었다.

그 후 이민아 목사는 기도하던 중에 교육의 변화를 위한 '거룩한세대(HGe: Holy Generation in Education) 기도운동'에 대한 마음을 받고 김재호 교수와 그 마음을 나누었다. 그것이 계기가 돼 2012년부터 부산의 기독교수들이 시작한 HGe 운동은 지금까지 6개 국 24개 도시로 확장되어 이어가고 있다. 나로서는 너무나 감사하고 반가운 소식이다.

HGe 기도운동과 이 책은 거룩한 다음세대를 세워간다는 점에서 맥을 같이하고 있다. 이 책의 주인공, 부산대학교 초대총장 윤인구는 다음세대를 세우는 교육을 이렇게 정의했다.

"교육은 버려진 차가운 돌덩어리에서 혈맥이 뛰는 생명체를 조각해내는 일이다."

그의 말은 오늘의 교육 지반을 뒤흔드는 진리이다. "교육이 종교의 길을 걷지 않고는 완성을 보지 못할 것"이라고 경고하던 윤인구의 의견에 나는 동의한다.

인간의 지성만으로 온전한 교육을 이루려는 시도는 이미 실패했다. 깨어지고 부서진 실패의 조각들 사이에, 존재적으로 불완전한 인생들이 울부짖는 신음 위에 하나님의 은혜가 임해야 한다. 우리의 교육 또한 지성을 넘어 영성으로 인도받아야 한다.

나는 이 책에서, 하나님의 나라는 하나님의 마음을 받아 그 뜻에 치열하게 순종한 이들에 의해 세워진다는 사실을 또 다시 확인하였다. 세상에 하나님의 나라를 이루는 일 가운데 가장 중요한 영역인 교육에서 무엇이 가장 소중한 가치인지를 또한 돌아보게 되었다.

이 책은 시대를 뛰어넘어 참된 교육의 정신을 일깨우는 윤인구의 치열한 삶을 깊이 있게 드러낸다. 나는 이 책의 독자들이 거룩한 다음세대를 세우시려는 하나님의 마음을 받게 됨으로써 하나님의 나라를 넓혀가리라 믿는다. 아울러 학교와 교회에서 이 책을 읽는 자마다 훌륭한 사랑의 스승이 되어 거룩한 다음세대를 일으킬 수 있기를 기도한다.

정권섭 ────
전 동서대학교 총장, 부산대학교 56학번

나는 올해(2017년) 84세이다. 요즘은 눈이 아파서 도저히 30분 이상 글을 읽을 수가 없다. 하지만 이 책은 끝까지 단숨에 다 읽었다. 하나님의 뜻과 역사가 저자의 간증을 통해 흥미진진하면서도 알기 쉽게 드러나 있어서다.

윤인구 선생님은 나에게 아버지 같은 분이시다. 나를 아들처럼 사랑해주셨다. 윤인구라는 보화가 가슴 아픈 역사로 말미암아 흙 속에 묻혀 있다가, 주님의 은혜로 세상에 드러나게 되었다. 내 평생 그분이 묻혀 있다는 것을 아쉬워했다. 그러니 이 책은 나에게 특별한 은혜이다.

내가 마땅히 스승 윤인구를 재조명해야 하는데, 주께서 나 대신 저자에게 그 일을 맡기셨다. 만일 내가 그 일을 감당한다면 개인의 생각이 많이 들어갈 수 있어 주님의 의를 드러내기에 합당치 않을 것이다. 사랑하고 존경하는 윤인구를 역사 속에 묻어버린 사람들에 대한 원한, 사심, 편견이 들어갈 수도 있기 때문이다. 60년 이상 묻혀 있던 윤인구에 대한 역사를 그와 생면부지인 김재호 교수를 통해 다시 찾게 하신 하나님의 기묘한 계획을 찬양한다. 아무런 선입견이 없는 사람을 통해 윤인구가 기적적으로 드러나게 되었기에 그가 더욱 온전하게 빛난다. 전공학문에 관한 글쓰기는 교수라면 누구나 할 수 있는 일이다. 그러나 이 일은 하나님께서 쓰시는 사람만이 할 수 있는 일이다. 그동안 분량에 넘치는 수고를 해온 저자에게 감사한다.

이 책이 우리나라 교육에 새 지평을 여는 계기가 될 것이라 믿는다. 하나님의 뜻이 윤인구의 삶을 통해 우리에게 전달된 책이기 때문이다. 김 교수의 책이 나오게 됨에 따라 이 땅의 교육자들에게 불가항력적 사명이 주어졌다고 나는 믿는다. 이제 이 땅의 교육자 모두가 세상을 밝히는 새로운 횃불을 쥐어주시는 주님을 만나기 원한다.

윤인구는 씨앗을 심었다. 이제는 30배, 60배, 100배로 거둘 수 있도록 갈무리할 때이다. 그 열매는 온 세상으로 확장되어 갈 것이다.

나는 이 일을 위해 기도하는 중보기도자로 살아가고자 한다.

하나님께 영광!

송인수 ———
사교육걱정없는세상 공동대표

이 책의 저자 김재호 교수는 2016년 대학 체제 개편 관련된 거점 국립대 교수협의회 임원들이 우리 단체를 방문했을 때 처음 만났다. 그는 그때 부산대 교수협의회 회장이었다. 그는 국립대의 입시 제도를 확 뜯어고쳐 공교육을 정상화시키고 아이들에게 입시 고통의 부담을 획기적으로 덜어주자는, 교수들에게 일반적으로 기대할 수 없는 파격적인 제안을 했다. 그 놀라운 이야기에 반갑기는 했지만, 그 의도가 궁금했다. 그러나 그가 준비해온, 공교육을 제대로 살려야 한다는 취지의 내부 문건을 읽을 때, 나는 불현듯 뜨거움이 솟구치는 것을 느꼈다. 그 뜨거움이란 내 것을 주장하지 않음, 공익적 가치를 위해 나를 던지고자 하는 희생, 아이들을 사랑하는 진정성 같은 것이 혼합되어 나타나는 어떤 열정이었다.

그런 그가 어느 날 윤인구 부산대 총장에 관련된 책을 준비한다는 이야기를 들었다. 그리고 며칠 전 원고가 내게로 왔다. 나는 그의 원고를 읽고 두 가지 면에서 깜짝 놀랐다. 하나는 윤인구라는 부산대 설립자 총장의 삶도 귀했지만, 필자가 그 분의 삶을 글로 세상에 드러내기로 결정하는 과정이 놀라웠다는 것이다. 하나님의 세밀하신 인도하심에 이끌려 그 삶을 추적하는 과정의 기록은 필자 김재호 교수의 회심기이기도 하다. 추적의 과정을 통해 만난 윤인구를 통해 교육자로서의 필자의 삶과 태도가 바뀌었다. 그래서 나는 이 책의 의도를 이렇게 평가한다. 우선, 윤인구를 드러냄으로 부산대 동문들이 그를 재평가하기를 기대하는 마음은 아닐 것이다. 그 대신, 과거 예수를 만난 한 사람이 그의 사랑을 품고 젊은이들을 사랑하며 자기 생을 던진 그 과정을 통해, 이 땅의 신자들에게 "예수를 따라 사는 제자의 삶이란 것이 이것이니, 그러니 그대들도 그렇게 살라" 그렇게 촉구하고자 함일 것이다. 그 촉구를 위해 먼저 필자가 바뀐 것이니, 하나님은 가장 적합한 필자를 찾으신 것이다. 내가 그를 처음 만났을 때 느낀 열정과 뜨거움의 이유를 비로소 이해할 수 있었다.

두 번째로 내가 놀란 것은 책의 내용이다. 내 삶을 바꾼 사람은 손봉호, 장기려, 김교신 등 여럿 계시지만, 기독교사운동을 하는 과정에서 만난 김기열 장로야말로 그 귀함은 말로 다 표현할 수 없는 존재였다. 소박하고 검소하지만, 고통 받는 아이들을 사랑하는 뜨거움에 자기를 다 불태우신 분. 그 분이야 말로 작은 예수였는데, 그가 윤인구 총장의 제자였다니!

제자로 선생의 어떠함을 짐작해 본다 할 때, 김기열 장로를 통해 한번도 만난 적이 없던 윤인구 총장이 어떤 존재인지가 짐작되었다. 오랫동안 알지도 못하는 옛적 한 분이 나와 무슨 관계가 있나 싶었는데, 그가 김기열 장로를 매개로 나를 만나고, 필자인 김재호 교수를 통해 내 인생으로 들어와 나를 도전하고 다시 일깨우다니! 따지고 보면, 윤인구 총장을 뜨겁게 바꾼 또 다른 스승이 있을 터이고, 그와 그 다음을 거슬러 가면 2000년 전 12제자를 만나고 또 예수를 만날 것이다. 과연 오늘의 나됨은 그 무수한 매개의 존재들을 통해 예수를 만난 결과이니, 그 '매개'의 삶은 참으로 존귀하다.

따지고 보면, 작은 예수는 윤인구 총장만이 아니다. 그의 제자 김기열 선생이 작은 예수요, 김 교수를 위해 기도해주시던 파출부 김덕개 집사 할머니가 작은 예수였다. 작은 예수는 누구란 말인가? 무릇 작은 예수란 예수를 따르는 제자다. 제자란 무엇인가? 내 것은 없는 자이고 오직 그리스도와 일체 한 몸인 존재다. 그리스도를 만난 후 내 안전의 울타리를 불태우고 그를 따라 나서고자 결심한 자이다. 내 이익의 울타리를 좁히고 오직 고통 받는 이웃들의 터전을 넓히기 위해 울며 씨를 뿌리는 자다.

제자들을 통해 예수는 자기 삶을 살도록 우리를 격동한다. 어제 그 삶을 살았던 자가 아니라, 오늘 그 삶을 사는 자, 지난 젊은 시절에 그런 삶을 살아봤던 자가 아니라, 세월 지난 오늘 그 삶을 여전히 사는 자, '작은 예수'란 그래서 현재를 살라는 명령이다. 그 삶을 살라고 흔드는 뜨거운 책 한 권을 만나 눈물겹게 반갑고 감사하다.

하형록 ————
팀하스(Tim Harrs) 회장, 목사, 건축가

그는 그렸다. 윤인구 부산대학교 초대총장, 그는 일찍이 금정산 기슭에 광명(光明)을 비추고 생명이 싹틀 교육 터전의 꿈을 그렸다.

그는 찾았다. 김재호 교수, 그는 예수를 만난 뒤 윤인구 부산대 초대총장을 또한 발견하였다.

나는 보았다, 그때 그들이 그렸던 역사가 오늘 진실로 소중한 교육의 본질임이 밝혀졌음을….

나는 걸었다, 2014년 2월 8일 부산대 캠퍼스를 김재호 교수와 함께….

김 교수는 부산대학교에 숨겨졌던 어마어마한 비밀을 보여 주었다. 감탄하지 않을 수 없었다. 대학 캠퍼스 속에 묻혀 있던 영적인 비밀이 빛이 비춰듯 환하게 밝혀졌다.

나는 건축가다. 건축가는 건물의 방향, 위치, 모양, 재료, 크기를 통해 설계하는 건물의 목적과 의도와 아울러 건축 당시의 시대정신과 영적인 면을 그린다.

나는 걸어서 박물관으로 갔다. 특이한 점은 이 건물이 그 당시 한국에서 주로 쓰는 건축 재료와 달리 돌로 지어졌다는 사실이다. 더욱 놀라운 사실은, 이 건물이 처음 지어졌을 때는 예배드리는 채플(Chapel)이었다는 것이다. 여기에서 나는 두 가지 의미를 눈으로 보았다.

첫 번째 본 것은 그 시절 윤인구 총장이 부산대학교를 창설하실 때의 어려움이었다. 해방 이후 너무 가난해 건물을 지을 재료를 살 돈이 없었다. 그는 땅에 흩어져 있던 돌을 모아 고색창연한 석조전을 지었다. 그 시절의 아픔을 아름답게 그려낸 것이다. 그는 우리나라의 역사를 그렸던 것이다.

두 번째 보고 느낀 것은 그가 하나님의 말씀으로 그 건물을 건축했다는 것이다. 성경에서 돌은 하나님의 말씀을 상징한다. 인간들이 바벨탑을 지을 때 하나님이 한탄하셨다. 창세기 11장 3절에서 그들이 "벽돌로 돌을 대신"하여 바벨탑을 지었다고 했다. 벽돌은 인간이 만든 것이고 돌은 하나님이 직접 만든 것이다. 벽돌은 아무리 좋아도 500년 이상 지탱할 수 없지만, 돌은 영원하다. 벽돌은 인간의 방법이다. 돌은 하나님의 방법이다. 하나님의 말씀이다. 따라서 성경은 하나님을 만세반석(Rock of Ages)이라고 한 것이다. 부산대학교 캠퍼스는 말씀으로 지어졌다.

나는 캠퍼스를 계속 걸었다. 이번에는 마치 캠퍼스를 얼싸안고 있는 듯한 순환도로를 걸었다. 특이했다. 캠퍼스의 지도가 그려져 있는 간판에 왔을 때 김 교수가 알려주었다. 그 길의 모양이 울리는 '종' 모양이라고….

김 교수가 발견한 책자를 내게 보여 주었다. 윤인구 총장이자 목사께서 직접 그린 캠퍼스 도면 속에 그 종의 모습이 있었다. 총장의 의도는 하나님의 진리가 부산대학교에서 영원히 메아리치기를 바란 것이다. 놀라웠다. 가슴이 뭉클했다.

걷고 걸어 이번에는 옛 본관(현 인문관)으로 왔다. 이 건물은 그 시대에 없던, 앞면이 온통 투명한 유리로 지은 것이다. 감춤이 없는 투명성을 보여주었다. 그 위치와 방향 또한 특이했다. 이 건물은 마치 종을 울리는 종의 추 같은 모양을 하고서 캠퍼스 가운데 자리 잡고 있었다. 이 건물이 마치 대학의 심장이 되어 하나님의 말씀을 울리게 하는 종 같았다. 나의 마음을 울렸다.

나는 이 건물 안에 들어갔다. 건물 앞면의 투명한 유리창을 통과한 햇빛이 로비의 계단을 감싸고 있었다. 3층쯤 올라와 유리창으로 가까이 다가가 밖을 내다보았다. 1층에 있는 입구 캐노피의 지붕이 보였다. 뭉클했던 가슴이 결국 터져 눈물이 고이게 했다. 그 지붕 위에 십자가 모습이 뚜렷했다! 이것은 우연히 만든 구조적 형태가 아니다. 의도적으로 설계한 십자가 모습이다.

나는 알았다, 윤인구 총장께서 심은 진실의 비밀을, 그가 감춘 영적인 보물을…. 김재호 교수께서 숨어 있던 그 보물을 다시 찾아낸 것이다.

윤인구 총장을 세상에 드러내는 것은 부산대학교의 영적인 역사를 드러내는 것이며, 이 비밀을 드러내는 것은 곧 예수님을 드러내는 것이다. 그것은 곧 오랜 부흥의 우물을 다시 여는 것이기도 할 것이다. 나는 이 보물을 보면서 주님의 역사하심을 보았다. 감춰 있던 보물을 찾아낸 김 교수에게 감사드린다.

정병오 _____
기독교윤리실천운동 상임공동대표, 오디세이학교 교사

이 책은 한국 교회와 교육계 가운데 잊혀져 있던 윤인구 박사의 삶과 정신을 새롭게 발굴하여 드러낸 귀한 기록이다. 아울러 완전히 무너져 폐허가 되어버린, 땅 속 깊은 곳에 파묻혀 있던 윤인구 박사의 흔적들을 성령의 조망을 받아 한 조각씩 찾아 그 실체적 의미를 되살려내는 김재호 교수의 영적 여정의 기록이기도 하다. 그냥 사료를 찾아 쓴 연구의 결과물이 아니라 기도와 순종을 통해 쓴 영적 싸움의 결과물이라 더욱 감동적으로 읽었다.

빛을 잃은 교회, 생명을 잃어버린 교육의 현실 가운데서 오랜 역사의 간격을 넘어 윤인구 박사와 김재호 교수를 연결시키고, 나아가 한국 교회와 교육이 나아갈 길을 제시하는 하나님의 섭리가 오묘하게 다가온다. 하나님께서 윤인구 박사의 삶과 정신을 통해서 이 시대 한국 교회와 교육계에 하시고자 하는 음성과 일이 있다는 생각을 강하게 했다.

책 중간에 저와 관련된 부분은 부끄럽긴 하지만 교육자로서 윤인구 박사의 정신을 드러내는 간접적인 자료로 사용될 수 있어서 저에게는 영광일 따름이다.

저자의 귀한 수고에 다시 한 번 감사드린다.

최보길 ___

전남대 명예교수, 전국대학교수선교연합회장

이 귀한 저서에 추천사를 쓴다는 것이 너무 부담스럽지만 한편으로 저자와 가까이 함께 동역했기에 기쁨으로 적었습니다. 이 책을 읽는 가운데 성령님께서 저자의 삶과 저술에 깊이 개입하셨다는 것이 느껴졌습니다.

역사에 묻힌 윤인구 총장의 삶의 단편들이 저자에 의해 드러나고 퍼즐처럼 맞춰지면서, 그가 과거의 인물이 아닌 마치 생동하는 듯한 모습으로 우리에게 다가옵니다. 윤 총장의 삶을 찾아가다가 벽에 부딪힐 때면 주님께 매달려 직접 응답을 받는 저자의 모습에서 우리는 하나님과 밀착되어 살아가는 사람의 모습을 볼 수 있을 뿐만 아니라, 새로운 교육의 부흥을 원하시는 하나님의 손길을 느낄 수 있습니다.

새로운 교육의 부흥에 대한 저자의 갈망은 거룩한 다음세대를 구하는 24시간 연속 기도 운동(거룩한세대 중보기도)으로 실제적으로 확장되어가고 있습니다. 또한 저자는 꿈이나 희망도 없이 영적 어둠에 매여 있는 학생들에게 분명한 삶의 방향을 제시하기 위해 멘토링 교안을 만들고 직접 학생들을 지도함으로써 놀라운 열매를 맺어가고 있습니다.

아무쪼록 독자들이 교육의 참된 모델인 윤인구 총장의 삶을 본받게 되고, 참된 교육을 통한 새로운 부흥을 함께 열망하게 되기를 기도합니다. 이 책을 많은 사람들이 읽고 함께 교육의 부흥을 노래하면 좋겠습니다.

버려진 차디찬 돌덩어리에서
혈맥이 뛰는 생명체를
조각해내려는 것이
교육입니다.

_윤인구

명치학원 신학부 시절, 20대 청년 윤인구

부흥의 우물

부흥의 우물

초판 1쇄 발행 | 2018년 5월 18일

지은이 | 김재호
펴낸이 | 이한민
펴낸곳 | 아르카

등록번호 | 제307-2017-18호
등록일자 | 2017년 3월 22일
주   소 | 서울 성북구 숭인로2길 61 길음동부센트레빌 106-1805
전   화 | 010-9510-7383
이메일 | arca_pub@naver.com

홈페이지 | www.arca.kr
블로그 | arca_pub.blog.me
페이스북 | fb.me/ARCApulishing

책   값 | 뒤표지에 있습니다
I S B N | 979-11-961170-8-5 03230

아르카ARCA는 기독출판사이며 방주ARK의 라틴어입니다(창 6:15).
네가 만들 방주는 이러하니 … 새가 그 종류대로, 가축이 그 종류대로,
땅에 기는 모든 것이 그 종류대로 각기 둘씩 네게로 나아오리니 그 생명을 보존하게 하라 _창 6:15,20

예수 제자들이
찾아 마셔야 할
생명 교육의 정수

부산대 초대총장
연세대 3대 총장
윤인구 이야기

부흥의 우물

A Well of Revival

김재호 지음

아르카

교육계에 작은 예수를 일으키라

교육이 종교의 길을 걷지 않으면
인류에게 미래가 없다.
_윤인구

우리나라 교육에 소망이 있을까?

지금까지 교육 개혁에 수많은 방법이 동원되었지만 모두 실패했다. 해방 이후 70년 동안 교육부 장관이 56명이었다. 평균 재임기간은 1.25년이다. 이 중 누구도 교육의 문제를 제대로 해결하지 못했다. 하지만 그들이 교육을 위해 최선의 노력을 다하지 않았다고 말할 수 있을까? 이제는 장관이 바뀐다고 교육이 개혁되리라 생각하는 사람은 아무도 없다. 교육에 관해서는 국민 모두 자포자기 상태. 어떤 새로운 제도를 시도한다 해도 성공할 가능성이 없어 보이는 탓이다. 더 이상 교육 회복을 꿈꿀 수 없는 지경에 이르렀다.

교육계에서 일하는 하나님의 사람들은 각자의 자리에서 최선을 다하고 있다. 하지만 국가적 교육 몰락의 준엄한 현실을 뒤집을 힘이나 가능성은 없어 보인다. 곳곳에서 탄식의 기도가 하늘로 올라가고 있다. 우리가 할 수 있는 일이라고는 기도 외에 없는 듯하다. 하나님만이 답이시다.

²³여러 해 후에 애굽 왕은 죽었고 이스라엘 자손은 고된 노동으로 말미암아 탄식하며 부르 짖으니 그 고된 노동으로 말미암아 부르짖는 소리가 하나님께 상달된지라 ²⁴하나님이 그 들의 고통 소리를 들으시고 하나님이 아브라함과 이삭과 야곱에게 세운 그의 언약을 기억

만약 하나님께서 400년간 노예 생활을 한 이스라엘 민족을 기억하신 것처럼 우리의 교육 문제를 기억하신다면 어떤 일이 일어날까?

일제 강점기인 1920년대 초반까지 우리 국민의 99%가 문맹이었다고 동아일보는 기록한다. 그로부터 불과 몇 해 지나지 않아 상당수의 국민이 문맹에서 벗어났다. 성경이 보급되고, 우리나라 기독교에 임한 놀라운 부흥 덕분이다. 우리 할머니 할아버지 중에는 실제로 교회에서 성경 읽으시다 글을 깨우친 분들이 많다. 하나님께서 우리 민족이 무지에서 벗어나도록 도우신 것이다. 이 모든 일은 하나님께서 조선을 위해 예비하신 선교사들과 온 세상의 중보기도자로부터 비롯되었다.

지난 2007년, 1907년의 평양대부흥 100주년을 맞이한 우리는 다시 한 번 부흥을 경험하게 해달라고 기도에 매달렸다. 그러나 우리 눈에 부흥의 조짐은 전혀 보이지 않았다. 기도의 열기는 점점 식어갔다. 우리의 기도는 의미가 없었을까? 적어도 나에게는 그렇지 않다. 지난 10년간 나를 통해 시작하시고, 나에게 보여주신 주님의 인도하심이 그 증거다. 이 일을 나 같은 사람이 했다고 아무도 말하지 못할 것이다. 주께서 하신 일이다. 주님의 놀라우신 역사에 감사드린다.

내게 일어난 일이 부흥이라면, 이런 일은 나에게만 일어난 것이 아니리라 믿는다. 부흥은 봄처럼 온다. 나는 그 봄의 씨앗 가운데 하나일 뿐이다. 봄이 되면 수많은 씨앗들이 발아하고 움이 돋고 자라난다.

나는 나를 자랑하는 것을 경계한다. 그저 봄이 되었음을 나누고 싶다. 친구들이여, 형제들이여! 이제 봄이 왔다. 성령의 봄, 하나님 나라의 봄이 왔다.

2007년 3월, 모두 Again 1907을 외치며 기도할 때, 주께서 내게 "윤인구를 세상에 드러내라"고 명하셨다. 그리고 인류의 참스승이자 구세주이신 예수 그리스도를 닮은 위대한 인간 스승의 삶이 드러났다. 윤인구, 부산대학교를 설립한 초대총장이다. 그는 후에 연세대학교 3대 총장도 역임했다.

나는 윤인구의 다큐멘터리를 만드는 과정에서 일제 강점기 시절 마산 복음농업실수학교 학생이었던 윤인구의 제자 김기열을 만났다. 그는 1922년에 태어나 18세인 1940년부터 교사생활을 시작하여, 1986년까지 47년간 교직에 몸담았다. 그는 윤인구의 교육 사상을 이어받은 제자이다. 부산여고 교사와 부산 이사벨여중고 교장을 역임하고 해양고등학교 교장을 조기에 명예 퇴진하며 공직에서 은퇴한 후, 국제기능인선교학교(로뎀청소년학교)의 교장으로 20년을 무보수로 섬기다 2012년 소천하였다. 이른바 특수학교인 로뎀청소년학교에서, 그는 어려서 범죄한 청소년들을 복음으로 교화하여 세계 선교를 감당하는 선교사로 키워냈다. 김기열은 "윤인구는 누구인가?"라는 질문에 거침없이 그리고 단호하게 대답했다.

"윤인구는, 작은 예수야!"

'작은 예수'란 예수를 닮아 본받은 대로 사는 사람이다. 하나님께서는 우리가 지상에서 본받고 살아가야 할 완전한 모델로서 예수님을 보내셨다. 예수를 본받기 시작하는 지점이 부흥이라면, 개인의 부흥은 각자가 예수를 닮은 사람으로 변화되는 것이다.

순교의 영으로 자신을 바쳐 제자들을 사랑하고 헌신한 위대한 스승, 즉 작은 예수에 대한 이야기는 지금 우리 역사에서 거의 다 묻혀 있다. 주께서 그중 한 사람, 윤인구를 세상에 드러내기로 작정하셨다. 주님께서 이 책을 계기로 세상에서 또 다른 제2, 제3의 윤인구를 발견하게 하실 것이요, 또한 수많은 작은 예수들을 일으키실 것이다.

윤인구는 설교에서 예수를 신성시하거나 우리가 전혀 도달할 수 없는 고상한 인격체로 분리하는 것을 경계했다. 예수를 우리의 맏형 정도로 생각해야 한다고 제자들에게 말했다.

Again 1907 기도운동은 국가적인 부흥을 요청하는 것이었다. 그러나 부흥은 하나님이 사용하시는 한 사람으로부터 시작된다는 것을 간과해선 안 된다. 윤인구 같은 한 사람의 작은 예수를 살리고 키우는 일이, 그런 사람의 정신을 이 시대에 다시 회복하는 것이 진정한 부흥의 길이다. 한 사람의 거듭남이 또 다른 한 사람의 거듭남으로 이어지는 것이 지역 또는 국가적 부흥이다.

Again 1907을 위한 우리의 기도는 "이제 교육계에서 작은 예수를 일으키라"는 주님의 응답으로 이미 시작된 것은 아닐까 생각해본다.

이 책을 쓰기까지 10년을 기다리게 하셨다. 주께서는 나에게 '주님보다 앞서가지 않기'와 '순종하기'를 훈련시키셨다. 이 책의 모든 과정을 주께서 인도하고 계신 줄 믿는다.

주께서 이 책을 쓰게 하신 목적은 이 책을 읽는 독자 한 사람의 존재적 변화이다. 당신이 아무리 신앙이 좋은 사람일지라도, 주님은 언제나 더 위대한 변화를 이끌어내고 싶어 하신다. 그래서 이 책을 읽다가, 성령께 "저를 인도해주십시오"라고 자주 기도하기를 부탁한다.

교사와 교수들에게 부탁한다. 이 책에서 당신이 닮고 싶은 위대한 스승을 만나기를 바란다.

특별히 학부모들에게 부탁한다. 학부모는 자녀를 가장 사랑하면서 그들 곁에 가장 가까이 있는 스승이다. 그래서 부모가 주께서 원하시는 위대한 스승이 된다면 아이들은 위대한 하나님의 사람으로 자라날 것이 확실하다. 그러므로 부모들의 변화는 절실하다.

또한 청년·청소년들에게 부탁한다. 윤인구처럼 하나님의 소명을 발견하고 살아가기 바란다.

김 재 호

3부 ___ 우리가 부를 노래

1부 / 너는 나를 따르라

누가 아이들을 어둠 속에서 건질 수 있는가?

이들을 빛으로 인도할 스승은 없는가?

교회는, 그리스도인들은 도대체 무엇을 하고 있는가?

교육 정책 입안자들에게 제시할, 교육에서 진리의 길은 없는가?

이 모든 비정상적인 것에서 벗어나

마침내 교육에 광명이 임하게 할 방법은 정녕 없는가?

이 꿈을 꾸고, 이 꿈을 노래하고,

이러한 세상이 오게 할 사람은 누구인가?

우리는 빛이 너무 희귀한 세상에 살고 있다.

01

가가멜 교수를
왜 부르셨을까?

대학은 있어도
대학이 없다

우리는 지금 완전히 몰락한 교육 문화와 제도 안에서 살고 있다. 그런 상황을 알고 있으면서도 확실한 대안이 없는 것이 더 끔찍하다. 땜질식의 처방만 하다 시간을 보내고 있으며, 더 이상 교육의 회복을 꿈꾸지 않는 탓이다.

2010년 고려대 경영학과 3학년 김예슬 양이 대학을 거부하고 자퇴하면서 피켓을 들고 서 있는 사진과 기사를 보았다. 그는 대학의 문제점을 다음과 같이 지적했다.

"대학(大學)은 이름만 남은 자격증 장사 브로커로 전락했으며, 큰 배움도 큰 물음도 없는, '대학' 없는 대학이 되어버렸다. 나는 누구인지, 왜 사는지, 무엇이 진리인지 물을 수 없었다. 우정도 낭만도 사제

간의 믿음도 없었다. 그래서 오늘 나는 대학을 그만 둔다. 아니, 거부한다!"

참으로 부끄러운 일이다. 한 대학생이 일어나 대학이 잘못되었다고 말하는데, 그렇지 않다고 나설 수 있는 교수는 아무도 없었다. 모두 부끄러워 숨은 것은 아닌가? 그 후 세상은 잠잠해졌다. 아무 일도 없었다는 듯, 대학은 여전히 대학 아닌 대학으로서 굴러가고 있다.

대학생들은 교수가 적(敵)이라고 말한다. 학생들은 교수에게 학점을 잘 받으려 하고, 교수 또한 학생들을 점수로만 평가한다. 지금 학생들이 교육을 받는 목적은 오직 취직을 위한 것이다. 좋은 스펙과 높은 학점 따기일 뿐이다.

초중고등학생들은 오직 대학에 가기 위해 공부한다. 시험이라는 과정을 통해 일부 학생만 선택하고 나머지는 폐기물 취급한다. 우리나라 교육은 '비교육적인 선택 프로세스'의 교육이다. 교육의 목적이 왜곡되어버린 것이다. 그러니 대다수인 버려지는 아이들의 문제는 정말 심각하다. 그로 인한 일부 아이들의 폭력은 사회를 놀라게 할 만큼 끔찍하다. 그들이 그렇게 된 것은 교육의 책임이다. 아이들은 이렇게 죽어가고 있다.

아이들을 지도해야 하는 교수와 교사의 권위는 땅에 떨어졌다. 교사가 아이들을 성희롱하는 건 다반사고 성폭력까지 해서 실형을 받는다. 어느 여교사는 초등생 남자 아이와 성관계를 맺었다. 교수의 갑질은 언론의 뭇매를 맞고 있다. 제자에게 인분을 먹인 교수도 있다고 한다. 나는 상상하지 못한다. 상황이 이 지경인데도 아무런 일이 없었다는 듯, 세상은 여전히 조용하게 굴러간다. 이것저것 다 해보다 이제는 모두 포기한 것이다.

그러나 교육이라는 이 중차대한 문제를 포기하고 있다는 것이 말이 되는가? 누가 아이들을 어둠 속에서 건질 수 있는가? 이들을 빛으로 인도할 스승은 없는가? 교회는, 그리스도인들은 도대체 무엇을 하고 있는가? 교육 정책 입안자들에게 제시할, 교육에서 진리의 길은 없는가? 이 모든 비정상적인 것에서 벗어나 마침내 교육에 광명이 임하게 할 방법은 정녕 없는가? 이 꿈을 꾸고, 이 꿈을 노래하고, 이러한 세상이 오게 할 사람은 누구인가?

우리는 빛이 너무 희귀한 세상에 살고 있다.

나는 가가멜
교수였다

나는 1992년 35세에 교수가 되고, 1997년 40세에 예수를 믿었다. 그리고 신앙생활 10년만인 2007년, 50세에 주님의 인도하심으로 윤인구를 탐구하기 시작하였다. 윤인구를 알게 된 후, 교육의 회복은 나의 꿈이요 소망이 되었다.

2007년 2월 초였다. 따르릉! 내 교수실의 전화기가 울어댔다.

"총장 비서실입니다. 총장님께서 김 교수님께 문화콘텐츠개발원 원장을 맡아달라고 부탁하셨습니다."

이런 황당한 말은 갑자기 뭐란 말인가? 공학자인 나는 문화콘텐츠라곤 한 번도 만들어 본 일이 없다. 나는 영상처리 전공, 시스템 및 반도체 설계 전문가인 전자공학과 교수이다. 인문학적인 소양도 많지 않다. 나에게 전혀 어울리지 않을 뿐 아니라 감당할 수도 없는 자리였다. 반도체를 설계하는 전자공학과 교수가 그 일을 어떻게 할 수 있겠는가?

"나는 그런 자리를 맡아서 할 수 있는 능력이 도무지 없습니다."

바로 사양했다. 그러나 비서실장은 물러서지 않았다.

"총장님의 뜻입니다. 여러 방도로 알아보신 후 김 교수님으로 결정하셨습니다."

나는 이런 일이 왜 어떻게 벌어졌는지 이해할 수 없었다.

"나는 못합니다. 다른 사람을 알아보십시오."

"김 교수님! 지난 교무위원회에서 통과된 사항입니다. 번복하기 힘듭니다. 수락해주시기를 부탁드립니다."

교무위원회라면 총장, 부총장, 대학원장, 각 단과대학 학장 등이 모인 대학교의 최고의결기구이다. 아무리 그런 자리라 해도 내 의사도 묻지 않고 논의하여 통과시키다니, 어떻게 그럴 수 있는가? 개인 의사를 전혀 물어보지 않고 대학 행정이 돌아간다는 사실에 나는 너무 화가 났다.

"나는 모르는 일입니다. 그 자리를 원한 적도 없습니다. 맡을 수 없습니다."

나는 더 단호하게 거절했다. 사실 이런 일은 사립대학교에서는 거절하기 힘들다. 하지만 부산대학교와 같은 국립대학교는 교수 개인의 권리가 철저히 존중되기에 충분히 거절할 수 있었다. 더구나 교수 중에서도 독특한 내 스타일이 그 자리에 전혀 어울릴 것 같지 않았다.

내가 삼십대의 젊은 교수일 때, 학생들은 나를 '가가멜 교수'라고 불렀다. 착한 스머프를 잡아다 실험 대상으로 괴롭히는 과학자(마법사) 가가멜처럼, 나는 학생들에게 공포의 대상이었기 때문이다. 그때 나는 내 별명이 가가멜인 줄 알지 못했다.

　나는 학생들의 실력을 최고로 만들어 주고자 했을 뿐이다. 강의 수준을 높이고 숙제도 많이 냈다. 어떤 학기에는 수강생의 50퍼센트 이상에게 F를 주었다. 그 학년의 남학생 대부분은 그 해에 입대해버렸다. 저녁 6시에 시작하여 새벽 6시까지 장장 12시간 밤샘 시험을 본 적도 있다. 이 기록은 아마도 기네스북에 올라야 할 것이다. 내 소문은 금세 대학 전체에 퍼졌다. 나의 악명(惡名)은 부산대학교의 전설이었다.

1인 8역의
워커홀릭

아내와 7년 연애 끝에 결혼했다. 나는 숙맥이었다. 손 한번 잡아보는데 2,3년 걸렸던 것 같다. 처음 손을 잡을 때 가슴이 얼마나 콩닥거렸는지 모른다. 대학 2학년 때 '알그린'이라는 미술 동아리에서 지금의 아내를 만났다. 나는 그림 그리기를 좋아했다. 4학년 때는 전자공학을 포기하고 평생 화가로 살아가고 싶은 마음마저 있었다. 클래식 음악 듣기를 좋아하고, 아름다움과 순수함에 대한 동경이 컸다. 그랬던 내가 나이 마흔일 때 하나님을 처음 만났다. 늦게 예수님을 믿기 시작했지만 아주 뜨겁게 주님을 사랑하게 되었다. 그 후 가가멜 이미지는 점점 지워져갔다.

나는 한번 일에 집중하면 며칠 밤을 새면서 식사도 거르기 일쑤다. 대학원 연구실을 2개 운영하고 있었고 학생들의 논문지도를 해야 했다. 교수로서 강의는 기본이고 벤처기업 운영과 전자 · 전기 · 컴퓨터 공학부의 학부장 및 BK21 사업단장까지 겸하고 있었다. 출석하던 교회는 작았지만 선교위원장도 맡고 있었다. 집에서 가장의 역할까지 합하면 나는 1인 8역을 하던 중이었다. (아내에게 이 글을 보여주었더니, 가장 역할은 제대로 안 했으니 1인 7역으로 적으라고 한다. 맞는 말이기도 하지만, 조금 억울하다.) 그러니 월화수목금금금의 생활이었다. 가족끼리 휴가 갈 때도 노트북을 들고 가서 일을 해 아내가 엄청 화를 낸 적도 있다. 세상 사람들 눈에는 불쌍한 워커홀릭(workaholic)이었다.

　어느 날 몹시 피곤했다. 목이 바싹 타들어 가는 증상이 자주 나타났다. 잠을 자고 일어나도 몸이 너무 무거웠다. 그런 증상이 점점 심해지기만 했다. 연구실에 출근하면 책상에 얼굴을 묻고 하루 3,4회나 잠을 청해야 했다. 그래도 피곤을 떨칠 수가 없었다. 강의를 마치면 갈증이 심해져 견디기 힘들었다. 물을 아무리 마셔도 입술과 혀는 계속 말랐다. '1인 8역'을 하다 보니 과로와 스트레스가 극심했던 것 같다. (1인 7역이라고 적으라니, 억울하다!) 결국 시한폭탄이 터져버렸다. 간염 균이 20년의 잠복 끝에 드디어 기회를 잡아 나의 간을 점령하기 시작했다. 1시간 일하면 3시간을 쉬어야 하는 만성피로에 시달린 이유가 바로 간염이었다. 의사는 경고하고 강조했다.

　"간은 손상되면 회복 불능입니다. 지금처럼 쉬지 않고 지속하면 간경화로 발전하니 절대 무리하면 안 됩니다."

　그러나 나는 미련하게도 그 많은 일들을 내려놓지 못하고 있었다.

아내는 "제발 건강을 돌보라"고 만류했지만, 그럴 수 없었다.

아버지께서 50대에 간암으로 돌아가셨다. 아버지의 임종을 지켜볼 때 '나는 간염에 걸리면 내 몸을 우선 돌보리라' 하고 결심했다. 하지만 막상 나에게 그 일이 닥치니 결정을 못 내리고 머뭇거렸다. 죽음의 시간을 늦추려면, 가정을 지키려면 대학 교수직도 휴직하고 모든 일에서 손을 놓아야 할 때라고 생각하고 있었다. 그 무렵 총장 비서실에서 이 이상한 전화가 온 것이다. 새로운 일을 하나 더 맡으라는 건 날더러 죽으라는 말과 같았다. 비서실장은 그런 내 상황을 잘 모르고 있었기에 끈질기게 부탁했다.

나의 의사와 전혀 상관없이 이상하게도 다 만들어져 나에게 찾아온 자리였다. 마음 한쪽에서 '이 일을 맡으면 아버지처럼 젊은 나이에 간암으로 죽을지도 모른다'는 생각이 들었다.

'내가 죽으면?'

아내와 딸의 얼굴이 떠올랐다.

**미국에서
받은 예언**

2005년, '맨발천사 최춘선 할아버지' 이야기를 담은 책 《가난한 자는 복이 있나니》의 저자 김우현 감독의 글을 〈버드나무〉라는 웹진에서 읽으며 성령 충만을 몹시 사모하게 되었다. 2006년 1월 1일 0시 신년 기도회 때, 나는 간절하게 기도했다.

"주님! 올해는 다른 어떤 소원도 없습니다. 다만 성령 충만을 받고 싶습니다."

그 후 2006년 봄, 나는 미국 실리콘밸리에 있는 한 벤처회사를 방문하였다. 그 회사는 크리스천인 김 사장의 운영 방침으로 하루에 두 번 예배를 드리고 있었다. 회의를 하던 사장이 함께 예배드릴 시간이 되었다면서 나를 2층의 예배실로 안내했다. 목사이면서 마케팅 책임자라는 분이 예배를 인도하고 있었다. 나는 구약 성경의 레위인 같은 사람이 지금 이 시대에도 가정과 회사를 위해 존재하고 있다는 사실이 신기했다. 나는 그 예배실의 끝자락에서 혼자 조용히 기도하고 있었다. 다른 사람에게 축복기도를 하던 백인 목사가 뚜벅 뚜벅 나를 향해 걸어 왔다. 그리고 선포하듯 내게 말했다.

"주께서 너에게 말씀하신다. 나의 눈을 보라!"

나는 당황했다. 갑자기 원하지도 않았던 상황이 아무런 방어도 하지 못하는 나를 몰아갔다. 그는 나의 두 손을 잡았다. 그 눈을 바라보는 나는 무념무상의 상태로 빠져들었다.

"나에 대한 너의 사랑을 잘 아노라. 지금까지는 내가 너를 뒤에서 돌보아 주었으나, 이제부터 내가 앞서 갈 테니 너는 나를 따라오라. 앞으로 3년 동안 너를 통하여 수많은 사람이 복을 받게 할 것이다."

'예언'이라는 걸 처음 받아본 것이었다(고전 12:10). 생소했다. 그 것이 도대체 어떤 의미를 갖는지도 몰랐다. 나는 그저, 주님께서 나를 사랑하신다는 것과 나에게 복을 주시는 이야기라고만 생각했다. 미국 여행에서 돌아온 후, 그날 받은 예언을 까마득히 잊어버렸다.

김재호 교수를 위한
중보기도팀

몇 달이 흘러 2006년 10월이 되었다. 친하게 지내던 김 집사의 부인이 집에서 기도를 하던 중 "김재호 교수를 위해 중보기도팀을 만들라!"라는 음성을 들었다고 했다. 그리고 나를 위한 중보기도팀을 구성하였다. 중보기도팀원은 각 교회의 기도 대장 같은 사람들이었다. 주님의 인도하심이 시작된 것이다. 나는 그것을 깨닫지도 못하고 있었다.

'왜 목사도 선교사도 사역자도 아닌 나 같은 별 볼일 없는 사람을 위해 이런 특별한 중보기도팀이 만들어질까?'

나는 이해할 수 없었다. 그 기도팀은 약 두 달간 나를 위한 중보기도를 했다. 부끄러운 고백이지만, 그들이 기도하는 동안 나는 별로 기도하지 않았다. 영적으로 어린아이 같아서 기도해야 할 이유를 몰랐기 때문이다. 그들은 어느 날 "기도가 찼으므로 해산한다"고 나에게 알려 왔다. 자기들끼리 모여 기도하더니, 어느 날 해산한다는 것이다. 도대체 기도한다는 사람들의 모습이 이해되지 않았다.

"문화콘텐츠개발원장을 절대 맡을 수 없다"라며 버티던 그때, 갑자기 미국에서 예언기도를 받았던 일과 중보기도팀이 구성돼 나를 위해 두 달간 기도했던 일이 떠올랐다. 주님께서 "내가 앞서 갈 테니 너는 나를 따라오라"고 하신 명령을 기억했다.

'만약 그 예언이 주님의 음성이라면…?'

그렇게 가정하고 그동안 나에게 일어난 이상한 일들을 생각해보았다. 주께서 나를 위한 중보기도팀을 만드시고, 그들이 기도하게 하셨다. 그리고 이제 나에게 문화콘텐츠개발원장 자리를 만들어주신 것이다.

"아! 이것은 주께서 앞서가시며 따라오라고 하시던 바로 그 일이구나!"

나는 소스라치게 놀랐다. 주님께서 인생에 개입하시고 인도하시는 것은 성경에서나 보던 이야기인데, 그것이 내 삶에 일어났기 때문이다. 나는 아무 영문도 모른 채 그 길에 초대된 어린아이였다.

> 내가 너보다 앞서 가서 험한 곳을 평탄하게 하며 놋문을 쳐서 부수며 쇠빗장을 꺾고
> _사 45:2

나는 아무것도 한 일이 없었다. 그런 일을 맡게 해달라고 기도도 하지 않았다. 주님의 완벽한 인도하심이었다. 주님께서 그저 "나와 함께 가자!"라고 하시면서 초대하신 일이었다. 나는 문화콘텐츠개발원장 직을 수락할 수밖에 없었다. 그러면서도, 나는 바닷가에서 모래성 쌓는 어린아이처럼 아무것도 알지 못했다. 주님께서 이 일을 통해 무언가를 이루시려는 계획이 있으시다고 믿을 뿐이었다.

나는 세상에서는 대학 교수라고 존중받으며 살고 있었지만, 영적으로는 여전히 소년에 불과했다. 그런 내게 영적인 어머니가 계셨다. 우리집에 가사 도우미로 계셨던 집사 할머니였다. 어찌 생각하면, 나를 향한 예언과 중보기도의 의미에 대해 깨닫고 내 영이 열리게 된 것도 그 집사 할머니의 기도가 아니었으면 불가능했으리라.

02

깊은 신앙과 위대한
평안의 비밀

영적 어머니,
집사 할머니가 오시다

아내와 나는 김덕개 할머니를 '집사 할머니'라고 불렀다. 우리집에서 가사를 돌보시고 아이도 봐주신 그 분은 내게 영적 어머니이시다. 학력은 초등학교 중퇴이지만 영적으로는 대학 교수에게 최고의 스승이셨다. 나의 믿음이 시작된 것은 김덕개 할머니의 오랜 중보기도 덕분이라고 할 수 있다. 할머니를 만나도록 하신 하나님께 감사드린다.

할머니는 2009년 여름, 94세에 소천하셨다. 나는 그 분의 삶에 경의를 표하지 않을 수 없다. 그 인생의 지혜를 가히 헤아릴 수도 없다. 우리 가정에 결정하기 힘든 일이 생길 때마다 아내와 나는 어떻게 해야 하나 고민하다 "아무래도 집사 할머니께 여쭤보는 게 좋겠다"고 결론지은 게 한두 번이 아니다. 그때마다 할머니는 가장 모범 답안을 말씀하셨다. 우리가 할머니 말씀대로 결정하고 살아가면 순탄하고 아름다운 가정을 이어갈 수 있었다. 할머니는 인생의 진리를 통달하신 분이라는 생각이 들었다. 살아계신 천사셨다. 세상의 눈으로 보면 카이스트(KAIST) 박사 출신의 대학 교수가 가정사의 고민을 '무식한 할머니'에게 물어보았다는 것이 참 이상한 일이다.

> 그러나 하나님께서 세상의 미련한 것들을 택하사 지혜 있는 자들을 부끄럽게 하려 하시고 세상의 약한 것들을 택하사 강한 것들을 부끄럽게 하려 하시며 _고전 1:27

할머니는 70세이실 때 우리 딸을 기르는 일에 도움을 주시려고 가사 도우미로 오셔서 우리와 1년 정도 함께 사셨다. 그때가 1988년이었다. 내가 박사과정의 학생이어서, 수입이 거의 없는 상태에서 딸을 낳은 때였다. 그때 아내는 허리 디스크로 몸을 쓰지 못하고 있었다. 그래서 노동력이 거의 없는 할머니를 가장 낮은 인건비로 모신 것이었다.

할머니의 치아는 치과 치료를 제때 받지 못하셔서 거의 다 썩어 있었다. 비위가 약한 아내는 할머니의 입 냄새가 싫었다. 같이 식사하는 것을 힘들어했다. 제대로 된 이가 하나도 없기에 조금이라도 씹어야 될 음식은 가위로 잘게 잘라 후루룩 국 마시듯 드시는 것이 식사였다. 접시와 그릇은 고춧가루가 다 씻기지 않은 채 다음 식사 때 나오는 경우가 많았다. 눈이 침침하셨기 때문이었다. 가스레인지는 삶는 빨래가 끓어 넘친 비눗물 자국으로 항상 지저분했다. 아내는 할머니의 가사 노동이 깔끔하지 못해 힘들어 했다. 그러나 다른 방법이 없었다.

그런데, 함께 생활한 지 한두 달이 지나면서 할머니의 모습이 경이 롭게 비쳐지기 시작했다. 우리 살림을 극진히 아껴주시는 모습이 너무 감사했다. 학생 부부가 부족한 수입으로 근근이 살아갈 때 그런 분을 만났다는 건 큰 복이었다. 내가 하나님을 믿기도 전부터 하나님께서 그 할머니를 통해 우리 가정에 사랑을 부어주고 계셨다. 우리도 가난해서 힘들었지만, 그 많으신 나이에 부산에서 서울까지 올라오셔서, 부잣집이 아닌 가난한 학생 부부의 집에 일하러 오신 할머니도 무척 힘드셨을 것이다. 우리의 가난한 형편 때문에 잘 잡수시지도 못하고 우리와 사시는 게 미안했다. 그 나이에 노동을 하셔야 할 만큼 할머니 주변의 오랜 가난이 가슴 아팠다.

얼마 지나자 아내는 할머니 모습에 감동을 받았다며, 학교에서 연구를 끝내고 돌아오는 나에게 그날의 할머니 이야기를 들려주기 시작했다. 할머니께 동네 슈퍼에서 사과 좀 사다 달라고 부탁을 드렸더니 두세 시간이 지나도록 돌아오지 않으신 날이 있었다. 아내는 걱정이 되었다.

'집을 못 찾으시나? 교통사고인가?'

불길한 생각이 들었다. 아파트 베란다에서 내려다보았지만 할머니를 찾을 수 없었다. 고작 사과 한 봉지를 사달라고 부탁드렸는데, 할머니는 한참 뒤에 그 돈으로 사과 한 광주리를 구해 머리에 이고 오셨다. 부산에서 오셨기에 서울 지리도 잘 모르셨는데, 물어물어 버스를 여러 번 타고 가장 가격이 싼 재래시장을 찾아가셨다고 했다. 게다가 판매하는 사과 중에 조금 흠이 나서 팔 수 없는 것들을 모아 아주 싼 값으로 사신 것이었다. 젊었을 때 과일 장사를 하셔서 싸게 사는 노하

우가 있으셨던 것이다. 학생 부부의 주머니 사정을 친자식 생각하듯 배려해주신 일이었다. 그렇게 사 오신 사과를 어린 딸에게 갈아주셨다. 당신은 남은 찌꺼기만 드셨다. 쓰레기통으로 들어가는 음식은 거의 없었다. 남은 음식은 거의 다 할머니가 처리하셨다.

수도 요금을 아껴 주시느라 세탁기의 배수를 다시 받아 그 물로 걸레를 빨았다. 할머니의 목욕물은 아내가 쓰고 남은 물을 쓰시겠다고 하여 아내가 극구 말렸지만, 할머니의 지극한 권유를 못 이긴 아내가 최대한 깨끗하게 쓰고 남겨드렸다. 이 글을 쓰는 지금도 우리 부부는 할머니의 사랑을 생각만 하면 눈물이 난다.

그 시절 우리 부부가 할머니에게서 가장 신기하게 여긴 모습은, 하루 종일 식사, 청소, 빨래, 아이 목욕시키기 같은 일을 하시다가 아이가 잠만 들면 항상 짬짬이 성경을 보시는 것이었다. 하루에 도합 몇 시간씩 그렇게 성경을 보셨다. '성경이 뭐가 그리 재미있으신 걸까?' 우리는 궁금했다. 그 모습은 우리 집에 오신 후부터 한결같았다. TV 앞에서 소일하시는 일은 전혀 없었다.

위대한 평안을
비밀로 간직한 분

당시 우리 부부는 교회 다니지 않을 때라 일요일만 되면 늦잠을 잤다. 할머니는 깨끗이 차려 입고 혼자 교회를 다녀오셨다. 우리에게 교회 가자는 말씀은 한 마디도 없으셨다. 할머니가 다닌 교회는 집 근처의 큰 교회가 아니었다. 집에서 조금 먼 뒷동네에 비닐하우스로 지은 개

척교회였다.

그렇게 사시는 할머니 모습에 감동받으며 살아가던 어느 날, 아내는 나에게 더 놀라운 이야기를 들려주었다. 칠순의 연세에 아이를 전적으로 돌보는 노동이 힘들 터인데, 할머니께서는 하루도 빠지지 않고 새벽기도를 다녀오셨다. 게다가 얼마 되지도 않던 첫 월급을 교회에 전부 헌금하셨다는 것이었다. 칠십 노인께서 힘에 넘치는 가사 노동을 최선을 다해 하시더니, 나는 '아들 딸 손자에게 그 돈을 보내시려나?'라고 생각했다. 그런데 교회에 몽땅 바치셨다니! 나는 큰 충격을 받았다. 할머니가 믿는 하나님에 대해 아무것도 알지 못했지만, 나는 '경이롭다'는 생각을 하지 않을 수 없었다.

할머니가 우리 집에 오시기 전에 비교적 젊은 가사 도우미가 두 번 바뀌었다. 그 두 분은 아침 10시에서 저녁 8시 사이 근무시간이 아니면 아이가 아무리 울어도 나오는 일이 아예 없었다. 일하는 시간 끝났다고 방문을 걸어 잠그기까지 했다. 허리를 못 쓰던 아내는 아이가 울어도 안아줄 수 없었다. 그들은 돈을 벌기 위해 우리 집에 왔고, 계약한 노동시간을 준수했다. 그에 비해 할머니는 친손녀 보시듯 언제나 아이를 돌봐주셨다. 물론 돈을 벌기 위해 우리 집에 오셨지만, 그 일을 사랑으로 하셨다. 할머니가 오시기 전까지 딸의 품성은 좋지 않았다. 할머니가 오시자 온순해지기 시작했다.

할머니는 1년 가까이 우리 집에 기거하시면서 같이 생활했다. 딸이 걸음마를 시작하고 이제는 어느 정도 시간제로 가사를 돕는 분이 와도 될 무렵이 되자, 할머니는 손녀가 폐결핵에 걸렸다는 전갈을 받고 부산으로 내려가셨다. 우리 집을 떠나실 때 아내에게 "꼭 성경을 보라"고 부탁하셨다. 특별히 로마서를 읽으라고 권하셨다. 아내는 "그러겠다"고 약속했다. 그 전에는 한 번도 기독교에 대해 말하거나 예수님을 믿으라고 권한 적이 없으셨다. 할머니는 삶으로 아름다운 예수 향기만 풍기고 계셨다.

처음에는 같이 밥 먹는 게 싫었지만, 나중에는 할머니와 된장 냄비에 같이 숟가락 넣고 퍼먹는 시간이 가장 행복했다. 할머니는 아름다웠다. 삶이 아름다웠다. 예수 안에서 늙어가는 것이 저렇게 아름다울 수 있다는 비밀을 어렴풋이 느꼈다. 우리가 보기에 할머니의 지난 인생과 현재 상황에 변변한 것 하나 없었지만, 깊은 신앙의 위대한 평안을 비밀로 간직하신 분이었다.

아내는 할머니와 약속한 대로 성경을 읽기 시작했다. 교회에 다니더니, 내가 박사학위를 받고 삼성전자에 다닐 때 세례를 받았다. 그리고 나는 부산대학교에 교수로 초빙돼 왔다.

나를 위한 집사 할머니의
아름다운 기도

할머니는 우리가 몰랐던 하나님의 사랑을 몸소 실천하심으로써 우리 딸에게 사랑을 가르쳐주셨다. 돈 받고 가사 노동을 돕는 것이 아니라 계산 없이 최대의 헌신과 사랑을 주셨다. 그뿐 아니었다. 할머니는 우리 가정을 위해 계속 중보기도를 하셨다. 특히 나를 하나님께 인도해 달라고 기도를 많이 하셨던 모양이다.

내가 예수님을 믿고 교회를 다니게 되고, 부산대학교에 온 다음 할머니를 찾아가 뵈었다. 할머니 댁은 부산이 내려다보이는 달동네에 있었다. 산 중턱을 이리저리 돌아 산복 도로를 오르니 가파른 계단이 나왔다. 계단을 오르면 사람 하나 겨우 다닐 수 있는 좁은 골목이 나타났다. 골목에 들어서니 그 일대 집들의 지붕이 보였다. 하늘 아래 첫 동네였다.

산꼭대기까지 빼곡하게 들어선 작은 집들 사이에서도 가장 작은 집이 할머니의 집이었다. 할머니는 구십 다 된 연세에도 그 높은 달동네를 오르내리며 새벽기도 다녀오는 것을 좋아하셨다. 새벽에는 버스도 없으니 먼 길을 걸어 다니셔야 했다. 가다 쉬고, 가다 쉬고, 그렇게 교회에 가서 새벽기도를 마치면 또 언덕길을 올라와야 해서 더 힘들다고 하셨다. '걷고 쉬고'를 반복하며 매일 다녀오시는 새벽기도라니! 느리고 답답한 노 할머니의 걸음 속에 장엄하고 아름다운 하나님의 나라가 있었다.

나는 할머니가 임종하시기 며칠 전, 카메라를 들고 부산 대신동 달동네의 할머니 댁을 다시 찾아갔다. 새벽기도 다녀오시던 그 길을 카메라에 담아두기 위해서였다. 동네의 풍경을 촬영하다 이 시를 썼다.[1]

이 가로등 아래,
추운 겨울 새벽
칼바람이 부는 거리에서
체온을 제대로 보호해줄 방한복도 없는 할머니의 가난.

---

1 김재호의 시, 집사 할머니의 새벽기도

부흥의 우물

90세 넘은 노인의 바닥난 체력,

내가 촬영한 어느 골목 어귀 가로등 아래에서

숨을 헐떡거리시며

할머니께서 좀 쉬다 가셨겠지.

그 연세에

매일 이 가파른 계단은 어떻게 오르셨을까?

하나님 말씀이 얼마나 좋으셨기에

매일 힘든 새벽기도의

길고 긴 순례의 길을 다니셨을까?

이 순종의 종을,

하나님, 얼마나 기뻐하셨을까?

　나는 겨울에 새벽기도 시간이 되면 10분 안에 재빨리 옷을 입고 아파트 주차장으로 가서 차에 시동을 걸자마자 바로 출발한다. 그러면 30분 안에 교회에 도착한다. 아무리 추워도 내가 찬 공기를 접하는 시간은 길어야 1,2분 정도이다. 영하 10도의 추위도 춥다고 엄살을 부리지만, 오리털 파카로 중무장을 하고 나가기 때문에 사실 별 것 아니다. 내가 하나님의 말씀을 사모하는 것과 할머니가 사모하신 것은 아주 다른 차원의 이야기일 수밖에 없다. 그런 분이 나를 위해 항상 중보기도를 해주셨다.

"하나님, 우리 교수님을 하늘에 별만큼 높이시고 사용해주이소."

매일 그렇게 나를 위해 기도하셨다. 나는 그 할머니 덕분에 하나님의 특별한 은혜 속에 살고 있다는 느낌을 자주 받는다. 집사 할머니의 중보기도의 덕이 얼마나 큰지 모른다.

나는 오늘도 할머니의 중보기도 은혜 속에서 살아간다. 아내와 내가 천국에 가면 가장 먼저 보고 싶은 분이 집사 할머니이시다. 하나님께서 우리 가정을 위해 보내주셨던 '살아있는 천사'가 몹시 그립다. (집사 할머니에 대한 이야기가 더 많지만, 지면 사정을 고려해 여기서 줄이는 것이 아쉽기만 하다.)

아내의 치유로
하나님 존재를 인정하다

아내는 기적적으로 허리 디스크를 치료받고 하나님을 만났다. 어떤 권사님께 몇 번 안수기도를 받더니 치유된 것이다. 어느 병원을 다녀도 낫지 않아 16년이나 고생한 건데, 우리가 보기엔 그 권사님이 그저 간단하게 허리에 손 얹고 기도한 것인데 치유가 시작되었다. 몇 달 동안 치유기도를 받은 아내는 놀랍게 회복되었다.

그걸 본 나는 '내가 모르는 영적인 힘'이 분명히 있다는 사실을 믿게 되었다. 영적 세상과 하나님의 존재를 알게 된 것이다. 나는 나이 40에 주님을 영접했다. 1년 동안 성경 일독을 하고 세례를 받았다. 주님과의 첫사랑은 너무나 달콤했다. 그때 내가 기도하면 응답은 신속했다. 세례 받기 직전에 특이하게도 비몽사몽간에 성령의 불세례를 받았다. 마치 3만 볼트의 번개를 직접 맞는 느낌이었다. 내 영이 내 육신을 떠나 우주 저편 어느 곳으로 다녀오는 기분이었다. 아마도 천국 문 앞까지 다녀왔을 것이다. 그날 나는 다시 태어났다.

그러나 주님을 사랑할수록 교회에서 시험 받는 일도 생겼다. 내가 옳다고 생각하는 교회의 모습과 다른 부분이 여러 가지 보이기 시작했다. 그중 일부는 내가 잘못 생각한 것이었고, 일부는 교회의 잘못이었다. 그런 것들로 인해 신앙이 뿌리부터 흔들리지 않았던 건 감사드릴 제목이다. 나는 이런 과정이 영적 성장이라고 생각했다.

내 신앙생활에 한 가지 특징이 있다. 나는 어떤 말씀이 진리라고 인정되면 그대로 살아야 한다. 신앙 체질이 그런 것이다. 이것이 나의 신앙생활을 힘들게 했지만, 주님의 인도 속에서 나의 인생과 세계관과 교회관을 점점 바꾸어가는 데는 큰 도움이 되었다.

해가 지날수록 나는 주님의 살아계심을 더 확신하고 주님을 더 사랑하게 되었다. 하나님의 나라를 위해 살고 싶다는 마음이 자연스럽게 들기 시작했다. 인생의 모든 것을 주의 진리와 일치시키고 싶어졌다. 성령의 충만을 구했다.

미국에서 예언을 받기 전까지 10년 동안 내 신앙은 순진한 어린아이 같았다. 그 과정에서 나의 신앙생활은 비교적 순적했다. 모든 것이 집사 할머니의 중보기도 덕이라고 생각한다. 그 바쁘고 피곤한 상황에서 문화콘텐츠개발원장 직임을 받은 것이 하나님의 인도하심이라고 믿은 것도 할머니의 영향이었다.

03

노래 없이 사는 것은
죄이니

미궁에
빠지다

2007년 3월, 개학하자마자 문화콘텐츠개발원장실에 가 보았다. 일반 교수는 꿈도 꾸지 못할 개인 비서와 부속 회의실까지 딸려 있었다. 아무것도 모르고 수락한 이 자리가 생각하던 것보다 중요한 위상을 지닌 것으로 보였다. 조사해보니, 이상하게도 문화콘텐츠개발원이 만들어진 곳은 전국의 대학 가운데 부산대학교가 유일했다. 그런데 지난 2년 동안 한 일도 별로 없었다.

"이 기관은 우선 설립해놓고 그동안 표류하고 있었습니다. 새 원장님께서 백지상태부터 이 기관을 다시 제대로 발전시키라는 것이 총장님의 뜻이 아닌가 합니다."

비서의 이야기를 들으면서, 내가 어떤 미궁 속에 빠져드는 느낌이

들었다. 나는 세상에 없는 유일한 기관, 또 아무도 존재의 이유를 모르는 기관의 장이 되어 있었다. 이 기이한 상황을 어떻게 이해할 것인가? 정말로 이상하고도 묘한 상황 앞에서 나는 한 걸음 앞으로 나아가야 했다. 그러나 도대체 어느 방향으로, 무슨 목적으로, 어떻게 나아가야 하는지 도무지 모르는 상황이었다. 할 수 있는 일은 오직 기도밖에 없었다. 마치 구름기둥과 불기둥이 움직이지 않으면 그 자리에 머물러야 했던 광야의 이스라엘 백성처럼, 나는 그 자리에 머물러야 했다. 나중에 알게 된 것이지만, 주님께서는 내가 기도하지 않을 수 없는 자리에 나를 두시고 이끌어 가신 것이었다. 그때부터 나의 기도는 오직 한 가지였다. 도무지 풀 수 없는 퍼즐 앞에 선 어린아이의 마음으로 기도한 것이다.

"주님! 제게 왜 이 자리를 주셨습니까? 제가 여기서 무엇을 하기를 원하십니까? 제가 어디로 가기를 원하십니까?"

백지에 '문화', '콘텐츠', '개발원' 세 단어를 적었다. 물고기 없는 죽은 연못에 낚싯대를 드리운 사람처럼, 나는 오래 기도하며 깊은 생각 속에 빠져들었다. 그렇게 기도하던 날이 흘러 4월 어느 날, 기도 속에서 주님의 마음이 나의 마음에 포개어졌다.

"윤인구를 세상에 드러내라!"

나는 이 응답에 어떤 의미가 있는지 궁금했다. 윤인구는 부산대학교 초대총장이다. 그러나 나는 '윤인구'에 대해 아는 것이 거의 없었다. 부산대학교에 교수로 부임해 일한 지 십 년이 지났건만, 그가 누구인지 한 번도 궁금하지 않았다. 주님께서 이 일(윤인구를 세상에 드러내는 일)을 왜 하라고 하시는지 정말 이해되지 않았다. 그러나 곰곰이 생각해보니 문제의 답은 이미 내가 원장이 된 기관의 이름 안에 있었다. 부산대학교가 전국에서 유일하게 문화콘텐츠개발원을 가졌으니 부산대학교만의 콘텐츠를 만드는 것이 하나님의 뜻이었다. 부산대학교 역사나 대학 차원에서나, 문화콘텐츠개발원의 첫 사업으로 이 대학의 설립자요 초대총장인 윤인구에 대한 콘텐츠를 만드는 것은 충분히 의미 있는 일이라는 생각이 들었다. 콘텐츠는 구체적으로 다큐멘터리를 만드는 것으로 결정되었다.

한편, 나에게는 '왜 주께서 기독교 대학도 아닌 부산대학교에서 초대총장을 드러내기 원하시는가?'라는 의문이 들었다. 하지만 부산대학교의 교훈이 진리 · 자유 · 봉사라는 것을 생각하게 되자, '혹시 초대총장이 크리스천일지도 모르겠다'라는 생각이 막연하게 들었다. 나는 정말 윤인구에 대해 아는 것이 없었다.

은혜의 출발점,
광야

나는 초대총장을 소재로 다큐멘터리를 만드는 일이 첫 사업으로 정말 훌륭하다고 생각했다. 기가 막힌 지혜를 주신 주께 감사했다. 나 자신이 대견스러웠다. 나는 의기양양해져 큰 소리로 비서를 불렀다.

"초대총장님 다큐멘터리를 만들고자 하는데, 올해 우리가 사용할 수 있는 예산이 얼마나 있나요?"

뜻밖의 대답이 돌아왔다. 예산은 한 푼도 없으며, 우리 기관은 만들어질 때부터 예산을 자체적으로 확보하면서 일하는 기관이라고 방침이 정해져 있다는 것이었다. 참으로 황당했다. 자리만 하나 덩그러니 만들어두고, 앞으로도 계속 예산을 줄 수 없다는 말이지 않은가? 나는 순간 총장실로 뛰어 올라가고 싶은 충동을 강하게 느꼈다. 문을 박차고 들어가 "이러시려고 저를 이 자리에 앉히셨습니까?"라고 항의하고 싶었다. 어떻게 이럴 수가 있는가?

예산도 인력도 없었다. 나는 다큐멘터리를 잘 만드는 것은 고사하고, 다큐멘터리를 보고 평가할 능력도 없었다. 이 일에 아무 쓸모도 없는 '나'라는 존재를 빼면 아무것도 없는 상황이었다. 역사 저 편의 흔적을 탐구하고 그것을 다큐멘터리로 만들어내는 것이 나의 계획이고 임무였으나, 나는 역사를 어떻게 더듬어 찾아 나가야 할지도 몰랐다. 그런 일은 한 번도 해보지 않은 완전한 초보자였다. 모든 상황을 볼 때 못하겠다고 두 손 두 발 완전히 다 들고 물러서야 했다. 주님께 따지듯 기도했다. 그러나 기도할수록 "윤인구를 세상에 드러내라"는 내적 울림은 점점 강력해졌다. 현실적 조건을 생각하면 못한다고 말해야 하는데, '이 일은 반드시 해내야 한다'는 끌림 같은 생각이 내 속에서 계속 올라왔다.

주께서 광야 같은 곳에 나를 두셨다. 만일 나 스스로 아무것도 할 수 없는 광야가 아니라면, 나는 주님을 찾지 않고 스스로 해결하려고 할 것이다. 주님은 나로 하여금 기도하게 하셨고, 광야에서 나를 기다리고 계셨다. 갓 태어난 병아리처럼, 나는 기도의 걸음마를 그렇게 배워 나갔다.

화살과
노래

윤인구는 부산대학교의 설립자이며 초대총장임에도 불구하고, 무슨 이유에서인지 부산대학교에서 완전히 잊혀진 존재였다. 뿌리를 찾지 않는 대학이라니! 부산대학교는 건학 초기 역사와 완전히 단절하고 있었다. 그가 왜 부산대학교의 역사에서 완전히 사라졌는지 이해할 수 없었다.

　기도하던 중, 인터넷에 혹시 뭔가 있을지 모른다는 생각이 들었다. 컴퓨터를 켜고 검색창에 '윤인구, 부산대학교'를 입력했다. 몇 페이지를 검색하던 나는 윤인구가 롱펠로의 시 '화살과 노래'를 애송했다는 사실을 우선 알게 되었다. '화살과 노래'라는 시를 찾아보았다.

　　화살과 노래[2]

　　나는 하늘로 화살을 날렸다네

　　그러나 어딘가에 떨어졌지만
　　너무나 빠르게 날아갔기에
　　내 눈은 그것을 따라 갈 수 없었다네,

　　나는 하늘로 노래를 불렀다네

2　화살과 노래, 롱펠로(The Arrow and the Song, Henry Wadsworth Longfellow)

　　　　　　　　　　　　　　　　　　부흥의 우물

그러나 어딘가에 떨어졌지만
누가 예리하고 강한 눈이 있어
날아가는 노래를 따를 수 있겠는가?

세월이 오래 지난 후
나는 참 나무에 박혀 있는
나의 화살을 찾았다네,

그리고
내 친구의 마음속에 고스란히 남아 있는
나의 노래도

　윤인구는 나에게 까마득한 태고의 시간 이전의 인물과 다를 바 없었다. 모든 게 단절된 기억의 저편에서 건져 올린 이 시가 나를 역사 속의 윤인구와 이어주는 첫 단서였다.

　나는 공학도이지만 젊어서 미술을 사랑한 것처럼 시를 사랑해왔다. 윤인구가 애송했다는 이 시가 주는 묘한 끌림이 있어 나는 이 시를 외웠다. 시가 내 속으로 들어가자 나에게 말을 걸기 시작했다.

　"너는 윤인구가 애송했던 시가, 그의 노래가 무엇을 말하는 것인지 아니?"

　나는 부끄럽게도 아무런 대답도 못하고 있었다. 롱펠로의 시의 의미와 더불어, 윤인구가 불렀다는 노래가 궁금했다. 기도하면서 호기심은 증폭되었고, 옛날의 그 시간으로 돌아가 바로 눈앞에서 윤인구를 만나듯, 나는 그가 보고 싶어졌다. 그에게 직접 물어보고 싶었기 때문이다.

어느 날 밤, 나는 깊은 기도 속에서 성령님께 그 노래가 무엇인지 진지하게 여쭈었다. 성령님께서는 나에게 다음과 같이 반문하셨다.

"그러는 너는 무슨 노래를 부르며 살았더냐? 너는 어떤 노래를 부르며 살아갈 거냐?"

성령님의 질문은 시를 즐기는 낭만적 가객(歌客)인 나를 갑자기 절벽 아래로 밀쳐버리는 것이었다. 이 말은 내가 추락하는 동안 비수처럼 내 영혼을 쑤시고 흔들었다.

"인생은 반드시 노래를 부르며 살아야 한다."

이 명제가 절대적인 무게로 나에게 다가왔다.

틀을 깨기 위해
노래 부르라

뒤돌아보면 내 인생은 바람에 이리저리 흩어지는 부질없는 낙엽 같았다. 하이데거는 세상의 가치가 원하는 방향으로 나를 억지로 만들어 가려는 것을 '틀에 가두기'(Enframing)라고 했다. 그에 따르면 나는 이미 어떤 틀에 갇혀 있었다. 세상이 가치 있다는 것을 수용하며 살아온 인생이었다. 내 혈관을 돌고 있는 피는 내 피가 아니라 세상이 나에게 주입한 인공 혈액 같은 것이었다. 겉은 나인데, 속은 내가 아니었다. 하이데거는 이 틀(프레임)을 깨기 위해서는 시를 써야 한다고 말했다.

노래를 부르며 사는 것은 내 안에서 끊임없이 틀을 깨기 위해 아름다운 시(時)가 생성되기를 시도하는 것이다. 그리하여 어느 날 아름다운 시가 완성되면 그 시와 시어(時語)가 그 시를 읽는 모든 사람들의 묵은 틀을 깨는 것이다. 노래가 탄생되면 "진리가 너희를 자유케 하리라"라고 하시던 예수님의 말씀처럼 사람들을 가두고 억누르고 있는 틀이 깨어지는 것이다.

1960년대 하버드대학의 개혁을 주도했던 나단 푸시(Nathan M. Pusey) 총장은 학생들에게 이렇게 외쳤다.

"오늘날 젊은이에게는 네 가지가 반드시 필요합니다. 마음껏 흔들 수 있는 깃발, 목 놓아 부를 수 있는 노래, 목숨을 바칠 수 있는 신조, 목숨을 걸고 따를 수 있는 지도자가 그것입니다."

나단 푸시 총장이 말한 '목 놓아 부를 수 있는 노래'는 속박의 프레임을 깨고 자유를 획득함으로 부르는 그 노래를 말하는 것일 게다. 이사야가 죽었다 살아난 생명에게 깨어 노래하라 명한 이유도 아마 그 때문이었으리라.

> 주의 죽은 자들은 살아나고 그들의 시체들은 일어나리이다 티끌에 누운 자들아 너희는 깨어 노래하라 주의 이슬은 빛난 이슬이니 땅이 죽은 자들을 내놓으리로다
>
> _사 26:19

꿈 많고 행복했던 나의 어린 시절이 생각났다. 친구와 만나 훌륭한 교육자가 되고 싶다며 큰소리치던 대학교 1학년 때 한 장면이 떠올랐다. 그것은 내 청춘의 날에 마음속 깊이 자리 잡았던 꿈과 노래였다.

나는[3]

꿈도 없이
노래도 없이
시간의 흐름 속에
긴 풍화를 겪은,

부끄러움을 모르는
낡은 비닐이외다.

이미 나이 50이 넘어버린 가짜 엉터리 교수, 세상 지식은 머리에
가득 차 있지만 평생을 바치고 싶은 어떤 가치도 없이 살아온 나! 정
작 중요한 것은 무언지 모르고 살아왔다는 것이 얼마나 부끄러운
지….

노래 없이 사는 것이
죄이니

나는 세상에서 하루하루 육신의 정욕, 안목의 정욕, 이생의 자랑만 쫓
아다니고 있었다. 하나님을 사랑한다고 했지만, 세상 가치관이 자주
나를 죄악 세상 가운데로 휘몰아 가고 있었다. 그러면서도 나는 거룩

---

3 김재호의 시, 나는

한 존재라고, 스스로 그리스도인이라 속이며, 또 속고 살고 있었다.

나는 바로 그날 세상 가치 속에서 허우적대며, 아무런 노래도 없이 세상을 살아가고 있는 나를 발견했다. 그러고도 내가 '하나님의 아들'이라 자부했던가? 내 모습이 너무나 부끄러웠다. 나는 울기 시작했다. 우는 것은 내가 아니었다. 성령님이셨다. 회개가 터져 나왔다. '노래 없이 살아가는 삶이 바로 죄'라는 사실을 성령께서 깨닫게 하셨다. 울고 회개할수록 내 슬픔은 더 깊어졌다. 울음은 점점 통곡으로 변했다. 나는 그날 기도하는 자를 변화시키는 성령 하나님을 만났다.

"너는 무슨 노래를 부르며 살았더냐? 너는 어떤 노래를 부르며 살아 갈 거냐?"

비수 같은 이 한마디 말씀으로 나의 존재와 생각의 근원을 뒤흔드시는 하나님…!

> 여호와여 주는 나의 찬송이시오니 나를 고치소서 그리하시면 내가 낫겠나이다 나를 구원하소서 그리하시면 내가 구원을 얻으리이다 _렘 17:14

기도와 눈물의 회개 끝에, 나는 주님께 다음과 같이 내 영의 간구를 드렸다.

"주님! 윤인구의 가슴속에 있던 그 노래를 알게 해주세요. 나도 노래를 부르며 살아갈 수 있게 도와주세요. 나도 내 삶을 바칠 가치를 찾게 해주세요."

04   윤인구를 세상에
드러내라

왜
윤인구입니까?

나는 중고등학교 시절에 역사 과목을 몹시 싫어했다. 그러나 그날 이후, 나는 "윤인구를 세상에 드러내라"는 주님의 명령을 따르는 '순종자'에서 '노래'를 찾아 미지의 역사라는 강을 거슬러 올라가는 '순례자'로 변했다. 내 영과 혼은 '화살과 노래'라는 두 단어에 깊이 빠져들었다. 그 두 단어는 나의 간절한 기도 제목이 되었다.

"윤인구가 쏘아 올렸다는 '화살'은 과연 무엇입니까?"

"그가 불렀다는 '노래'는 과연 어떤 것입니까?"

"그것들이 무엇이기에 한 평생 몸 바쳐도 좋다는 것입니까?"

기도가 깊어지자 이 질문들은 나에게 메아리로 되돌아왔다.

한평생 몸 바쳐 살아갈 어떤 것도 없이 살아온 지난 50년이 허무했다. '이대로 계속 살아가면 안 된다'는 생각이 들었다.

나는 한편, 주께서 왜 부산대학교에 관심을 가지시는지 여전히 이해되지 않았다. 부산대는 국립대학교이다. 대학에 기독교적 색체가 있을 수 없다. 미션 스쿨이 아닌 일반 국립대이다. 대학에 신앙의 뿌리가 하나도 없지 않은가? 의문은 내 안에서 끝없이 일어났다. 나는 계속 기도할 뿐이었다. 그러다 윤인구가 애송한 롱펠로의 시로 시작하는, 오래된 신문 칼럼을 발견했다. 1994년 5월 21일자, 부산 〈국제신문〉에 게재된 이영희 기자의 기사다.[4] 이 기사는 윤인구가 누구인지 알게 해주었을 뿐 아니라, 교육자로서 윤인구가 왜 롱펠로의 시를 애송했는지도 이해하게 해주었다. 윤인구와 부산대학교를 연관지어 검색할 때 롱펠로의 시를 먼저 보게 된 것도, 아마도 이 기사에서 유래한 것 같았다. (원래 기사의 도입부에 인용한 롱펠로의 '화살과 노래'는 앞에서 소개하였으므로 생략하였다.)

> 미국 시인 롱펠로의 〈화살과 노래〉는 부산대 초대총장 윤인구
> (尹仁駒)가 평생 잊지 않고 힘을 얻은 시(詩)다. 자신의 수고와
> 노력이 후진의 가슴에, 그들의 일생에 남아 있고 도움이 된다면
> 교육은 몸바칠만한 것이라고.
> 그는 또 한 강의에서 이런 인용을 했다.
> "위대한 종교개혁자 루터의 소학교 시절에, 그의 교장은 소학생
> 을 대할 때마다 먼저 모자를 벗고 깍듯이 경례를 했다고 합니다.

---

4 이영희 기자, 국제신문 1994년 5월 21일자, '이 사람의 삶'(부산 현대 인물탐구 11).

그 이유를 묻는 이에게 그는 '이 안에 어떤 위대한 인물이 숨어 있는지 아느냐'고 답했답니다. 이 교장의 경례가 마르틴 루터를 만들어낸 것이 아니겠습니까."

돌무더기 땅에서 오늘의 부산대를 일구어낸 윤인구의 교육관을 엿보게 하는 말이다. 팔십 평생 교육으로 일관한 그가 물질적으로 남긴 것은 하나도 없다. 그를 떠나보낸 뒤 부인 방덕수 씨(方德守, 91) 홀로 살고 있는 낡은 아파트조차 이미 부산대에 헌납된 상태다. 그러나 '화살과 노래'라는 시처럼 그가 뿌린 씨앗은 열매를 맺었다. 지난 15일로 개교 48주년을 맞은 부산대는 8만 5천 명의 학사 석사 박사 등 지역사회의 인재를 배출하며 뚜렷한 학맥을 형성해가고 있는 것이다. 또한 40년 전 사람도 살지 않고 교통편도 없던 현 부산대 자리에 '미친 사람', '꿈꾸는 사람'이란 소리를 들어가며 쌓아 올린 상아탑은 그의 선견지명을 돋보이게 하고 있다.

금정산 자락의 돌을 다듬어 지은 석조전을 배경으로 선 윤인구 총장.

청년기엔 부흥목사로서, 장년기엔 농촌과 농민을 위한 계몽자요 교육자로서, 노년에는 사회봉사자로 활동한 윤인구는 1903년 11월 1일 부산 구포(龜浦)에서 태어났다. 부친 윤상은은 일제 때 독립군에 자금지원을 한 금융인이었으며, 동래 부윤(府尹)을 지낸 백부 윤필은과 독립투사였던 종형 윤현진 등에서 보듯, 그의 집안은 내로라하는 유지 집안이었다.

부산진보통학교를 졸업, 동래고보에 다니던 중 3.1운동에 가담했던 윤인구는 중도퇴학 후 서울 YMCA 청년회 학관에 다녔다. 그의 인생항로를 정해준 기독교와의 만남은 일본 유학시절이었다. 1920년 명치(明治)학원 중학부에 입학한 그는 성경과 톨스토이, 사회사업가의 체험록 등을 접하면서 기독교교육에 뜻을 둔 청교도적 생활을 시작하게 된다. 명치학원에서 대학과정인 신학부를 졸업한 뒤 미국 프린스턴대학, 영국 에딘버러대학원을 마친 뒤인 1931년, 윤인구는 평생 동지인 동갑 방덕수와 28세라는 늦은 나이에 결혼하고 진주 옥봉리교회(현 진주교회)에 부임함으로써 종교지도자로서의 첫발을 내딛었다.

부산 초량교회의 이약신, 마산 문창교회의 주기철 목사 등과 경남 3대 교회의 하나를 맡은 젊은 목사 윤인구의 등장은 신선한 충격을 주었다. 그러나 그는 4년간의 목회생활 끝에 교회는 사회 특히 비참한 농촌을 향해 좀더 나아가야 함을 깨닫는다. 1935년 마산 복음농업실수학교(福音農業實樹學校, The Gospel Farm Practical School)로 부임, 농촌교회 사역자와 농촌지도자 양성을 꾀한 것은 개인적 사역에서 민족 인재 기르기로 방향을 전환한 것이었다.

해방은 그런 그에게 많은 일감을 안겨줬다. 미군정(美軍政) 하 경남(慶南)도 학무과장을 맡은 윤인구는 일본인 교사들이 떠나 버린 국민학교와 중학교를 다시 열고 교사 양성에 온 힘을 쏟았다. 뒤에 부산교육대로 발전한 부산사범학교도 이때 설립됐고, 이화여전을 나온 부인이 영어교사를 맡기도 했다. 학무에 관여한 5년간 그가 충원한 교사는 1천 5백여 명에 달했다.

한편 윤인구는 대학설립기성회 5,6개를 통합해 1946년 5월 15일 부산대학교의 설립인가를 받아낸다. 그러나 마땅한 교사(校舍)가 없어 수산대, 대신동의 청년학술원 등을 전전해야 했다. 그것마저 군(軍)에 뺏기고 대신동 운동장 뒤 종묘원을 매입, 천막교사를 지었다. 이곳에 유엔한국지원단 등과 후원회의 도움으로 목조교사를 다시 지었다.

땅값을 다 치렀음에도 불쑥 전(前) 지주가 나타나 "내 생업을 망쳤다. 학장인지 고추장인지 나오라"고 고함치곤 해서 교사 뒤에

청년 윤인구와 주기철 목사.

있던 집에서 잠자지 못하고 피하는 일도 겪었다. 그런 중에도 더욱 분발하여 1953년 4월 종합대학 승격을 이뤄낸 윤인구는 이해 11월 초대총장에 추대되었다. 1955년 주위의 반대에도 불구하고 장전동 돌밭계곡에 미군(美軍)의 원조로 부지를 마련했다. 한 제자의 표현처럼 그는 하나님이 천상을 가꾸듯 부산대를 천상화원으로 가꿨다.

"집에서 주먹밥을 뭉쳐서 현장에 나오셨죠. 인부들과 함께 국수를 삶아먹으며 군용침대에서 주무셨습니다."

효원 교사를 지을 때 함께 일했던 전 부산대 교수 오점량 씨(78)의 얘기다. 오늘날 남아 있는 새벽별 효원(曉原)이란 이름과 무지개문, 웅비의 기상을 염원한 웅비(雄飛)의 탑과 교기의 독수리상은 그가 창안한 것이니, 부산대 구석구석 나라와 민족을 생각한 그의 정신이 스미지 않은 곳이 없었다.

윤인구와 접했던 사람은 그의 업적에 앞서 독특했던 품성을 떠올린다. 거짓말을 무엇보다 싫어한 대쪽 같은 성격에 검소한 생활로 일관한 그에겐 공무로 출장 갔다가 출장비를 아껴 쓰고 돌려준 일화가 항상 따라다닌다. 그러나 너무 맑은 물에는 고기가 살기 어려운 것일까. 그에게는 의외로 적이 많았다.

"한번 신임 얻기가 힘든 분이었던 반면, 여러 번 테스트 끝에 '깨끗하다'란 판단이 서면 무한정 사랑을 주는 분이었습니다. 제가 입대했을 땐 논산까지 면회를 왔을 정도였어요. 거꾸로 '이 사람은 거짓되다'고 판단되면 가차 없이 눈 밖에 났으니 너그러움이 부족했다고나 할까요. 속이는 것을 무엇보다 싫어했으면서도,

이런 단순함 때문에 정치술수에 능한 이들에게 이용당해 오해를 사기도 했습니다."

그의 제자인 동의대 정권섭 교수(56, 법학)는 그가 정치에 능했으면 포용력도 보였을 것이며 부산대를 떠나는 일도 없었을 것이라고 말했다. 정치와는 무관했던 윤인구는 1947년 이래 학장 서리, 학장, 총장 등 12년간 장기집권한 데 대한 거부반응과 교직원들의 갈등, 자유당 정권과 연계된 반감으로 총장 연임이 거부되면서 1960년 부산대를 떠났다. 그는 총장직에 욕심은 없었으나 이를 둘러싼 파당과 감투싸움에 큰 상처를 받았다. 1961년 연세대 총장에 부임하게 됐지만 그 상처가 아무는 데는 그가 부산대에 쏟아부은 15년 세월만큼이나 긴 세월이 필요했다. 1964년 연세대 총장직을 사퇴한 그는 1980년 중풍으로 눕기까지 부산대 강사, 부산신학교 교장, 영남신학교 설립 등 꾸준한 교육활동을 벌이다 1986년 1월 25일 눈을 감았다.

윤인구는 청교도적 생활로 모은 2억 원의 재산을 부산대에 후진들의 장학기금으로 희사했다는데, 그의 사후 여기에 그의 부인이 살고 있는 아파트와 제자들의 성금이 보태져 1991년 5월 15일 그와 부인의 이름을 한자씩 딴 인덕(仁德)기념관이 교내에 세워졌다.

"자신의 동상이 세워질까봐 걱정하셨을 정도로 사욕이 없으셨죠. 인덕이라 이름 붙인 것을 좋아하실 분이 아니어서 기념관 건립을 승낙한 사모님은 '내가 그이보다 속물인가보다' 하고 많이 후회하셨습니다."

부산대 시절 제자 이정원 씨(여, 58)의 말이다. 그처럼 맑은 인성 (人性)을 간직했던 윤인구, 그는 갔어도 육영에 바친 그의 정신 은 지금도 숱한 제자들에 의해 이어지고 있다.

세상에, 윤인구는, 목사였다!

그는 29세에 이미 주기철, 이약신 목사와 함께 경남 3대 목사 중의 한 사람이 되었다. 청년기엔 부흥목사로, 장년기엔 농촌과 농민을 위 한 계몽가요 교육자로, 노년에는 사회봉사자로 활동했다. 나는 이 사 실을 발견하자 온몸에 강력히 감전이 된 듯하였다. 나는 말할 수 없이 기이한 하나님의 인도하심에 매료되었다.

'윤인구가 목사라니! 이런 큰 인물이라니!'

우리 민족이 일제의 종이 되었을 때, 윤인구는 어떻게 일본, 미국, 영국으로 해외 유학을 다녀올 수 있었을까? 당대 세계 최고의 신학을 공부하고 귀국한 약관 28세의 청년 윤인구를 발견하면서, 나는 그가 종이면서도 왕족의 교육을 받은 모세와 비슷하다고 생각했다. 나는 목이 메어왔다. 윤인구를 세상에 드러내는 작업은 하나님의 계획이 분명하다는 마음이 들었다.

주의 빛과 주의 진리를 보내시어 나를 인도하시고 주의 거룩한 산과 주께서 계시는 곳 에 이르게 하소서 _시 43:3

부산대뿐 아니라 세상이 다 윤인구를 잊었다. 그런데 주님께서 홀 로 기억하시고, 주님의 일방적 은혜로 그를 세상에 다시 드러내기로 결정하셨다. 주님의 인도가 없었으면, 과연 나 혼자 이런 비밀의 역사 속으로 찾아올 수 있었을까? 얼마나 놀라운가? 한마디로 불가능한 일이었다.

"이제부터 내가 앞서 갈 테니 너는 나를 따라오라!"

예언의 말씀을 들은 이후 나에게 일어난 모든 일이 기적의 연속이었다. 윤인구라는 잊힌 이름에서 시작된 작은 퍼즐은 '화살과 노래'라는 은유적 메타포를 던지며 내 마음에 작은 파문을 일으키더니, 이제는 일제 강점기의 역사, 종교, 교육, 민족 계몽, 그리고 하나님의 나라라는 거대한 주제로 나를 이끌고 들어가는 것 같았다.

나는 하나님께서 윤인구를 세상에 드러내는 일을 통해 어떤 일을 이루시려는지 궁금했다.

"하나님! 왜 길게는 70년, 적어도 50년 전, 다 잊은 역사를 다시 드려내려고 하시는지요? 이 일의 목적이 무엇인지요?"

나는 계속 묻고 기도했다. 그런 기도가 이어지고 있을 때, '윤인구를 세상에 드러내는 것'이 '주께서 우리를 부흥으로 이끌어 가시는 것'임을 짐작하게 해주는 단서가 나타났다.

'부흥'이
선물로 배달되다

나는 부흥을 사모한다. 부흥은 한 사람의 거듭남(Born Again)으로 시작된다. 한 사람의 거듭남을 통해 피조물이 창조주 하나님과 정상 관계를 회복하게 됨으로 하나님과 첫사랑을 회복하고, 다시 성령이 충만하게 되며, 그를 향한 하나님의 소명이 회복된다. 또한 그를 둘러싼 모든 관계(부모와 자녀, 형제와 자매, 스승과 제자, 남과 여, 부부, 이웃)에 거룩한 회복이 일어난다. 이것이 핵폭발처럼 연쇄 반응을 일으키며, 총체적인 사회 변혁(건강, 창의, 은총, 사랑과 선행의 사회)에 이른다. 부흥은 주의 영이 그 지역을 방문하시는 역사이다. 수많은 사람들이 죄에 대해 자각하고 회개하게 된다. 이러한 부흥은 하나님의 주권적 역사이다. 인간의 힘으로 부흥을 오게 할 수 없다.

> 내 거룩한 산 모든 곳에서 해 됨도 없고 상함도 없을 것이니 이는 물이 바다를 덮음 같이 여호와를 아는 지식이 세상에 충만할 것임이니라 _사 11:9

　주께서 내게 이 부흥에 대한 비유를 깨닫게 해주신 적이 있다. 하늘에 먹구름이 몰려온다. 땅은 어두워지고 빗방울이 삽시간에 굵어진다. 이 비로 인해 메마른 땅에 생명이 회복된다. 하늘의 먹구름에는 엄청난 에너지가 있다. 그 충만한 에너지는 땅과 연결될 곳을 찾고 있다. 번개는 다른 곳보다 높고 더 많은 전하(electric charge, 電荷)를 가지고 있는, 피뢰침 같은 뾰쪽한 곳에 떨어진다. 순식간에 온천지에 빛을 발하며, 굉음이 온 세상에 퍼져간다.

　먹구름 속에 품고 있는 엄청난 에너지는 하나님의 부흥 에너지에 비교될 수 있다. 피뢰침이 번개를 만들어낼 수는 없다. 우리의 방법대로 너무나 많은 것들을 시도했지만, 세상은 더 타락하고 소망이 없는 것 같아 보인다. 부흥을 기다리는 자는 자신을 거룩하게 하면서 하나님의 은혜의 때를 기다려야 한다. 우리는 하늘의 은혜가 없으면 살아갈 수 없다. 우리 개개인이 부흥을 위해 할 수 있는 것은 자신을 피뢰 침처럼 뾰쪽하게 하나님을 향해 연마하고, 하나님께 조금이라도 더 다가가려고 노력하는 것뿐이다. 부흥은 완전한 하나님의 은혜의 시 대로 들어가는 것이다. 지금 우리는 부흥이 절실하게 필요하다.

나는 공학자이다. 이유를 모르는 일은 하지 않는다. 내가 하는 일이 어떤 결과를 가져올지 예측하면서 일을 한다. 그러므로 '윤인구를 세 상에 드러내는 일'이 어떤 목표를 달성하는 것인지 알아야만 했다. 나 는 이 문제를 놓고 기도에 매달렸다. 그러던 2007년 3월 어느 날, 마 틴 로이드 존스의 《부흥》(복있는 사람 간)이라는 책이 우리 집에 선물 로 배달되었다. 간절한 기도가 있었기에, 나는 이 책을 받자마자 '왜 윤인구를 드러내야 하는지' 이유를 묻는 내 기도에 대한 주님의 응답 일지도 모른다는 생각을 했다. 기대하는 마음으로 책을 읽어나갔다.

> 기독교 신앙의 '기본 진리'를 재발견할 때 결국 부흥이 일어난다
> 는 데 전혀 예외가 없다는 것입니다. 부흥에 앞서, 항상 진리의
> 재발견이 이루어집니다.[5]

나는 그 책을 읽으며 부흥을 사모하는 내 마음에 다시 불이 점화되 는 것을 느꼈다. 주님께 다시 여쭈었다.

"주님, 윤인구를 찾아가면 기독교 신앙의 '기본 진리'를 재발견할 수 있는 것입니까? 그리고 부흥이 일어날 수 있습니까?"

---

5 부흥, 마틴 로이드 존스, 복있는 사람, 2006년

부흥의 우물

그가 옛적 선한 길,
부흥의 우물이라면

마틴 로이드 존스 목사는 그의 책에서 이삭이 판 우물에 대해 말한다.

> ¹⁷이삭이 그 곳을 떠나 그랄 골짜기에 장막을 치고 거기 우거하며 ¹⁸그 아버지 아브라함 때에 팠던 우물들을 다시 팠으니 이는 아브라함이 죽은 후에 블레셋 사람이 그 우물들을 메웠음이라 이삭이 그 우물들의 이름을 그의 아버지가 부르던 이름으로 불렀더라 _창 26:17,18

이삭은 자신과 그의 가족과 종들과 동물들이 목말라 죽게 되었을 때 아버지가 팠던 우물을 생각해냈다. 이삭은 블레셋 사람들이 쓰레기로 덮어 메워버린 우물을 파냈다. 거기에는 여전히 생명수가 흐르고 있었다. 이삭은 생명을 얻었다.

이삭의 상황이 지금 우리의 영적 상황과 똑같다. 사람들은 생명수가 없어 죽어간다. 어지럽고 어두워진 세상, 어디를 둘러보아도 소망이 보이지 않는 상태, 기독교가 개독교로 천대받는 세상이다. 우리는 길을 잃었다. 별빛도 보이지 않는다. 어떻게 해야 하는가?

> 여호와께서 이와 같이 말씀하시되 너희는 길에 서서 보며 옛적 길 곧 선한 길이 어디인지 알아보고 그리로 가라 너희 심령이 평강을 얻으리라 하나 그들의 대답이 우리는 그리로 가지 않겠노라 하였으며 _렘 6:16

그렇다! '옛적 길, 선한 길'이 있다. 역사 속의 하나님의 사람이 믿음으로 행한 놀라운 길이 있다. 아브라함의 길이 그러했다. 이삭은 아버지의 길을 생각하고 그 우물을 다시 찾았다. 하나님께서는 우리에게 그 길을 찾으라고 명하시는 것이다.

'윤인구가 부흥의 우물일지 모른다.'

이 생각이 나를 사로잡았다. 우리나라가 일제의 종살이를 할 때, 하나님께서 모세에게 주신 것처럼 특별한 은혜를 주셔서 세계 최고의 신학을 공부하게 하셨던 윤인구를 통해, 기독교의 '기본 진리'를 만날 것이라는 기대와 부흥에 대한 소망이 내 안에서 뿌리 내리기 시작했다. 생각이 이에 이르자 안개가 서서히 걷히기 시작했다. 처음 이 길이 시작될 때 들은 "내가 앞서 갈 테니 너는 나를 따라오라"라는 예언의 말씀은 주님의 음성이 분명했다. 기도 중에 들었던 "윤인구를 세상에 드러내라"라는 음성도 분명 하나님의 뜻이었다. 도대체 뭐가 뭔지도 모르고 이끌려 들어온 이 길에서, 나는 내 앞길을 인도하시는 주님을 만났다.

그러나 너희는 택하신 족속이요 왕 같은 제사장들이요 거룩한 나라요 그의 소유가 된 백성이니 이는 너희를 어두운 데서 불러 내어 그의 기이한 빛에 들어가게 하신 이의 아름다운 덕을 선포하게 하려 하심이라 _벧전 2:9

나는 감사의 기도를 드렸다. 주께서 기이한 빛의 길로 나를 인도하심을 찬양했다.

부흥의 우물

05

덮어둔 우물,
잊혀진 역사

사라진
흔적들

"시간의 흔적은 시간이 남겨 놓은 어떤 것, 시간이 결정화된 어떤 것을 확인하게 만든다. 시간은 흐르지 않는다. 시간은 쌓인다."[6]

단지 자리일 뿐인 문화콘텐츠개발원장이었다. 예산도 없고 도울 인력도 하나 없으며 역사에는 무지했다. 윤인구의 역사를 어떻게 찾아야 하는지 방법도 몰랐다. 주변에 윤인구에 대해 아는 사람은 아무도

---

6 박형준, 나는 이제 소멸에 대해서 이야기하련다, 문학과 지성사 시인선 144

없었다. 우주에서 날아오는, 우주 생성의 신비를 담고 있을지도 모를 전파를 다 기록하기 위해 세워둔 수많은 거대 안테나 가운데 하나처럼, 나는 역사 속에서 나에게 던져주는 전파를 잡기 위해 그 자리에 그저 서 있는 자였다.

윤인구에 대한 역사적 단서들을 찾으려고 발버둥쳤지만, 앞서 이야기한 국제신문의 기사 외에 윤인구는 좀처럼 모습을 더 드러내지 않았다. 윤인구의 자서전이나 회고록이 있을까 하여 도서관을 뒤졌다. 헛수고였다. 나는 역사를 캐기에는 너무 무지했다. 나는 전자공학자가 아닌가? 참으로 우스운 일이다. 전자회로와 반도체를 설계하는 사람이 역사에 매달리다니….

이리 해보고 저리 해보고, 모든 방법을 동원했지만 실패했다. 그때 비로소 나는 기도해야겠다는 생각이 들었다. 왜 우리는 먼저 기도하지 않을까? 꼭 막다른 골목에 도달해야 기도의 자리로 나아가는 것일까? 참으로 부끄러운 일이 아닐 수 없다.

"주님, 저는 못하겠습니다. 능력이 없습니다. 어쩌자고 역사학자에게 시킬 일을 역사에 무지한 이 전자공학자에게 시키셨나요? 주님, 도와주세요."

주께서 내가 기도의 자리로 나올 것을 기다리셨던 모양이다. 그 며칠 후, 나는 부산대학교 역사학과에 근대 부산의 역사를 연구하는 차철욱 교수가 있다는 소식을 전해 들었다. 반가웠다. 그가 나에게 놀라운 이야기를 쏟아냈다.

"부산의 역사를 말할 때 그 분과 그 가족 관계를 빼면 별로 남을 게 없을 정도로 중요한 가문입니다. 독립운동을 후원했던 경남 최고의 가문이지요. 부친 윤상은 선생은 일제 강점기에 민족 자본을 결집하여 최초로 민족은행을 설립하셨고, 재정적으로도 항일운동에 큰 도움을 주었습니다. 백부(윤정은)께서는 구포 만세운동(1919년 3월 28일)의 주동자로 투옥되셔서 이듬해 옥사하셨습니다. 사촌인 윤현진은 상해 임시정부 초대 재무차장을 지냈고요. 외할아버지 박기종은 근대 최초의 철도회사를 만드셨고 부산상고를 세운 분입니다."

이런 역사가 왜 다 묻혔을까? 나는 윤인구에 대한 책은 없는지, 또 그에 대해 알아볼 방법이 없는지 물었다. 그러나 차 교수의 대답은 나의 간절한 기대를 무너뜨렸다.

"그 분은 책을 하나도 쓰지 않으셨습니다. 다른 사람들이 자서전을 쓰시도록 권유할 때, '그까짓 거 써서 뭘 해'라고 일축하셨다더군요. 1903년에 나셨으니 지금 살아계신다면 100세가 넘으셨겠고, 아마도 그 분을 가까이서 뵈었던 분들은 거의 다 운명하셨을 겁니다."

내가 기대하고 있던 윤인구의 자서전과 그를 잘 아는 사람의 생존 가능성이 사라지는 순간이었다. 가슴이 철렁 내려앉았다.

"그런데 우리 대학의 가정대학 학장을 지낸 여동생이 한 분 계신데, 나이 차가 아주 많기 때문에 아직 살아계실 가능성이 있습니다."

이제 남아 있는 오직 한 가지 가능성은 윤인구의 여동생이다. 그 분이 혹시라도 돌아가셨으면 어떻게 하나? 나는 기도했다.

"오! 하나님, 그 분은 꼭 살아계셔야 합니다. 그 분을 만날 수 있도록 은혜를 주십시오."

천사가
전한 소식

윤인구에 관한 역사가 아주 조금씩 파헤쳐지기 시작했으므로, 나는 더 기대하고 또한 기도하면서 계속 역사를 찾아 들어갔다. 그리고 윤인구 초대총장에 대한 다큐멘터리를 만들어야 한다고 최종 결정을 내렸다. 그러나 나는 다큐멘터리에 대해 아무런 지식이 없었다. '재정만 있으면 영상 관련 기업에 외주 프로젝트를 주면 되겠다'라고 생각했다. 문제는 역시 재정이었다. 대학본부에서는 재정이 전혀 없다고 하지 않았던가? 참으로 막막했다. 누가 어떤 방법으로 이 재정을 채워줄 수 있을 것인가?

나는 우주 한복판에 버려진 고장 난 우주선처럼 할 일이 아무것도 없었다. 나에게는 기도라는 오직 한 가지 길만 열려 있었다. 나는 "주님, 윤인구 다큐멘터리 만들게 돈 주세요!"라며 무모하리만치 매일 기도했다. 기도하면 할수록 '주님께서 이 길을 인도하시기 때문에 모든 필요가 채워지리라'는 믿음이 굳어져갔다. 그러나 현실에서는 전혀 기대할 것이 없었다. 그래도 기도를 계속 했다.

그런데 정말 감사하게도, 내가 예기치 않은 방향에서 기도의 응답이 나타났다. 천사가 나타난 것이었다. 부산대학교 모 학과의 대학원 박사과정이라고 스스로를 소개한 A 학생이 나를 만나고 싶다고 전화를 했다. 문화콘텐츠개발원 원장실에서 그를 만났다. A는 다짜고짜 씩씩거리기부터 했다. 조금은 화가 난 음성으로 이야기를 시작했다.

"왜 우리 대학교 교수들은 돈을 못 따는 겁니까? 문화콘텐츠와 관련해 국가에서 주는 큰 프로젝트가 있는데, 부산의 다른 대학교들은 다 따 가는데 부산대는 뭐 하는 겁니까?"

분통을 터트렸다. 그가 나에게 말한 것을 요약하면 다음과 같다.

"이것은 아직 신문과 방송에도 나오지 않은 소식입니다. 현재 극비리에 진행되고 있습니다. 부산의 D 대학을 중심으로 5개 대학에서 수행하던 교육부 재정지원 사업이 불미스러운 사고로 이미 취소 절차에 들어갔으며, 계속되어야 할 향후 2년간 사업을 위해 새로 선정하는 절차가 있을 것입니다. 그 사업비는 총 100억 원 정도가 될 것으로 예상됩니다. 부산대에는 50억 원까지 배정 가능합니다. 다른 4개 대학들은 이미 준비하고 있으므로 경쟁이 치열할 것입니다. 저는 부산대가 이 프로젝트를 땄으면 좋겠습니다. 다른 교수님들께 이 이야기를 했더니, 김재호 교수님께 찾아가라고 해서 온 것입니다."

내가 찾아다닌 것도 아니었다. 설사 내가 찾아 헤매고 다닌다고 해도 도무지 알 수 없는 소식이었다. 어떻게 가만히 앉아 있는 나에게 이런 소식이 찾아올 수 있는가? 참으로 의아했다.

'이것이 내가 기도한 것에 대한 응답인가? 그래서 하나님께서 천사를 보내신 것인가? 기도가 이렇게 세상을 움직이는 강력한 것인가?'

신기할 따름이었다. 그때까지 나는 기도의 힘이 이렇게 작동할 수도 있다는 것을 전혀 알지 못했다. 마치 세상이 기도하는 대로 프로그램되어 움직이는 것처럼 느껴졌다. 나는 기도에 더욱 매달렸다. 모든 것들이 점점 주님의 뜻 가운데 이루어지고 있음을 믿게 되었다. 이 프로젝트야말로 주님이 주신 기회였다. 이번 일을 반드시 성사시켜 사업비를 따내고야 말리라는 전의가 불타올랐다.

무모한
도전

나는 곧바로 이 프로젝트에 대한 조사에 착수하면서 다음과 같은 결론을 얻었다.

첫째, 이 일은 반드시 내가 해야 하는 일이었다. 우리 대학생들과 대학원생들에게 엄청난 규모의 장학금을 줄 수 있는 사업이었다. 특히 내가 전공하는 전자공학과 영상 분야의 발전에는 너무나도 큰 도움이 되는 사업이었다. 게다가 이 프로젝트를 따는 데 성공하면 윤인구의 다큐멘터리를 제작하는 데 필요한 전문가와 각종 영상 기자재를 일시에 확보할 수 있을 뿐 아니라 다큐멘터리를 완성하는 데 필요한 자원까지 거의 다 확보할 수 있었다. 나는 2-3천만 원의 경비를 달라고 기도했으나, 눈앞에 펼쳐진 것은 거대한 여리고 성 같은 50억 원이었다.

둘째, 이 일은 거의 불가능해 보였다. 우리의 경쟁 상대인 부산의 4개 대학은 지난 3년간 이 사업을 수행한 경험이 있고, 나는 이 사업을 어떻게 신청해야 하는지도 전혀 모르는 햇병아리나 다름없었다. 그들은 지금까지 하던 대로 사업계획서를 준비하면 끝이지만, 나는 이제사 모든 것을 파악하고 처음부터 계획서를 써야 하는 상태였다. 더구나 내 간염은 매우 심각해지고 있었다. 만성피로가 떠나지 않았다. 이 프로젝트를 하다 간이 악화돼 간경화로 발전할지 모른다는 염려가 나를 억누르고 있었다. 사업계획서를 완성하는 데 남은 기간은 한 달 정도밖에 없었다.

어느 쪽을 택할 것인가? 무모하게 도전하면 안 되는 것 아닌가? 건강이 최선 아닌가? 이 일을 하다가 간염이 악화된다면, 건강을 잃으면 무슨 소용이 있는가? 그런데 이 일은 주님께서 약속하신 일이 아닌가? 주께서 지금까지 인도하신 것을 보면 분명히 주님의 일인데, 나는 왜 이렇게 두려움에 떨고 있는가?

> [8]그러나 나의 종 너 이스라엘아 내가 택한 야곱아 나의 벗 아브라함의 자손아 [9]내가 땅 끝에서부터 너를 붙들며 땅 모퉁이에서부터 너를 부르고 네게 이르기를 너는 나의 종이라 내가 너를 택하고 싫어하여 버리지 아니하였다 하였노라 [10]두려워하지 말라 내가 너와 함께 함이라 놀라지 말라 나는 네 하나님이 됨이라 내가 너를 굳세게 하리라 참으로 너를 도와 주리라 참으로 나의 의로운 오른손으로 너를 붙들리라 _사 41:8-10

    기도하면서 차츰 마음에 평안이 찾아왔다. 하나님의 약속의 말씀이 나의 힘이 되었다. 하나님의 말씀을 믿게 되면서, 나에게 깊은 평강이 찾아왔다.

> 그리하면 모든 지각에 뛰어난 하나님의 평강이 그리스도 예수 안에서 너희 마음과 생각을 지키시리라 _빌 4:7

    나도 나 자신의 고백에 놀랐다. 기도도 할 줄 모르고 하나님과 교통하는 법도 모르던 내가 아니었던가? 불과 몇 달만에 나에게 일어난 변화가 놀랍다고 생각했다. 주님의 인도하심을 확실히 믿게 되었기 때문이었다.
    이 정도의 계획이면 6개월 전부터 사업 준비팀을 만들어 합숙도 하면서 아이디어를 이끌어내고 사업을 준비해야 했다. 그런데 한 달밖에 남지 않았다. 나는 이 사업을 신청하겠다고 대학 본부에 통보하고 지원을 요청했다. 시간이 얼마 남지 않았기에 부산의 다른 2개 대학 (Y 대학, D대학)과 함께 프로젝트 제안서 작성팀을 꾸리고 합숙에 들어갔다. 날마다 밤을 새며 일해야 할 지경이었기 때문이다. 간염이 아킬레스건처럼 나를 위협하고 있었다. 몇 번이고 "죽으면 죽으리라!"를 마음에 되새겼다. 나의 한 달간의 강행군은 정말 모든 사람을 놀라게 했다. 몇 주 동안 하루 1,2시간만 새우잠을 잤다. 사람들은 내가 간염에 걸렸다는 사실을 몰랐다. 지혜는 계속 샘솟았다. 마침내 제안서가 완성되고 인쇄소로 넘긴 후 교육부에 접수하였다. 목숨을 다하듯 최선을 다했으니 오직 기다리는 일만 남았다.

문제는 다시 나의 간이었다. 간염이 시한폭탄처럼 나를 괴롭히고 있었다. 몇 주간의 지독한 혹사에 간이 얼마나 더 나빠졌는지 모를 일이었다. 얼마 후 검사를 받으러 병원에 갔다. 내 속에 두려움이 증폭되었다. 감사하게도 아무 이상이 없었다. 할렐루야! 보통 사람도 도저히 견디기 힘든 과정을 간염환자가 이겨낸 것이었다.

> 오직 여호와를 앙망하는 자는 새 힘을 얻으리니 독수리가 날개치며 올라감 같을 것이요 달음박질하여도 곤비하지 아니하겠고 걸어가도 피곤하지 아니하리로다 _사 40:31

2007년 6월 14일, 교육부는 부산대학교가 선정되었다는 결과를 발표했다. 대학의 큰 경사였다. 이 사업은 영상 산업을 위한 인재 육성에서 모든 것을 가능하게 해주는 마술 지팡이와 같았다. 내가 하려고 하는 대학 문화 콘텐츠 개발을 학생들의 힘으로 이룰 수 있는 계기가 마련된 것이었다. 학생들의 영상 교육을 위한 장비를 구입했다. 대학에서는 꿈도 꿀 수 없는, 방송국에서만 쓰는 한 대에 수천만 원 하는 방송용 카메라도 마련됐다. 학생들은 고가의 장비를 보며 신기해했다. 마치 무에서 유를 창조하듯 대학의 영상 제작을 위한 시스템이 완비되고 자금도 넉넉했다. 관련된 학생들에게 장학금이 책정되었다. 영상 교육의 파라다이스가 눈앞에 펼쳐졌다. 나는 우리의 모든 필요를 채우시는 주님을 찬양했다.

역사의 벽을
통과하는 좁은 길

처음에는 외주 업체를 통해 윤인구 다큐멘터리를 제작할 생각이었다. 그러나 이 프로젝트는 알고 보니 학생 교육을 위한 것이었다. 따라서 외주 제작을 할 수 없었다. 학생들의 영상제작 실력을 높인다는 교육의 목적을 달성해야 하므로 반드시 학생들을 교육해야 했다. 그래서 사업의 본래 목적대로 교수와 학생들이 직접 만드는 다큐멘터리로 방향을 전환했다.

급히 영화 또는 다큐멘터리 제작에 대해 배우기를 희망하는 학생들을 모았다. 영상 제작에는 아무도 경험이 없었다. 단 한 학생이 교회에서 영상을 만들어본 경험이 있다고 했다. 서상영 군을 학생 대표 감독으로 임명했다. 그 말고는 영화나 비디오를 촬영해본 경험조차 없이 그저 영상에 관심이 있다고 모인 오합지졸의 집단이었다. 사실

지도교수인 나부터 실무를 어떻게 해야 하는 건지 전혀 몰랐다.

윤인구는 주님께서 특별히 명령하신 대로 세상에 반드시 드러내야 할 인물이자 기독교의 본질을 발견할 수 있는 부흥의 우물이라는 확신이 들었다. 내 속에 '윤인구를 드러내라'는 하나님이 주신 사명이 불타올랐지만, 그것을 학생들 가운데 누구와도 나눌 수가 없었다. 학생들에게는 윤인구가 단순한 역사 속의 인물이었으며, 그 일에 헌신해야 할 이유도 없었다. 주님께서 인도해주신 기적의 이야기를 누구와 나눌 수 있겠는가? 그 비밀은 나와 주님만의 것이었다.

모두 한 마음이 되어야 제대로 다큐멘터리를 만들 수 있을 텐데, 나는 팀워크를 제대로 만들어나갈 수 없었고 어떻게 해야 하는지도 몰랐다. 장비를 구매하고 다큐멘터리 제작팀도 구성했지만, 막상 그것을 만들어갈 수 있는 힘과 능력은 우리들 중 누구에게도 없었다. 이일을 완수할 수 있을까? 한숨이 저절로 나왔다.

한편, 나는 그때 누구를 만나든지 윤인구 초대총장에 대해 아는 것이 있는지 물었다. 그의 애송시 '화살과 노래'를 이야기했다. 완전히 막힌 역사의 벽 앞에 서서, 나는 온몸으로 그 벽에 부딪혔다. 내가 반드시 통과해야 할 역사의 벽 앞에서 기도했다. 그 기도는 절절했다.

"주님! 나는 능력이 없습니다. 어떻게 해야 할지도 모릅니다. 역사 저편의 이야기를 알 수 있도록 도와주세요. 주께서 그렇게 해주실 줄 믿습니다."

그것은 나의 무능을 고백하는 기도였으며, 주님의 도우심을 구하는 믿음의 기도였다.

06

너는 무엇이 가장
기쁘더냐?

역사 저편과 연결되는
인터뷰를 기대하다

어느 날 좋은 소식이 왔다. 돌아가셨을지도 모른다던 그 분의 여동생 윤학자 원로교수께서 구포에 살고 계신다는 소식이었다.

'이제 윤인구에 대한 이야기를 들을 수 있겠구나! 꽉 막힌 역사의 벽을 통과할 수 있겠구나!'

전화번호를 구해 전화를 드렸다. 동래의 한 호텔에서 그 분을 만났다. 키는 자그마하고 아름다운, 2007년 당시 87세의 할머니셨다.

"윤인구 초대총장님의 다큐멘터리를 만들려고 합니다."

나는 지극히 사무적인 설명을 드렸다. 윤학자 교수님은 무척 신기해 하셨다.

"오빠가 부산대를 떠나신 지 47년이나 지나서, 이런 일이 어떻게 진행될 수 있는지…?"

처음 만난 자리였기에 '주님의 인도하심' 같은 자초지종을 전부 설명할 수는 없었다. 윤학자 교수님께서 지금까지 살아계셔서 만날 수 있도록 은혜를 주신 하나님께 감사드렸다.

그 자리에서 더욱 놀라운 소식을 들었다. 건학의 시기에 총장님과 깊이 관계하신 원로교수님 중 몇 분이 아직 살아 계시다는 것이었다. 그 분들의 연락처도 알고 계셨다. 바늘구멍보다 좁았던 가능성이 조금씩 넓혀지고 있었다. 내 기도를 들으시는 주님의 은혜에 대한 감사와 기쁨이 내 안에 넘쳤다. 나는 그 다음 주에 그 분들과 만날 약속을 잡아달라고 부탁드렸다.

기대하고 고대하던 첫 인터뷰의 날이 밝았다. 가슴이 어린아이처럼 설레었다. 이제 역사의 벽이 무너지고, 내 눈 앞에 확 트인 평원이 나타날 것 같았다. 나는 윤인구에 대한 이야기가 넘치는 인터뷰를, 그 시절을 회상하며 기뻐하는 원로교수님들과 만남을 기대하고 있었다.

일주일 전부터 다큐멘터리 팀의 촬영 담당 학생들에게 카메라의 조작법 등을 잘 익혀두라고 지시했다. 당일 학생들에게 다시 물으니 "잘 할 수 있습니다"라고 자신 있게 대답했다. 두 시간 전에 식당으로 가서 인터뷰를 촬영하는 카메라의 위치까지 지정해주었다. 4대의 카메라가 동원된 거창한 인터뷰였다. 식당의 자리 배치를 보고 어느 분이 어디에 앉으셔야 할지도 미리 정해두었다.

오점량 교수님(부산대 교육학과 원로교수)은 거동이 불편하여 몇 년 전부터 바깥 출입을 하지 않으셨으나, 스승 윤인구의 다큐멘터리가 제작된다는 소식을 들으시고 모임에 나오셨다. 교수님께서 도착하셨다는 말을 전해 듣고 식당 문 앞으로 나갔다. 과연 옆에서 부축하지 않으면 안 될 정도로 걷는 것 자체가 힘든 상태였다. 박태권 교수님 (부산대 국어국문학과 원로교수)은 비교적 정정하신 것으로 보였다. 윤학자 교수님도 그 자리에 함께 하셨다.

나는 가슴이 두근거렸다. 이 세 분들의 말씀을 하나도 놓치고 싶지 않았다. 역사 저편과 오늘이 연결되기를 얼마나 간구했던가? "윤인구를 세상에 드러내라"고 명하셨던 주님께서도 이날을 얼마나 기다리셨을까?

전혀 뜻 밖의
대답

간단하게 식사를 마치고 인터뷰를 시작했다. 질문이 시작되고, 답하시는 원로교수님들의 말씀을 들었다. 나는 TV에서 보던 멋진 인터뷰를 상상했다. 그런데, 이건 내가 생각했던 인터뷰가 아니었다. 우선 원로교수님들의 발음을 이해하기 힘들었다. 나의 모든 지각을 다 동원해 말씀을 들어야 했다. 끝까지 최선을 다해 이해하려 노력하면서, 부산대와 윤인구의 역사에서 가장 중요한 초대총장 취임식에 대한 이야기를 거듭 물었다. 그러나 질문과 대답이 가고 올수록 점점 실망 속으로 빠져들고 말았다. 아무리 질문해도 결정적인 답이 나오지 않았다.

나는 60년 전 역사의 깊은 바다로부터 갓 잡아 올려 짙푸른 비늘과 은빛이 찬란히 빛나는 생선 같은 이야기를 기대했다. 분명히 큰 물고

기가 올라올 것 같았으나, 질문이라는 낚싯대를 올려보면 매번 답이라는 물고기는 없었다. 망망한 역사의 바다에서 물고기는 흔적을 감춘 것 같았다. 왜 이럴까? 원로교수님들께서 자신이 청년시절에 직접 만났던 스승 윤인구를 왜 제대로 기억하지 못하고 계실까?

노 교수님들의 인터뷰는 부조리극처럼 진행되었다. 나는 놀라운 대답을 기대하며 계속 질문했지만, 답은 항상 본질의 주변을 맴돌고 있었다. 그러나 노 교수님들의 말씀을 차마 중간에서 끊을 수는 없었다. 지루하고 요점에 해당되지도 않는 대답을 하염없이 듣고 있었다. 옛 기억을 못하시고, 질문에 대한 대답은 기대를 벗어날 뿐이었다.

문득 '10년이면 강산이 변한다'는 속담이 생각났다. 그렇다! 그 분들에게는 여섯 번의 강산이 변하는 시간이 흐른 것이다. 얼마나 긴 시간인가? 생생하던 기억은 점점 희미해진 것이다. 나도 몇 십 년 전의 사건을 생생하게 기억하는 게 별로 없다. 단지 흐려진 한 장의 사진처럼 기억이 남아 있을 뿐….

인터뷰는 한 시간 이상 겉돌았다. 기대가 무너지는 것을 느끼며 포기 상태로 접어들었다. 나는 윤 총장님과 관계된 기억을 떠 올리며 회상하시는 원로교수님들의 표정을 카메라로 잡고 싶었다. 그러나 80을 훨씬 넘으신 원로교수님들의 표정은 인터뷰 내내 거의 무표정에 가까웠다. 나는 속으로 기도할 수밖에 없었다.

'아! 주님, 어떻게 해야 하나요? 이분들은 다 잊어버리셨습니다. 이럴 땐 어떻게 질문해야 하나요?'

성령께서 지혜를 주셨다.

"구체적 사실을 물으면 안 돼! 느낌을 물어야 해!"

나는 학생들에게 카메라를 클로즈업(Close Up)해서 교수님들이 회상하시는 표정을 잘 잡으라고 눈짓으로 지시하고 다음의 질문을 했다.

"총장님께서 가장 기뻐하신 때는 언제입니까?"

그러자 갑자기, 박태권 원로교수님께서 뭔가 옛날을 회상하신 듯, 얼굴에 환한 표정이 잠시 스쳤다. 하늘을 한 번 보시고, 땅을 한 번 보셨다. 그러나 여전히 역사 속에서 뭔가를 건져 올리시려는 듯 힘든 표정이 역력했다. 이마와 얼굴의 깊게 파인 주름 속에서 기억을 건져 올리시려 애쓰는 모습이 나의 입을 마르게 했다. 50년 너머의 지난 기억을 더듬어내는 것은 고통스러워 보였다. 나는 이 질문으로 윤인구와 대학의 역사에서 가장 중요한 순간에 대한 생생한 증언을 기대하고 있었다. 나는 여전히 멋진 대답을 상상했다.

'총장 취임하실 때가 아니었을까? 부산대학교에서 가장 아름다운 대학본관(현 인문관)을 완공했을 때가 아니었을까?'

나와 학생들은 끈기 있게 박 교수님의 대답을 기다렸다. 마침내 건져 올린 교수님의 대답은 전혀 뜻밖이었다.

"우리 만날 때 가장 기뻐하셨지요."

내가 기대했던 대답이 아니었다. 대학 역사의 분수령이 되는 기념비적 사건과 동떨어진 개인적인 회상이었다. 나는 갑자기 멍해졌다. 그 대답을 듣는 걸 끝으로 더 이상 질문할 마음이 나지 않았다. 더 기대할 것이 없었다. 그 자리에서 인터뷰를 끝내고 철수를 결정했다.

그러는 너는
무엇이 가장 기쁘더냐?

그날 저녁, 기도를 드렸다. 기도라기보다 하소연을 했다는 표현이 더 맞을 것 같다.

"주님, 이게 뭡니까? 제가 어떻게 해야 역사를 찾아 다큐멘터리로 만들고, 또 윤인구를 세상에 드러낼 수 있습니까? 저는 이제 어떻게 해야 할지 모르겠습니다. 제자이신 원로교수님들의 생각 속에서도 지워진 역사를 제가 어떻게 찾을 수 있습니까?"

깊은 한숨이 터져 나왔다. 그러자 성령께서 갑자기 나의 속물스러움을 바라보게 하셨다. 그리고 말씀하셨다.

"교수가 학생들을 만날 때 가장 기뻐했다는 것이 진리가 아니더냐? 너는 교수 생활에서 무엇이 가장 기쁘더냐?"

나는 거의 무방비 상태에서 헤비급 권투선수에게 맞은 사람처럼 휘청거렸다. 나는 무엇을 기뻐하며 살았던가? 나의 논문이 우수 논문지에 실렸을 때, 수억 원 규모의 연구비를 받았을 때, 우수 논문상을 받았을 때, TV 대담프로에 출연하고 나서 많은 사람들이 나를 알아보았을 때…?

---

[15]이 세상이나 세상에 있는 것들을 사랑하지 말라 누구든지 세상을 사랑하면 아버지의 사랑이 그 안에 있지 아니하니 [16]이는 세상에 있는 모든 것이 육신의 정욕과 안목의 정욕과 이생의 자랑이니 다 아버지께로부터 온 것이 아니요 세상으로부터 온 것이라 [17]이 세상도, 그 정욕도 지나가되 오직 하나님의 뜻을 행하는 자는 영원히 거하느니라

_요일 2:15-17

부흥의 우물

갑자기 발가벗겨지듯 나의 모습이 적나라하게 드러나 버렸다. 내가 하나님을 사랑한다고 눈물 흘리며 고백한 순간에도 내면은 여전히 세상을 사랑하고 있었다. 주님께서 나의 미련함과 연약함을 아시고, 나를 있는 그대로 받아주신 것에 불과했다.

내 생각 속에 있던 은밀한 죄가 드러났다. 부끄러웠다. 부끄러움을 모르면 짐승보다 못하다고 했던가? 그동안 내가 얼마나 부끄러움을 모르고 잘난 척 하며 살아왔던가? 요한일서 말씀이 내 앞에 진리의 말씀으로 서고, 나는 고꾸라졌다.

갑자기 영의 깊은 곳에서 탄식이 올라 왔다. 나는 죄 사함을 이미 받았고 "주님을 깊이 사랑한다"고 고백했으나, 스스로 '죽으면 죽으리라'고 고백하며 '주의 길을 따르는 자'라고 나를 포장했으나, 그것이 얼마나 속절없는 자기만족과 자기기만의 행위였는지 무참히 드러났다.

> ³무릇 나는 내 죄과를 아오니 내 죄가 항상 내 앞에 있나이다 ⁵내가 죄악 중에서 출생하였음이여 어머니가 죄 중에서 나를 잉태하였나이다 ⁷우슬초로 나를 정결하게 하소서 내가 정하리이다 나의 죄를 씻어 주소서 내가 눈보다 희리이다 _시 51:3,5,7

내 머리 속에 가득 들어앉은 세상에 대한 사랑, 그것은 내가 출생하기 전부터 내 어머니에게 있었으며, 부모와 이웃들과 세상 모든 사람들의 마음속에 있었다. 나는 이미 출생 전부터 운명처럼 죄악 세상을 사랑하도록 프로그램되어 있었다.

나는 내가 높아지는 걸
사랑했다

나는 부끄럽지만 고백한다. 그때까지 교수로서 학생들을 만나면서 그들을 진정 존재 자체로 기뻐했던 적이 없었다. 나는 교수로 생활하면서 자기중심적이었다. 세상에서 요구하는 우수 교수 대열에 들어가려고 발버둥쳤다. 대학교에 부임하자마자 학생들을 매섭게 몰아붙였다. 스파르타식으로 교육했다. 내가 지도하는 실험실 대학원생들은 1년 365일 휴일이 없었다. 내가 매일 학교에 나왔기 때문이었다. 나는 교수의 권위를 마음껏 즐겼고, 거기에 도전하는 것을 용서하지 않았다. 그러니 가가멜 별명을 얻은 건 당연했다.

한 학생이 대학원 신입생 모임에서 자신을 이렇게 소개했다.

"나는 김재호 교수님 연구실에 새로 들어온 정 아무개입니다."

그때 느닷없이 학생들이 모두 환호하며 기립박수를 쳤다고 한다. 스스로 죽음의 실험실로 걸어 들어간 용기를 '축하'하는 대학원생 전체의 박수였다.

나는 좋은 신입생을 원했고, 그들이 좋은 결과를 내기 원했다. 부끄럽게도 나에게 대학원 학생이란 내가 사회적으로 더 높이 인정받고 논문에서도 좋은 결과를 내는 도구에 불과했다. 그들의 실력이 발전하는 것은 기뻐했지만, 내 깊은 양심으로 말한다면 그것들은 부차적 부산물이었다고 고백할 수밖에 없다.

나는 내가 높아지는 것을 사랑했다. 그러니 학생들을 교육하는 본질이 '그들을 존재적으로 기뻐하고 사랑하는 것'이라는 이 단순한 사실을 알지 못했다. 그걸 왜 진작 몰랐을까? 왜 한 번도 그것을 말해주

부흥의 우물

는 사람이 없었을까? 나는 왜 한 번도 나 스스로 교육자의 본질을 생각하며 스스로 점검하지 못했을까?

성경 66권을 요약하면 '사랑'이라는 두 글자로 요약된다. 조금 더 자세히 요약한다면 '하나님 사랑과 이웃 사랑'이라고 하지 않던가? 나에게 무슨 변명이 필요할까? 사랑 없이 '교수질'을 하고 살았다는 것이 어떻게 정당화될 수 있는가? 교회에서 수많은 설교를 듣고, 성경을 보고 감동하며 신앙생활을 했다고 생각했는데, 그것은 철저히 모래 위에 지은 집이었다.

나를 지나간 수많은 제자들의 얼굴이 스쳐 지나갔다. 미안한 마음이 끓어올라 견딜 수 없었다. 나는 성령님과 그들 앞에 무릎을 꿇었다. 그들을 사랑하지 아니한 죄가 얼마나 부끄러운 것인지 성령님께서 가르쳐주셨다. 내 눈에서 눈물이 하염없이 흘러 내렸다.

> 요한의 아들 시몬아 네가 이 사람들보다 나를 더 사랑하느냐?
>
> 두 번째 이르시되 요한의 아들 시몬아 네가 나를 사랑하느냐?
>
> 세 번째 이르시되 요한의 아들 시몬아 네가 나를 사랑하느냐?
>
> _요 21:15-17 중에서

나는 예수님을 세 번 부인한 베드로처럼 얼굴을 들 수 없었다. 목구멍까지 주님을 사랑한다고 고백하고 싶었지만, 내가 주님을 사랑한다고 고백할 자격이 있는 것 같지 않았다. 그래서 베드로는 사랑한다고 고백하지 못하고 "내가 주님을 사랑하는 줄을 주께서 아십니다"라고 대답하였나 보다.

아인슈타인이
교육을 정의한 말

"교육은 학교에서 그가 배운 모든 것을 다 잊어버린 후에도 기억하는 것, 바로 그것이다."

앨버트 아인슈타인이 한 말이다. 참으로 선문답 같은, 교육에 대한 이 정의를 처음에는 무슨 뜻인지 잘 몰랐다. 그러나 원로교수님들과의 인터뷰는 아인슈타인의 말을 나에게 그대로 설명해주었다. 원로교수님들은 스승 윤인구로부터 배운 모든 것을 잊어버렸으나, 마지막 하나는 분명히 기억하고 있었다.

'나를 만날 때 기뻐하시던 스승 윤인구!'

아인슈타인은 그것이 바로 교육이라고 말한다. 그러나 우리는 국어, 영어, 수학, 과학, 사회, 자연 등등, 우리가 좋은 대학에 가기 위해 배웠던 지적 훈련을 교육이라고 생각한다. 교육이라는 단어의 뜻이 이렇게 서로 다르다. 만일 우리 세대가 아인슈타인의 교육에 대한 정의를 잊어버리지 않고 살았다면, 교육이 오늘날처럼 이리도 황폐화되었을까? 교육 현장에서 이처럼 스승에 대한 존중이 사라지게 되었을까?

"언어는 존재의 집이다."[7]

"언어는 존재가 머무는 곳이며 세계와 사물을 인식하는 통로다. 언어는 의사소통의 수단을 넘어, 인간의 사유를 지배하고 복속시킨다.

---

7 하이데거(Heidegger, Martin), 독일의 실존철학자.

인간이 언어를 부리는 것이 아니라 언어가 인간을 부리는 것이다."

과연 그러하다. 교육이라는 한 단어의 정의가 둔갑하고 난 후부터
온전한 교육이 사라졌다. 잘못된 교육의 정의가 인간을 잘못된 길로
이끌고, 그 길이 잘못되었다는 사실도 인식하지 못하게 하고 있다.

나는 이제 확신한다. 우리나라가 교육의 본질적 뜻을 다시 제대로
회복하는 날에 교육의 부흥이 올 것이다. 빛이 비취면 어둠은 즉시 물
러난다. 교육이 본질을 찾고 나면 비교육적인 모든 것은 사라질 것이
다. 냇가에서 흙탕물을 일으켜 시냇물이 검게 되어도, 산 위에서 흘러
내려오는 물이 맑으면 그 시냇물은 금세 맑아진다.

"기독교 신앙의 기본 교리를 재발견하면 부흥이 일어난다"는 마틴
로이드 존스 목사의 말이 생각났다. 교육에 대한 하나님의 뜻을 재발
견하는 순간이기도 했다.

나는 '윤인구를 세상에 드러내는 일'이 바로 교육의 부흥을 위한 것
이라는 사실을 더 깊이 깨닫기 시작했다. 한편, 이것은 윤인구의 역사
를 찾아가면서 내가 겪게 될, 새로운 피조물로서 존재적 변화의 첫 신
호탄이었다.

---

8   조동근 명지대 교수. 2013년 5월 6일자 한국경제신문 '다산칼럼'

07

내가 앞서갈 테니,
너는 나를 따르라

바보들의
행진

며칠 후 원로교수님들의 인터뷰에 참여했던 다큐멘터리 촬영 팀원들을 소집하고 점검회의를 가졌다. 촬영 담당 학생의 얼굴이 어두웠다.

"교수님 죄송합니다. 인터뷰 촬영한 영상을 조사했는데 제대로 쓸 장면이 없습니다. 너무 멀리서 촬영해 소리가 전혀 들어가지 않았습니다."

무선 마이크를 설치하지 않은 것이 실수였다. 나는 너무 황당했다. 식사 테이블에서 3-4미터 떨어져 촬영한 대화 장면은 무선 마이크를 설치하지 않을 경우 음성 품질이 쓸 수 없다는 것조차 우리는 미처 몰랐다. 학생들을 나무랄 수도 없었다. 지도교수인 나도 몰랐는데, 학생들이 어떻게 알았겠는가? 그날 촬영한 영상은 쓸 수 없게 된 것이다.

정말 바보들의 행진이었다.

그 엄청난 실수에도 불구하고, 그날 이후 "우리 만날 때 가장 기뻐하셨지요"라고 말하신 노 교수님의 표정과 음성은 나를 떠나지 않았다. 자신의 어떤 업적보다 학생들을 만날 때 가장 기뻐했다는 진정한 스승 윤인구가 더욱 그리워졌다. 학생에 대한 그의 사랑의 씨앗이 내 가슴 속에 심겨지기를 기도했다.

이 외에도 여러 번의 '바보들의 행진'이 있었다. 이러다가는 다큐멘터리를 제대로 만들 수 없다고 판단했다. 하나님께 SOS 기도를 올려드렸다.

"주님! 나는 능력이 없습니다. 한 번도 제대로 만들어 본 경험이 없습니다. 벌써 바보 같은 짓을 많이 했습니다. 또 얼마나 바보 같은 실수를 더할지 모르겠습니다. 다큐멘터리를 잘 만들 수 있도록 도와줄 사람을 붙여주세요."

기도 중에 성령께서 두 사람을 생각나게 하셨다. 김우현 감독과 김민향 자매였다.

김우현 감독은 '맨발천사 최춘선 할아버지' 다큐멘터리로 너무나 유명했다. KBS 인간극장에서 명성을 날리던 PD였다. 나는 그의 도움을 청하기 위해 몇 번 만났다. 세 번째 만나는 날 그가 고백했다.

"20여 년 전 청년 시절에 부산대까지 내려와 기도하고 간 적이 있습니다. 그때는 도대체 부산대와 아무런 연고도 없는 내가 여기까지 와서 기도해야 하는 이유를 몰랐습니다. 성령께서 부산대를 향한 계획이 있으셨던 것 같습니다."

그는 이 일을 돕겠다고 했다. 하나님께 깊이 감사드렸다. 최고의 전문가가 도와주기로 한 것이다. 천군만마를 얻은 듯했다.

또 한 사람의 전문가인 김민향은 뉴욕대학교에서 영화를 전공한 자매였다. 나는 김우현 감독의 홈페이지 버드나무를 통해 그 자매에 대한 이야기를 알게 되었다. 자매가 지은 시 'Lord, Here I am'은 나를 많이 감동시켰다. 이 시는 나중에 이무하 씨가 곡을 붙여 노래로 부르기도 했다. 나는 김민향 자매의 작품을 본 적도 있었다. 노숙자를 촬영한 사진이었다.

이 작가는 미국에서 어느 날 노숙을 시작했다. 여자 대학원생이 길거리 노숙자들과 같이 지낸다는 것이 성령의 감동에 순종하지 않고서 가능한 일이었을까? 작가의 사진에는 세상에서 버려진 자를 바라보는 따뜻한 시선이 있었다. 나는 이 자매가 영혼이 아름다운 사람이라고 생각했다. 윤인구 다큐멘터리를 만드는 데 이 정도 높은 수준의 예술적 도움을 줄 수 있는 사람이 드물다고 생각했다.

'과연 한국까지 와서 도와 줄 수 있을까?' 걱정하면서, 수소문 끝에 연락처를 찾아 미국에 전화를 걸었다. 마침 미국에서 석사과정을 마치고 귀국을 준비하는 중이라고 하였다. 나는 초청했고, 이 일에 도움을 주겠다는 확답을 받았다.

우리 같은 말도 안 되는 초보들에게, 주님께서 사랑하시는 최고의 전문가를 붙여주셨다. 우리의 모든 연약함 위에 최고의 능력이 덧입혀지는 순간이었다. 너무나 황홀했다. 다큐멘터리 만드는 일이 주께서 인도하시는 일이라는 사실이 거듭 확인된 것이다.

두려워하지 말라 내가 너와 함께 함이라 놀라지 말라 나는 네 하나님이 됨이라 내가 너

를 굳세게 하리라 참으로 너를 도와 주리라 참으로 나의 의로운 오른손으로 너를 붙들
리라 _사 41:10

내가 이 일을 시작하기로 생각한 것은 정말 황당했다. 도대체 영상에 대해선 아무것도 해본 경험이 없는데 할 수 있다고 믿은 무모함은 어디서 온 것인가? 바보들의 행진이 연속되면서 절망해야 하는 자리에서도 다큐멘터리를 잘 만들 수 있다는 믿음은 도대체 어디서 온 것일까? 내가 이성적 판단으로는 결코 불가능한 길을 걸어왔음을 보고 다시 놀라게 된다.

"내가 앞서 갈 테니 너는 나를 따라오라!"

이 예언의 말씀을 믿음으로 받아들이고 주님을 따라온 길이었다. 나는 제대로 할 수 있는 것이 별로 없었다. 겨우 마라톤의 초반 고비를 지나고 보니 모두 주님의 도우심과 인도하심이었을 알게 되었다.

이제 다큐멘터리를 만드는 일은 잘 될 수밖에 없다는 확신이 들었다. 이렇게 우리의 연약함을 잘 아시고 최고의 전문가들로 하여금 돕게 하시니 어찌 성공하지 않을 수 있겠는가?

돌아이 교수의
예언적 선포

그때까지 일이 진행되는 동안, 한편으로 주님의 예언이 성취되었음을 잠시 보고하고 넘어가려 한다. 1장에서 미국의 목사님께 받은 예언 중에 "앞으로 3년 동안 너를 통하여 수많은 사람이 복을 받게 할

것이다"라는 부분에 대한 간증이다.

처음 이 예언을 들었을 때는 어떤 축복을 말씀하신 건지 도무지 알 길이 없었다. 그래서 큰 기대를 하지 않았다. 그저 무덤덤하게 예언을 받았고 기분이 그냥 조금 좋았다. 주님의 약속은 반드시 이루어진다는 사실을 미처 몰랐기 때문이다.

주께서는 내가 대학을 위해 450억 원의 지원금을 유치하는 데 공을 세울 수 있도록 인도하셨다. 그 과정 곳곳에서 주님의 인도하심이 있었다. 나는 이 재정적인 복이 실현되는 과정에서 나의 걸음을 세세히 인도하시는 주님을 만났다. 이런 놀라운 복을 '윤인구를 세상에 드러내는 일'과 함께 주신 것은 하나님께서 우리 모두의 연약한 믿음을 돕기 위해 주신 표적이라고 믿는다. 살아계신 하나님의 역사하심이 우리의 삶에서 나타나는 것을 보고 하나님께 영광 돌리며, 하나님의 인도하심을 믿기 원하시는 것이다.

지나고 보니 처음 예언을 받을 때는 주님의 약속에 대해 참으로 무지했던 것 같다. 아브라함에게 "하늘의 별과 같은 많은 자손을 주겠다"고 했을 때도 아브라함은 믿지 못하고 하갈을 통해 이스마엘을 아들로 얻지 않았던가? 주님의 약속을 신실하게 믿는 믿음이 중요하다는 것을 이제는 안다. 아직 공개할 수는 없지만, 주님께서 나에게 개인적으로 주신 약속들도 여러 가지가 있다. 우리 그리스도인은 주님의 약속을 믿음으로 붙잡아야 한다.

> 이스라엘의 지존자는 거짓이나 변개함이 없으시니 그는 사람이 아니시므로 결코 변개하지 않으심이니이다 하니 _삼상 15:29

• 3년 동안 주님의 약속대로 쏟아진 재정의 축복

선정된 사업	사업비	선정일자	역할
BK사업	170억	2006.4.26	사업책임자(단장)
누리사업	50억	2007.6.13	부산대 사업책임자
HK사업(대형)	150억	2007.7.11	사업계획서 작성팀
HK사업(중형)	80억	2007.7.11	사업계획서 자문
총계	450억		

　위 4가지 사업 중 HK 대형 사업계획서를 진행한 것에 대해 조금 소개하고자 한다. 2007년 우리나라 역사상 가장 큰 인문학 지원 사업이 교육부에 의해 계획되었다. 그것이 바로 인문한국(HK, Humanities Korea) 사업이다. 인문대학은 공과대학과 달라 일반적으로 사업비 규모가 작다. 공과대학처럼 고가의 실험 장비도 필요 없는 탓일 게다. 그런데 인문학의 발전을 위하여 놀랍게도 10년간 총 150억 원과 80억 원의 사업비 규모로 대형사업단과 중형사업단을 선정한다는 소식이 전해졌다. 전국의 인문대학은 술렁거렸다. 향후 10년 동안 인문대학의 명운을 좌우할 수도 있는 규모의 자금이었다. 부산대도 사업계획서를 준비할 팀을 꾸렸다. 위 표에서 보듯, 나는 이미 부산대 안에서 BK21 사업 선정 성과로 인해 사업계획서 작성 능력을 인정받고 있었다(사실 내 능력이 아니라 주님이 주신 능력이었다). 산학협력단에서 HK 사업계획서 작성 팀에 들어와 도와달라는 요청이 왔다.

　　모세가 여호와께 아뢰되 주께서 친히 가지 아니하시려거든 우리를 이 곳에서 올려 보
　　내지 마옵소서 _출 33:15

나는 이 말씀처럼 모세의 마음으로 기도했다. 하나님께서는 "내가 너와 함께 하겠다"는 마음을 주셨다. 그로부터 수개월간, 책임을 진 한 사람으로서 사업계획서 작성팀의 회의에 합류하게 되었다.

교수들이
하나님의 역사하심을 체험하다

어느 날 나는 그 회의에서 분노가 폭발했다. 그날도 가능한 듣고만 있으려고 했다. 한 교수가 또 "우리가 당선될 가능성이 있겠습니까?"라고 말했기 때문이다. 나는 책상을 두 팔로 쾅 내려치고 자리에서 벌떡 일어났다.

"도대체 뭐 하자는 겁니까? 벌써 몇 번째입니까? 안 될 일도 된다고 믿고 해야지 힘도 나고 더 열심히 할 수 있지 않습니까? 나는 공대에서 당신들을 돕기 위해서 왔습니다. 지금 BK21 사업단장, 문화콘텐츠개발원장으로도 할 일이 너무나 많습니다. 그럼에도 불구하고 도우려고 온 것입니다. 나는 정말 교수들의 공식 회의석상에서 이 말을 하지 말아야 한다는 것을 잘 알고 있지만, 오늘은 이 이야기를 해야겠습니다. 용서하고 들어주십시오. 나는 하나님을 믿는 사람입니다. 나는 이 일에 참여해달라는 제안을 받았을 때, 내가 이 일에 참여해야 하는지 하나님께 여쭙는 기도를 드렸습니다. 하나님께서는 '이 일에 내가 너와 함께 할 것이다'라고 약속하셨습니다. 그래서 왔습니다. 오늘 제가 여러분 모두에게 확실하게 말씀드립니다. 이 일은 하나님의 일입니다. 반드시 선정됩니다! 두고 보십시오! 이제부터 제발 다시는 '우리가 선정될 수 있을까?'라는 부정적인 말은 하지 말아 주십시오."

모든 교수들이 할 말을 잃었다. 너무나 뚱딴지같은 이야기를 쏟아낸 것이다. 나는 졸지에 대학에서 돌아이(또라이) 교수가 되었다. 공식 석상에서 "하나님을 믿는다"고 하지 않나, 큰 소리로 예언까지 해댔으니 오죽했겠는가? 그러나 나는 그 말을 하지 않을 수 없었다. 성령님께서 주시는 거룩한 분노를 내 어찌 쏟아내지 않을 수 있겠는가?

그 후, 회의에서 정말 감사하게도 부정적인 이야기들이 사라졌다. 사업계획서 작성 과정에서 나의 아이디어도 많이 추가되었다. 내가 직접 도울 수는 없었지만, 부산대 HK 중형 사업단에서도 나에게 "사업계획서를 자문해달라"는 요청이 왔다. 성심껏 자문해주었다.

2007년 7월 11일은 부산대 인문대 역사상 크게 경사스러운 날이었다. 대형과 중형 HK 사업에서 동시에 선정된 전국 유일의 대학이 되었기 때문이다. SKY 대학들도 이루지 못한 쾌거였다. 나는 이 기쁜 소식을 듣고 부산대 대형 HK 사업단장인 K 교수에게 축하 전화를 걸었다.

"단장님! 정말 축하드립니다. 밥 한 번 사셔야지요!"

"아이고, 김 교수님 도와주셔서 감사합니다. 밥 한 번뿐이겠습니까? 오늘부터 사업이 진행되는 10년간 매일 사겠습니다. 지금 인문대 교수들이 모여서 '이 일은 하나님의 일입니다. 하나님께서 약속하셨습니다. 두고 보세요. 반드시 됩니다'라고 교수님께서 말씀하신 그 이야기를 하고 있습니다."

그 후 나는 그 일로 한 번도 밥을 얻어먹은 적은 없다. 다만 이 일로 인해 하나님께 영광을 올려드릴 수 있어 감사하다. 이 일로 인해 믿지 않는 인문대 교수들도 하나님의 예언과 역사하심을 직접 보았다. 많은 교수들 앞에서 믿음의 선포를 한 내가 부끄러움을 당하지 않도록 해주신 하나님께 감사드린다.

08

옛적, 선한 길을
알아보아라

다큐멘터리를 위해
기도하라

다큐멘터리 제작 과정이 순항하고 있었다. 나는 주님의 인도하심을 더욱더 실감하고 있었다. 다큐멘터리를 만드는 데 필요한 외적 자원들은 점점 완벽해졌다. 자금도 충분했고, 최고의 영성과 실력을 가진 전문가도 확보했다. 그러나 정작 가장 중요한 문제는 윤인구와 그에 대한 역사를 여전히 제대로 알 수 없다는 것이었다. 몇몇 원로교수님들을 만났지만 역사의 단편적 이야기뿐이었다. 역사는 그 비밀을 꼭꼭 숨기고 싶어하는 것처럼 보였다. 아무리 두드려도 제대로 열리지 않는 역사의 문 앞에서 나는 점점 지쳐갔다.

　김우현 감독은 다큐멘터리 제작에 대해 묻는 질문에 개인적인 자문으로 "오직 기도로 (다큐멘터리를) 만들어가야 합니다"라고 말했다.

나는 그러겠다고 말은 했지만, 사실 그 의미를 제대로 파악하지 못하고 있었다. 하루는 김우현 감독의 버드나무팀에서 연락이 왔다.

"교수님, 저희들이 여기서 부산대 다큐멘터리 프로젝트를 위해 기도하는데, 기도가 뚫리지 않습니다. 부산에서도 기도하고 계시죠?"

나는 정말 부끄러웠다. 다큐멘터리 제작의 주체인 우리들은 기도하지 않고, 도와준다는 서울 팀은 기도하고 있으니…. 나는 목소리를 낮춰 대답했다.

"정말 죄송합니다. 우리가 기도를 별로 하지 않고 있었습니다. 다음 주부터 매주 기도회를 시작하겠습니다."

나는 내가 참 한심하다는 생각을 했다. 그동안 주께서 기도하는 만큼 은혜를 베풀며 이끌어주셨는데, '조금 잘 돌아간다'는 생각이 드니 기도의 줄을 놓아버린 것이었다.

서둘러 다큐멘터리 팀에서 신앙이 있는 학생들에게 매주 목요일 기도회를 열자고 제안했다. 7-8명의 학생이 기도회에 참여했다. 우리끼리 하는 처음 기도회에서는 성령님의 함께 하심을 경험할 수 없었다. 기도회를 어떻게 하는지도 잘 모르는 기도의 초보들이 모였기 때문이었다. 우리가 기도회를 하고 있다는 이야기를 들은 어떤 목사가 "성령님의 감동이 있습니다. 제가 매주 찬양사역자를 보내드리면 어떨까요?"라고 제안했다. 서울에서 부산까지 매주 찬양 사역자를 보내준다는 것은 크나큰 섬김이기에, 너무 감사했지만 부담이 됐다.

참으로 감사하게도 다큐멘터리를 완성해가는 1년 동안 그들이 신실하게 기도회의 찬양을 이끌어주었다. 그들은 일반 찬양사역자가 아닌, 하나님을 사랑하는 진정한 예배자였다. 하나님의 임재를 구하며 임하도록 하는 그 예배자들과 함께한 매주 목요기도회에서 우리는 예배의 아름다움과 성령의 만져주심을 경험했다. 깊은 은혜의 바다로 나아갔다. 그 예배자가 처음 우리 기도회에 와서 기타 줄을 미끄러지듯 치는 바로 그 순간 경험했던 성령의 임재를 잊을 수 없다. 기도회는 깊은 은혜 속에서 진행되었다.

성령께서는 학생들에게 스승답게 본이 되지 못했던 나의 죄를 회개하게 하셨다. 지난날의 내 모습이 너무나 부끄러웠다. '노래'도 없이 스승의 자리에 무심하게 앉아있던 나는 정말로 미련한 자였다. 내 앞을 지나간 학생들을 한 명씩 떠 올리며 내 죄를 생각했다. 나는 반드시 삶의 모델이 되었어야 할 스승의 자리에서 나의 안위만을 생각하며 살았다. 영적인 죽음의 상태에 있던 스승이 제자들에게 생명을 나누어줄 수 없었다. 나는 그 수많은 생명 잉태의 기회들을 다 날려버렸다. 나를 바람처럼 스치듯 지나간 제자들에게 미안했다. 나는 지나간 날처럼 더 이상 이대로 살아갈 수는 없다고 생각했다.

"주님, 저는 부를 노래가 없는 사람입니다. 윤인구 총장님의 가슴에 있던 그 노래를 저에게도 주십시오. 그래서 제 한평생 몸 바치는 교육자로 살아갈 수 있도록 은혜를 베풀어주세요. 주님, 저는 학생들을 진정으로 사랑하지 못했습니다. 학생들과의 만남을 기뻐하지 못했습니다. 제 속에는 그런 사랑이 없습니다. 주님, 도와주세요."

기도는 깊어졌다. 나뿐 아니라 학생들에게도 회개의 영이 임하고, 기도회를 마치면 우리 모두의 눈물과 콧물을 닦은 두루마리 화장지가 테이블 위에 가득했다. 그것들을 두 팔로 가득 안아 휴지통에 버리곤 했다. 기도회를 통해 우리의 더러움이 조금씩 씻겨나갔다.

옛적 길, 선했던
그 길을 알아보아라

"윤인구를 세상에 드러내라!"는 주의 말씀이 이루어지기를 방해하는 영적 장애물, 일종의 저지선이 있었다. 나는 이 도시에서 저 도시로 고속도로를 타고 달려 이동하듯 역사 속으로 들어가고 싶었다. 사탄은 내가 역사 속으로 들어가는 것을 방해했다. 이것이 부흥과 연결된 것이면 더욱 그러하지 않겠는가? 나는 그것을 간과하고 있었다. 더 강력한 영적 기도가 필요했다.

> 부흥이란 사도행전 시대의 모습으로 복귀를 뜻한다. 블레셋 사람들이 우물을 덮은 것은 기독교 진리의 어떤 측면을 덮어버리거나 무시하는 것을 의미한다. 본질적 진리를 부인하거나 무시하고 있는 상황에서 부흥이 일어난 사례는 역사상 없다. 지금까지 교회는 부흥의 한복판에 있었던 사람을 항상 반대하고 박해했다. 기독교 신앙의 본질적 교리를 재발견할 때 결국 부흥이 일어난다. 우리는 부흥을 기도하기 이전에 블레셋 사람들의 소행을 깨끗이 처리해야 한다.[9]

아브라함의 우물에는 쓰레기, 오물, 폐기물 등이 들어 있다. 블레셋 사람들이 이런 것을 넣고 우물을 막아 버렸다. 그래서 지금도 여전히 지하에 흐르고 있는 맑은 샘을 우리는 보지 못한다. 그렇다면 이 쓰레

---

9 마틴 로이드 존스, 부흥, 복있는 사람, 2006

기들은 무엇이며, 블레셋 사람들은 누구인지 묻는 기도를 했다. 하나님이 주신 놀라운 은혜의 샘을 봉하고 막아버린 세대, 그 은혜를 외면하고 가치를 인정하지 않던 블레셋 사람은 바로 우리였다. 윤인구라는 부흥의 샘을 얄팍한 우리 나름의 지식으로 평가하고 파묻어버린 것이 바로 우리였다.

우리는 왜 옛것을 소중하게 생각하지 못했을까? 윗세대에 대한 존중이 사라진 시대! 이것이 우리가 살아가고 있는 시대이다. 나도 그중의 한 사람이었다.

> 여호와께서 이와 같이 말씀하시되 너희는 길에 서서 보며 옛적 길 곧 선한 길이 어디인지 알아보고 그리로 가라 너희 심령이 평강을 얻으리라 하나 그들의 대답이 우리는 그리로 가지 않겠노라 하였으며 _렘 6:16

하나님께서 말씀하신다. 새로운 길을 찾으려고 고생할 필요가 없다. 이제 우리는 길을 떠나야 한다. 어느 방향으로 갈 것인가? '옛적 길, 곧 선한 길'을 알아보고 그리로 가라고 말씀하신다. 그러나 우리는 거부한다.

"나는 그 길로 가지 않겠습니다. 나는 내 생각과 판단대로 살겠습니다."

이것이 우리의 죄악이다. 부모 세대에 대한 존중이 사라지면 하나님의 약속하신 천대에 이르는 축복이 끊어진다. 내 생각대로 살다가 하나님의 은혜에서 멀어지는 것이다.

나와 학생들은 기도회에서 우리의 소행을 회개했다. 우리의 교만을 용서해달라고 기도했다. 기도할수록 우물에 들어가 있던 쓰레기들이 악취를 풍기며 계속 올라왔다. 주의 거룩하신 보혈로 이 우물을 정결하게 만들어달라고 기도했다. 이러한 눈물의 기도가 몇 달간 계속되었다.

눈앞에 펼쳐진
왕의 대로

2007년 7월의 어느 목요기도회 때였다. 우리는 성령님의 인도로 이사야서의 말씀을 가지고 기도했다.

> [3]외치는 자의 소리여 이르되 너희는 광야에서 여호와의 길을 예비하라 사막에서 우리 하나님의 대로를 평탄하게 하라 [4]골짜기마다 돋우어지며 산마다. 언덕마다 낮아지며 고르지 아니한 곳이 평탄하게 되며 험한 곳이 평지가 될 것이요 [5]여호와의 영광이 나타나고 모든 육체가 그것을 함께 보리라 이는 여호와의 입이 말씀하셨느니라
> _사 40:3-5

찬양과 기도가 향기가 되어 하늘로 올라갔다. 기도실 조그만 창을 통해 금정산이 보였다. 내 눈에 보이는 것은 그대로인데, 내 영 안에서는 분명히 거대한 금정산이 낮아지며 골짜기가 돋우어지고 있었다. 왕의 대로가 눈앞에서 펼쳐지고 있었다. 지금까지 내가 알고 있던 4차선, 8차선, 16차선의 길이 아니었다. 그것은 수천, 수만 차선의 대로였다. 말할 수 없는 감격이 나의 영을 감싸고 돌았다. 주님께서 그

왕의 대로를 밟고 서 계신다는 느낌이 들었다. 내 영이 주께서 주신 기쁨으로 넘치기 시작했다. 나는 "할렐루야!" 소리치며 찬양했다. 나의 좁은 시각이 영적 돌파를 통해 하나님의 시각으로 바뀌는 순간이었다. 주님께서 지금 우리와 함께 하신다! 천하에 누가 당하랴!

현실에서 우리에게 일어난 모든 일은 그 이전의 영적 세상에서 일어난 일의 결과이다. 현실은 겉껍질이다. 출애굽기 17장의 아말렉 전투에서 모세가 손을 들면 이스라엘이 이기고, 손을 내리면 아말렉이 이겼다고 했다. 산 위의 영적 전쟁의 결과가 실제 세상의 결과로 나타나는 것이다. 그래서 내 인생의 어떤 일이 지지부진하게 막혀 있을 때 기도의 자리에 나아가야 한다. 거기서 영적 장애물을 돌파하는 놀라운 시간을 가져야 한다. 그것은 나의 영에 큰 기쁨이며, 이는 얼마 후 실제적인 영역에서 문제의 해결과 돌파로 나타난다.

이와 같은 영적 돌파 이후, 우리는 역사의 절벽 저편으로 가는 대로를 발견했다. 댐에 갇혀 있던 물들이 수문을 열자 쏟아 내리듯, 윤인구에 대한 놀라운 소식들을 접할 수 있었다. 비밀한 역사 속으로 들어가는 통로가 열린 것이다.

남겨진 책이
나타나다

윤인구 총장이 자서전을 남기지 않았다고 해서 포기하고 있었다. 그런데 그가 소천한 후 미망인 방덕수(方德守)와 제자 김기열이 만든 책들이 있다는 사실을 알게 되었다.《땅에 한 스승 계셨네-그의 참 삶,

그 옳은 정신》(고 윤인구 박사 유고, 그루터기)와 《윤인구 박사 그 참다운 삶과 정신》(1988년 8월)이다. 얼마나 찾고 찾았던 역사적 자료이던가? 지난 몇 달 동안 갈망하며 찾아 나섰던 역사 속으로 들어가는 길이 마침내 열린 것이다. 그 책들은 어이없게도 부산대 도서관에 있었다. 그 전에는 왜 찾지 못했을까?

책은 윤인구가 쓴 글을 수록하고 있었다. 윤인구가 평생 쓰지 않겠다던 자신에 대한 이야기를 (훗날 아무도 모르게) 써서 남겨 놓았던 것을 제자가 찾아내 옮긴 것이다. 윤인구가 왜 자신의 삶을 기록한 글을 쓰기로 마음을 바꾸었는지 자세한 과정은 알 수 없지만, 나에게는 너무나 간절한 소망의 기도에 대한 응답이었다. 성령 하나님의 역사라고 믿는다.

그는 말년에 중풍으로 반신불수가 되었고, 그 이후는 한마디도 말할 수 없고 글도 쓸 수 없었다. 추정하건데, 아마도 그렇게 되기 전에 성령께서 글을 쓰도록 재촉하신 것 같다. 그것이 그 후 30-40년이 지나 내가 다큐멘터리 만들 수 있도록 예비하신 것이 아닐까? 그 책들을 대출하였다. 떨리는 마음으로 책을 폈다.

스승을 사랑하는 제자 김기열은 방덕수의 회고록 《윤인구 박사 그 참다운 삶과 정신》 서문에서 윤인구를 '예수를 닮은 멋진 신사'라고 표현하였다.[10] 위대한 스승의 향기를 느낄 수 있었다.

"은사님 생전에 책을 내시도록 권했으나, 절대로 쓰지 않으셨습

---

10   방덕수, 윤인구 박사 그 참다운 삶과 정신, 서문

니다. 은사님의 글 속에는 애국사상이 있었고 설교 속에는 예수 본질의 원색이 살아서 춤추고 있었습니다. 그는 먼저 글에 앞서, 말에 앞서 참 삶이었습니다.

그때 저는 가난해서 은사님 댁에서 3년을 같이 살았습니다. 제가 보기에는 '예수를 닮은 멋진 신사'이었다고 자랑하고 싶었는데, 책 한 권, 글 한 줄 남겨놓지 않으시고 "책을 남겨 뭘 해!" 하시더니 훌훌 떠나셨습니다.

아쉬운 일은 그 많던 원고가 다 어디 가고(가버린 것입니다), 몇 편의 은사님의 원고를 사모님이신 방덕수 권사님이 보자기에 담아두신 것을 얻어 그 몇 편을 여기에 실어 보냅니다."

나는 수업과 연구 업무가 많이 밀려 있었다. 도저히 책을 읽을 형편이 아니었다. 그러나 다른 어떤 일도 그 책들에서 내 손을 놓게 할 수 없었다. 지금 생각해보면, 당시 나의 영혼은 이미 초대총장 윤인구의 역사 탐구를 위해 바쳐진 것이었다. 내 힘으로는 더 이상 좁혀지지 않는 역사의 간격들이 하나님이 예비하신 은혜의 만남을 통해 좁혀지고 있었다. 이 길의 끝에는 무엇이 있을까?

회고록은 지극히 단순한 사실을 나열한 형태였다. 대단히 무미건조하였다. 그래서 윤인구의 인품이 더욱 깊이 묻어난다. 자랑하고 싶은 역사적인 순간도 그저 한 줄, 아니면 두 줄로 지나가고 말았다. 나는 다큐멘터리를 만들어야 하므로 그 결정적 시간에 대해 더 깊이 알고 싶었다. 그래서 기도에 매달릴 수밖에 없었다.

기도할 때마다 내면의 깊은 영적 의미들이 흙 속의 진주처럼 발견되었다. 한 번도 세상에 드러나지 않았던 회고록 속에 들어 있는 영적 비밀을 우리가 알아낼 수 있도록 성령께서 허락하신 것이다. 그렇게 기도해야만 의미가 찾아지도록 성령께서 우리의 다큐멘터리 제작과정을 미리 설계하신 것이라고 믿는다. 이 길은 역사 속의 윤인구를 찾아가는 과정이었으며, 우리 모두에게는 영적 성장으로의 초대였다. 그렇게 하여 나는 윤인구의 노래를 점점 알아가게 된 것이다.

왼쪽 | 윤인구 박사 그 참다운 삶과 정신(방덕수. 1988).
오른쪽 | 땅에 한 스승 계셨네-그의 참 삶, 그 옳은 정신(고 윤인구 박사 유고. 그루터기).

2부 / 윤인구가 부른 노래

28세의 윤인구. 이 사진을 보고 97세의 동생 윤학자는
오빠의 외로움이 느껴진다며 눈물을 흘렸다.

09

진리가 너희를
자유롭게 하리라

불의와 타협할 줄
모르는 사람

동생 윤학자(2018년 현재 98세)가 어린 시절 밥을 먹고 있을 때였다.
큰 오빠 윤인구가 동생을 놀렸다.

"니(너) 어디 소풍 가나? 밥풀 얼굴에 묻혀서 나중에 소풍 가서 묵
을라꼬?"

윤인구는 장난꾸러기였고 위트 넘치고 사랑 많은 사람이었다. 그
는 시인이자 화가이자 만화가였다. 그가 쓰던 스케치북과 화구가 지
금도 남아 있다. 동생에게 시를 써 보내기도 했다. 1929년, 미국의 기
차에서 생전 처음 종이컵을 발견하고 물먹는 법을 만화로 그려 보내
기도 했다.

그에게는 심각한 상황도 유쾌하게 만들어버리는 낙천성이 있었다.

부흥의 우물

부산대학교 총장으로 재임할 때, 아무리 심각한 문제일지라도 곧잘 위트와 농담을 섞어 말하기도 했다. 반면 윤인구는 내면이 순수하고 강직하고 정직했다. 일평생 불의와 타협할 줄 모르는 사람이었다.

윤인구의 일생은 외로움 자체였다. 동생 윤학자는 오래된 오빠의 사진을 보고 눈물을 감추지 못하였다. 오빠가 겪은 외로움을 가슴 깊이 느꼈기 때문이다. 일평생 그를 이해해주는 사람은 거의 없었다. 시대를 앞서간 사람, 불의와 타협할 수 없는 사람이었기 때문이다.

국제신문의 박창희 기자는 윤인구의 사진(이 책의 11페이지)을 보며 이렇게 말했다.[11]

저 눈빛, 찌를 듯, 파고들 듯하다. 잘생긴 얼굴이라는 느낌마저 압도하는 저 강렬함. 저 눈빛과 열정으로 국내 최초의 민립·국립대학을 세우고, 동해의 기운을 불러 새벽벌(曉原, 효원)을 열었으리. 청년이 꿈꾸고 노래하는 법과 이 땅의 교육이 가야 할 길을 가르친 교육 선각자, 윤인구 부산대 초대총장(1903-1986).

자유케 하는
진리를 탐구하다

3.1 운동 이후 16세에 퇴학당하고 어쩔 수 없이 부모님을 떠나 유학길

---

11 박창희 대기자의 人香萬里(인향만리) 2-1. 지역 정신을 세운 사람들-부산대 초대총장 윤인구 (上) 중에서, 2016년 3월 6일자 국제신문

에 올랐던 윤인구는 어느덧 28세의 청년이 되었다. 그 사이의 과정을 간략하게 소개하면 다음과 같다.

윤인구는 1920년에서 1931년까지 일본, 미국, 영국에서 청년시절을 보냈다. 메이지가쿠인(明治學院) 고등보통학교 문예과 3학년의 졸업 논문은 윤인구가 숙독하여 감화를 받았던 토마스 아 켐피스(Thomas A. Kempis)의 '그리스도를 본받아'(Imitation of Christ)에 관한 것이었다. 문예과 졸업 후 23세 되던 해인 1926년 3월, 윤인구는 명치학원(明治學院) 신학부 본과에 입학하였다. 윤인구는 명치학원에서 기독교 신앙과 청교도적 생활을 배우고 몸에 익히게 되었다. 일제 치하에서 윤인구는 무려 9년 3개월을 일본에서 유학하면서 조국에 대한 애국심과 하나님에 대한 열정으로 청년기를 다졌다. 이후 '기독교 교육사업'을 통해 신생명을 후세대에 물려줄 비전과 희망을 품고, 하나님의 은총으로 신학도로서 미국과 영국에 마련된 남은 길을 떠나게 된다.

윤인구는 26세가 되던 1929년 3월 명치학원 신학부를 졸업하

1929년 미국의 기차에서 발견한 종이컵이 신기해 종이컵에 편지를 적고 물 먹는 법을 만화로 그렸다.

고 신학사 자격을 인정받아, 그 해 9월에 프린스턴 신학대학원 석사 과정 연구과(Princeton Theological Seminary Graduate Course)에 입 학하여 주로 교리 방면의 과목을 수강하였다. 윤인구는 '리츨적 신 학'(Ritschlian Theology)이라는 논문을 쓰고 졸업했다. 윤인구는 미국 의 물질 문명에 반감이 생기기도 했고 미국인들의 종교생활이 너무 피 상적이라 실망하여, 미국에서의 대학원 생활을 마치고 국제선교협의 회(International Missionary Council 國際宣敎協議會)가 있는 영국 스코 틀랜드의 에든버러대학 대학원에 지원하여 입학 허락을 받았다.[12]

이 대학에서 윤인구는 조직신학 분야를 주로 연구하였다. 커티스 (Curtis) 박사의 신약석의와 패터슨(W. P. Paterson) 박사의 조직신학,

12   방덕수, 윤인구 박사 그 참다운 정신과 삶, p81, 제일인쇄, 1988

일본 동경 유학 시절의 윤인구(앞줄 오른쪽).

그리고 뉴 칼리지(New College)의 매킨토시 3세(H. R. Mackintosh 3) 박사의 조직신학 강의를 들었다. 윤인구는 미국에서 2,3년 더 있다가 박사학위를 받고 돌아오는 것보다 1년이라도 에든버러에서 보내는 것이 더 보람 있다는 생각이 든 것이다. 그는 에든버러의 고풍창연한 캠퍼스에서 진리를 탐구해나갔다. 그러던 어느 날 윤인구는 갑자기 귀국을 결심했다. 윤인구는 귀국 길에서 대학시절 자신의 영혼을 흔들었던 성경 구절을 기억했다.

진리를 알지니 진리가 너희를 자유롭게 하리라 _요 8:32

그는 일제에 종살이하는 우리 조선 민족도 진리를 알면 자유하게 될 수 있다고 믿었다. 그때부터 진리 탐구는 그의 존재 목적이 되었다.

12년의 진리 탐구 여행은 끝났다. 일본의 메이지 신학과 미국의 프린스턴 신학대학원, 스코틀랜드 에든버러 신학대학원을 거치며 스승들을 만났고, 이제는 모든 게 분명하고 확실해졌다. 진리가 무엇인지 더 탐구하는 것은 무의미했다.

"주님, 지금 내 가슴 속의 이 진리가 우리 조선 민중을 모두 자유케 할 수 있는 바로 그것입니까?"

"그렇다. 내가 너와 함께 하리라! 가라!"

그는 고국으로 돌아가기로 했다. 나는 이 대목에서 윤인구의 가슴 속에 있던 확신에 찬 진리가 무엇인지, 그 비밀을 알게 해달라고 기도했다(이는 그 이후 그의 삶을 통하여 드러난다).

28세가 되던 1931년 3월말, 윤인구는 에든버러를 떠나 프랑스, 독

일을 거쳐 러시아(소련)에서 대륙 횡단 열차에 몸을 실었다. 만주, 신의주, 평양, 개성을 거쳐 경성역에 도착해 약혼자 방덕수 양을 만났고, 구포역에서 가족들을 만났다. 그가 12년간 경험하였던 선진국의 문화와 높은 지성과 신학적 지식은 조선의 상황과 완전히 동떨어진 것이었다. 국민 대다수가 문맹인 나라 조선에서 그의 지식과 경험은 전혀 필요 없었다. 조선으로 돌아간다는 것은 그가 12년 청춘의 시간 동안 얻은 모든 것을 포기하는 것이었다. 자신만의 안위를 생각하지 않고 선진국을 떠나 지구상 가장 최악의 빼앗긴 땅 조선으로 돌아온다는 것은 자신의 존재 목적을 실현하기 위한 새로운 여정의 시작이었다.

민족을 위한
소명의 길

그는 불교 분위기의 집에서 자라났다. 중학교 3학년 때 동래에서 구포까지 3.1 운동 전단지를 전달하였고, 동래고보에서는 퇴학을 당하였다. 그 다음 해 일본으로 유학을 떠났고 거기서 그리스도를 만났으며, 민족을 위한 자신의 소명을 발견하였다. 그는 자신의 회고록에 이렇게 썼다.

바로 그때 내가 접한 것이 산상수훈을 비롯한 그리스도의 교훈이었다. 그것은 명치학원 중학에서의 정신적인 훈도였다. 그 당시 명치학원 출신인 가가와 도요히코가 출판한 《사선을 넘어서》를 통해 접했던 사회사업의 기록과 톨스토이가 쓴 서적들의 탐독, 그리고 나카야마 마사키(中山昌樹) 선생의 성경 해석 등은 실로 나의 가슴에 정열적인 무엇을 불어 넣었다. 또 재일 동경조선유학생교회 임택권 목사의 애국적인 설교도 나에게 큰 자극을 주었다. 이런 여러 동기들이 나로 하여금 다른 어떤 길보다도 교육, 특히 기독교 교육에 뜻을 두게 하였고 그 길에 헌신하게 한 것이다. 아버지는 나의 길을 강하게 반대하셨다. 현실적이고 실업적인 학문을 택해야 한다는 말씀이었다. 그러나 나는 그 당시의 생각으로는 도저히 마음을 돌려 먹을 수 없을 만큼 결심이 굳어져 있었다. 나는 실업가가 되어 부자 되기를 바라지 않았다. 가난한 사람들을 옆에 두고 나만이 안일한 생활을 할 수는 없다는 생각이었다. 한편으로는, 부모님이 나를 유복하게 길러 주셨기 때문에 가정이나 학자금에서 곤궁을 느껴본 일이 없었고, 그래서 부자가 되어 잘 살아 보겠다는 생각은 애초에 없었는지도 모른다. 가난한 사람들이 있는 동안 그들을 도와야 한다는 생각이었다.

의사는 늘 피를 보는 일이요 죽음을 취급하는 험한 일이어서 용기가 나지 않았다. 공학을 하든지 공장을 경영하는 것을 생각해 보았지만, 봉급생활자로서의 기술자가 되거나 노동자를 부리고 착취해서 공장을 운영할 뜻은 없었다. 농사도 마찬가지 일이었다. 농민을 부려 치부는 못할 일이니 만약 농사를 짓는다면 농토를 다 분배하여 주는 일밖에는 내가 할 일이 없을 것 같았다.

나로서는 정신적 교육적 방면에 소명이 있다고 믿었다. 그래서 민족의 장래를 위해서 정신적인 면과 교육적인 면, 종교적인 면에서 헌신하겠다는 각오가 굳어져 갔다.

윤인구는 자신의 앨범에 자신의 영혼을 흔들었던 "진리는 너희를 자유롭게 하리라"는 붓글씨를 써놓았다. 이는 그의 일생을 관통하는 주님의 말씀이었다. 이것은 그가 창립한 부산대 교훈인 진리·자유·봉사의 기초였으며, 연세대학교 3대 총장으로 갔을 때도 동일하게 진리·자유·봉사를 교훈으로 정했다.

　　대학을 졸업할 때 만난 스승 무라타 시로오(村田四郎) 교수는 한국 교회의 사정에 밝았다. 그는 "한국교회의 장래를 위해서는 신학을 더 착실히 연구한 학자가 있어야 하니, 군이 미국에 가서 신학 연구를 계속하는 것이 어떻겠느냐?"라고 권면했다. 그리하여 윤인구는 이날 이후 진리의 순례자가 되었던 것이다. 일본, 미국, 영국을 다 돌아 세계 최고의 스승들을 만나고, 마침내 진리를 소유한 확신을 가지고 귀향한 것이었다.

윤인구가 자신의 앨범에 기록한 글.
"진리는 너희를 자유롭게 하리라"

위로부터 프린스턴 신학 대학원 졸업 앨범(1930). 앞에서 둘째 줄 왼쪽 세 번째가 윤인구. 1929년 프린스턴에서 친구들과 함께한 윤인구(가장 오른쪽).

1931년 윤인구와 방덕수, 결혼식 직후.

귀국과
헌신

윤인구는 28세인 1931년 4월에 귀국하였고, 바로 주기철 목사의 주례로 방덕수와 결혼했다. 그해 9월 진주 옥봉리교회(현 진주교회) 강도사로 부임하고, 다음 해에 목사가 되어 3년을 봉직했다. 당시 경남의 대표적 3대 교회로는 부산의 초량교회(이약신 목사), 마산의 문창교회(주기철 목사), 진주의 옥봉리교회를 들 수 있다. 그가 부임한 4년 만에 옥봉리교회는 크게 부흥하였다. 그는 교회 이름을 진주교회로 개명하였다.

그는 교회가 안정적으로 발전하는 단계에 이르자, 자신의 사역이 지역교회 사역에서 민족을 위한 사역으로 좀더 앞으로 나아가야 한다는 것을 느꼈다. 그는 농촌 교회 교역자와 농촌 지도자 양성을 위해 헌신하기로 결심하고 진주교회를 사임하였다. 그리고 1935년 마산 복음농업실수학교의 교장으로 부임했다. 윤인구는 민족의 장래를 위해 복음을 바르게 이해하는 평신도 지도자가 필요하다고 느꼈다.

비교적 잘 성장하던 진주교회를 사임하는 것은 그에게 큰 결정이었다. 30대 초반의 잘나가던 최고의 신학자요 목회자인 그가 어떤 마음으로 목회를 내려놓고 교육사역에 뛰어들었는지 궁금했다.

하루는 그의 사촌동생이 찾아와 이렇게 말했다고 한다.

"형님, 백만인 구령운동이 시작되었으니 우리도 도와야 하지 않겠습니까?"

그러자 윤인구의 대답이 걸작이었다.

"자네가 백만 명을 맡으면 나머지 2천 9백만 명은 내가 맡지."

그의 인품으로 볼 때, 이 말은 허풍이 아니었다.

복음농업실수학교에서 학생들을 모을 때 전국의 각 지역에서 몇 명씩 선발하였다. 그는 천국이 누룩처럼 번진다는 것을 믿고 있었다. 지역마다 한 사람씩 하나님 나라를 경험하면 민족 전체가 구원을 받는다고 온전히 믿었던 것이다. 그러므로 그가 목회에서 교육 사역으로 이동한 것은 민족 전체를 구원하려는 전략적 선택이었다.

교육에서의 하나님 나라 운동은 우리나라 전체를 하나님의 나라로 바꿀 수 있다. 이것은 옛날이나 지금이나 동일하다. 이것은 주님의 전략인 것이다.

당시 복음농업실수학교에서 학생들에게 지어 부르게 했던 노래를 보면 그의 교육하는 마음이 잘 드러난다.[13]

동방에 생을 받고

1. 동방에 생을 받고 이 땅에 자라
   광명한 태양에 그을은 이 몸
   어째서 어둠에 잠겨 있으리요.

2. 나가는 곳 혹 산과 물이 막혀도
   너희 걸음 멈출 이 뉘 있으랴
   한 손에는 복음 한 손에는 괭이로

---

13 윤인구, 동방에 생을 받고

3. 깊이 파라 이 땅을 모든 힘 모아

   복음의 씨 고루고루 뿌려라

   생명이 트고 꽃피어 맺히리니

(4~6절 생략)

(후렴)

   나가세 동무여 나가세 동무여

   만난을 돌파하며 다 나아가세

   30대의 청년 교장 윤인구의 기상이 이 노래에서 잘 드러난다. 일제
강점기에 이런 스승 아래에서 공부할 수 있었다는 것이 얼마나 큰 은
혜였을까?

   윤인구는 수입된 기독교가 아니라 우리 민족문화에 뿌리를 박은
기독교의 필요성을 강조했다. 어느 날, 일제의 종의 정신 아래 자란
학생들에게 찬란했던 경주의 문화유산을 보여주고 싶었다. 자전거
70대를 구하여 전교생이 타고 경주로 수학여행을 갔다. 거기서 다음
의 노래를 지어 부르게 했다.[14]

   금관은 아직 빛나고

   1. 화란춘성(化蘭春成) 옛 도읍 신라 서울은

---

14   윤인구, 금관은 아직 빛나고

대동문화 발원지 이곳이더니
문무열왕 왕업은 다 어디 가고
벌판에 빈 무덤만 남아 있느냐

2. 명월추야 안압지에 배를 띄우면
   울고 가는 기럭 소리 애를 끊는 듯
   옛날에 천문학도 다 어디 가고
   벌판에 첨성대만 우뚝 섰느냐?

3. 흥망이 유수라고 전해 오더니
   오늘의 네 신세를 말해눔인 듯
   밤중에 종소리는 은은히 울려
   길 가는 나그네의 소매 적시에

4. 두어라 네 금관은 아직 빛나고
   석불은 웃음을 머금었으니
   소 먹이는 목동아 한탄 말아라
   아름다운 그날이 돌아오리라

　　윤인구가 지은 시 〈금관은 아직 빛나고〉는 학생들에게 민족적 자
존감을 심어주었다. 윤인구의 마음에 있던 노래는 이렇게 학생들에
게 온전히 전달되었다. 일제의 서슬이 시퍼럴 때, 아무런 소망도 없을
때, 학생들은 우리 민족을 위한 아름다운 그날이 속히 돌아올 것이라

는 믿음을 가지게 된 것이다.

복음농업실수학교는 6년 동안 약 150명의 졸업생을 배출하였다. 이 학교에서 큰 인물들이 많이 배출되었다. 그들은 농촌에 돌아가 유력자로 사회에 봉사하며 교회에 헌신하거나, 교육계의 저명한 인물로서 활동하였다. 윤인구는 "젊은 날의 한 꿈이 실현된 것을 느낀다"라고 회고하기도 했다.

마산 복음농업실수학교 학생들의 경주 수학여행. 오른쪽이 윤인구.

마산 복음농업실수학교 교장 시절의 윤인구 내외

10

제자를 보면
스승을 안다

윤인구의 교육 정신을
아는 길

나는 윤인구에 대해 감동하며 점점 더 알게 되면서 구체적으로 윤인구의 교육 방법 혹은 교육 정신을 알고 싶었다. 특히 일제 강점기 복음농업실수학교 시절의 교육이 어떠했을까 궁금해졌다. 시간이 지나갈수록 그것에 대한 간절함은 더해갔다. 그러나 아무리 역사를 뒤진다 한들 그 시절의 교육을 알아낼 방법은 전혀 없어 보였다. 그래서 정말 간절하게 기도에 매달릴 수밖에 없었다. 나는 또 기도했다.

"하나님, 이미 80년이 지났지만 윤인구의 교육 현장, 그 시절의 교육을 알게 해주십시오."

성령께서 나의 기도에 응답하셨다. 그 기도에 대한 응답은 이것이었다.

"그 시절 윤인구의 제자를 찾아보아라."

그렇다. 윤인구의 교육을 알려면 그 열매인 제자들을 찾으면 되는 것이다. 그러나 그것은 정말 까마득한 일이었다. 내가 알고 있는 것은 그 시절의 제자 '김기열'이라는 이름 석 자밖에 없었다.

내가 알고 있는 바, 김기열은 윤인구의 복음농업실수학교 제자 중에 첫손에 꼽을 제자이다. 그는 〈윤인구 박사 그 참다운 삶과 정신〉이라는 책의 서문을 쓴 사람이다. 그는 윤인구를 '예수를 닮은 신사'라고 표현했다.

그 제자를 어디서 찾는단 말인가? 나는 2007년에 1930년 대의 윤인구의 제자를 찾아야 하는 기가 막힌 상황에 놓였다. 나는 그날부터 시간만 나면 인터넷의 바다를 끝없이 뒤졌다. 가능한 키워드를 조합하며 인터넷을 뒤지는 데 매달렸다. 하지만 90세 이상 되셨을 그 분이 인터넷에 기록을 남길 리가 만무했다.

그러나 나는 포기하지 않았다. 마침내 좋은교사운동을 앞장서서 이끌고 있는 정병오 선생의 블로그에서 김기열을 찾았다. 그는 김기열 선생을 만나면서 존경하게 되었고 그 분과의 인연을 소중하게 생각하고 있었다. 내가 정병오의 글을 읽어보니 그는 윤인구의 제자인 김기열의 영적 제자였다. 나는 그의 블로그에 김기열 선생님을 찾고 있다는 댓글을 남겼다. 몇 달 후 정병오 선생의 전화를 받았다. 그리고 김기열 선생님께서 살아계시다는 사실과 그 분의 전화번호를 받을 수 있었다.

김기열을 이해하려면 정병오 선생에 대해 아는 것이 우선 필수적이다. 그는 사단법인 좋은교사운동의 대표였고 지금은 기독교윤리실천운동의 상임공동대표이다. 해마다 기독교사대회를 열었으며 《선생님은 너를 응원해!》(홍성사 간)라는 책의 저자이기도 하다. 그는 대학을 졸업하며 이렇게 기도했다.

"하나님, 저를 우리 시대 모순의 핵심으로 가장 아파하고 힘들어 하는 사람 곁으로 보내주세요. 복음으로 그 모순과 아픔을 치유하는 삶을 살고 싶어요."

하나님께서는 그에게 이렇게 대답하셨다.

"너는 시대의 모순의 핵심을 찾기 위해 다른 곳을 헤맬 필요가 없다. 바로 아이들이 처한 곳이 우리 시대 모순의 핵심이다. 네가 다른 곳이 아닌 이 아이들의 문제 가운데 네 삶을 던지고 그곳에 견고히 서 있을 때, 내가 너를 통해 복음이 이 시대 모순의 핵심인 교육의 문제를 해결하는 해답임을 드러내겠다."[15]

정병오는 한마디로 하나님의 소명으로 우리나라 교육의 문제를 끌어안고 어둠 속에서도 등대처럼 빛을 밝히고 있는 기독교사운동의 리더인 것이다. 교육이 망해가고 있다고 생각하고 있었는데, 또 한 사람의 하나님의 사람을 발견하여 나는 너무나 감사했다. 그가 나에게 김기열을 소개해준 것이다.

며칠 후, 우리는 촬영 장비를 싣고 김기열 선생님과 인터뷰를 하러 그 분의 댁을 찾아갔다. 그날 긴 인터뷰를 하였다. 그 중에 가장 기억에 남는 한마디가 있었다. "윤인구는 누구입니까?"라는 질문에 김기열 선생님이 조금의 망설임도 없이 대답하신 것이다.

---

15 정병오, 선생님은 너를 응원해!, 홍성사, 2012

부흥의 우물

"윤인구는 작은 예수야!"

이 한마디를 제대로 깨닫는 데 또 몇 년이 흘렀다.

김기열의 모습에서
윤인구를 만나다

나는 그날의 인터뷰 이후 '김기열 선생님의 인터뷰를 다시 해야 한다'는 생각을 잊지 않았다. 일제 강점기의 교육에 대한 이야기를 더 상세히 듣고 싶었다. 그렇게 시간이 흐르다 김기열 선생님의 소천 소식을 들었다. 참으로 안타까운 일이었다. 이제는 윤인구의 교육 현장 역사를 생생히 증언해주실 분은 없다. 일을 조금씩 미루던 나의 게으름으로 인해, 역사의 소중한 부분이 사라진 것이다.

그렇게 아쉬워하고 안타까워하다 인터넷을 다시 뒤져보고 싶은 마음이 들었다. '김기열 선생님을 기억하던 사람들이 그 기억을 조금씩이라도 인터넷에 올리지 않았을까?' 하는 마음이 든 것이다. 예상은 적중했다. 로뎀청소년학교에서 김기열 교장선생님과 함께 교사로 섬겼던 김대복 선생의 글을 찾은 것이다.

로뎀청소년학교는 김기열을 말할 때 빼놓을 수 없는 곳이다. 일종의 대안학교라고 말할 수 있는데, 서울가정법원·청주지방법원 소년수탁기관으로 14-18세 사이의 소년들이 재판에서 4호 처분(아동복지법 상의 소년 보호시설에 감호를 위탁하는 경우)을 받으면 6개월간 의무교육을 받는 곳이다. 김기열이 누구인지 이해하기 위해 또한 빼놓을 수 없는 것이 바로 이 학교이다.

다음은 그 학교에서 교사로 섬긴 김대복 선생의 글 중 일부이다.

그 시절 우리 교사들은 이런 생각을 했다.
'이런 열정을 가진 선생님을 100년에 한 번 만날 수 있을까?'
지금까지 수많은 선생님들을 보아왔지만, 김기열 교장 선생님
처럼 열심히 사시는 분은 없었다.

교장 선생님께서 로뎀청소년학교 후원 행사를 위해 출타하시고
안 계신 날이었다. 그 전날 밤에 학생 대여섯 명이 사고를 쳤다.
당시 노태우 대통령 특사로 입학한 학생도 있고, 소년원에서 오
랜 생활을 한 아이들 등 학교생활에 적응하지 못하고 있던 사고
뭉치들이었다. 그들은 이미 학교를 떠날 각오로, 늦은 밤 마음에
들지 않는 교사들을 폭행하고 학교 유리창을 깨고 탈출하여, 아
침 일찍 강화를 떠나 서울로 갔다. (이 학교를 탈출한 것은 바로 '탈
옥'을 의미했다.)

공교롭게도, 강화의 학교로 오시기 위해 신촌터미널에서 버스
를 기다리시던 교장님과 그 버스에서 내리던 학생 3명이 만난
것이었다. 학교를 포기한 그들이 도망치지도 못하고, 교장님 앞
에서 어떻게 설득당한 것인지 도무지 짐작할 수가 없었다. 교장
님께서는 그 폭력적인 아이들을 순한 양처럼 다시 버스에 태우
고 강화학교로 돌아오셨고, 곧바로 교사회의가 열렸다.

일반 학교라면 그들은 퇴학당하는 것이 당연하다. 요즘 학교폭
력 문제가 심각하고 피해 학생과 가족이 당하는 고통은 전국민
을 분노케 한다. 그 당시 우리 학교는 심각한 문제 학생들을 지

도하는 학교였다. 만일 우리(교사들)가 이들 교육을 포기한다면 그들은 영원히 건전한 사회인으로 돌아오지 못할지도 모르는 위기 상태였기에 교사회의는 심각하게 진행되었고, 마침내 결단을 내렸다.

그들에게 학교 교육을 이수하는 가벼운 벌을 내리고, 폭행을 당한 교사는 다른 곳으로 발령을 내렸다. 왜냐하면 그 교사는 신앙인이라 이런 어려움을 극복할 수 있지만, 철없는 학생들이 이 학교를 떠나면 여기가 마지막 학교일지도 모르는 상황이라 그런 결정을 내렸던 것이다.

"이 학생들을 처벌하지 않는다면 학교의 기강이 무너진다"는 주장이 대세였다. 그러나 "이들을 용서해야 한다. 우리가 포기하면 세상이 포기하는 것이다"라며 끝까지 용서를 구하신 교장님의 뜻에 결국 우리 선생님들 모두가 동의할 수밖에 없었다.

벌써 24년 전의 일이다. 그때 있었던 학생들은 모두 결혼하고 두 사람은 아프리카에서 기능인 선교사가 돼 유치원과 의료활동을 하고 있다. 만일 그때 그들이 교장 선생님을 만나지 못했다면 어떻게 되었을까? 지금도 하나님의 놀라운 섭리라고 생각한다.

나는 이 글을 읽으면서 세상의 상식과 완전히 다른 새로운 생각을 가지신 김기열 교장 선생님의 교육관을 만났다. 그것은 나에게 큰 충격이었다. 그것은 분명 윤인구로부터 물려받은 것이 분명했다. 이를 통해 윤인구의 일제 강점기 교육이 어떠했는지 짐작할 수 있었다. 아마도 김기열이 학생이었던 그 시절, 그 학교에 도저히 용서받지 못할 어떤 사건이 있었다는 생각이 들었다. 그리고 분명, 윤인구는 그들을 끝까지 사랑하고 용서하는 본을 보였을 것이다. 그것이 제자에게로 시대를 넘어 계승되고 있다는 생각이 들었다. 그리고 윤인구가 1949 년 교장 하기대학에서 강연한 '교육과 종교' 내용이 떠올랐다.

교육자의 고민은 자기부족에게도 있거니와 더 큰 것은 자기가 교육한 제자가 의외의 길을 걷는 것을 보는 일입니다. 꿈에도 생각하지 않은 일을 저지르는 일입니다. 나아가서는 자기를 향하여 활을 쏘고 반기를 드는 일입니다. 교육자에게 치명상을 입히는 일입니다. 그럴 때는 하루에 몇 번씩 맹세하며 그 자리를 떠나려 하는지 알 수 없습니다. 〈중략〉

교육자로서의 그 본분을 다하려면 희생의 정신이 필요합니다. 속량의 생활입니다. 대신 수고하고, 대신 사과하고, 대신 욕먹고, 대신 죄받는 희생의 생입니다. 우리는 왜 가정교육을 소중히 생각하는가? 이 속량적 부모의 희생애가 있는 까닭이 아니겠습니까?

진보하는 사회에는 숨은 속죄의 희생이 있습니다. 수양의 작용이 있어 만사는 유지하는 것입니다. 이것은 교육자가 담당해야 할 부분입니다.[16]

---

16 소정교회 설립자 윤인구 목사 탄생 110주년 유고집, 진리가 너희를 자유케 하리라. pp 306~307. 소정교회 윤인구 추모위원회

이 글에서 윤인구는, 일제 강점기에 그의 교육에 반기를 들고 활을 쏘며 치명상을 입힌 제자들이 있었고, 그 때문에 교육가의 소명을 포기해 버리고 싶었던 마음이 몇 번씩이나 들었음을 간접적으로 밝히고 있다. 교육자로서 '대신 수고하고, 대신 사과하고, 대신 욕먹고, 대신 죄받는 희생의 삶', 즉 숨은 속죄의 희생을 몸소 실천한 스승 윤인구!

스승을 폭행하고 로뎀청소년학교를 탈출한 제자들에게 가벼운 처벌만 내리고, 오히려 폭행당한 선생님을 학교에서 내보내는 결론을 이끌어낸 김기열의 결정은 속죄양이 된 스승 윤인구의 본보기를 따른 것이었다.

> 유월절 전에 예수께서 자기가 세상을 떠나 아버지께로 돌아가실 때가 이른 줄 아시고 세상에 있는 자기 사람들을 사랑하시되 끝까지 사랑하시니라 _요 13:1

교육에 대한
윤인구와 김기열의 영성

정병오 선생은 김기열의 평전을 쓰고 싶어했다. 그러나 김기열의 자녀들은 거절했다고 한다.

"아버지는 살아계실 때 자신의 이름을 드러내거나 자신을 위해 무언가 하는 것을 한사코 거부하셨어요. 아버지 칠순잔치를 준비하려고 하자 그 시기에 다른 일정을 잡아 먼 곳으로 떠나버리셨어요. 아버지에 대해서는 지금까지 간간이 나온 자료들로 충분할 것 같아요. 이게 아버지의 뜻을 받드는 것 같습니다."

김기열은 남매를 결혼시킬 때도 하객을 초청하지 않았다. 양가 직계 가족 20여 명 정도만 참석한 가운데 그야말로 소박한 결혼식을 올렸다. 그럴 때가 1960년대와 1970년대였으니 그의 생각이 얼마나 깨어 있었고 허례허식을 싫어했는지 알 수 있다.

그럼에도 불구하고 정병오는 김기열의 평전을 써야겠다고 생각했다. 그것은 김기열의 자세를 몰라서가 아니었다. 아니, 이런 태도를 너무 잘 알기 때문에 한국 교육과 한국 교회를 위해 더더욱 그의 삶과 영향을 기록할 필요가 있다고 판단했기 때문이었다.

정병오는 김기열을 이렇게 평가한다.

"김기열은 일제 강점기부터 현대에 이르기까지 한국 교육의 굴곡을 한 사람의 교사로서 온몸으로 살아낸 한국 교육사적 의미와, 장기려 박사나 김용기 장로님과 어깨를 나란히 할 만한 살아있는 영성과 역사의식을 가지고 사신 한국 기독인의 삶의 표본으로서의 의미를 가지고 있는 분이었다."[17]

전혀 예상하지 않았던 놀라운 이야기였다. 모두가 존경하는 장기려 박사급의 교육계 어른이라니! 그러나 자신을 철저히 숨기고자 했던 또 한 사람의 순종의 사람이 김기열이라는 것이다. 윤인구의 교육으로 인해, 김기열이라는 하나님이 기뻐하시는 위대한 교육자가 탄생했다는 이야기가 아닌가?

김기열은 47년간 교직생활을 하였다. 그리고 조기 명예퇴직을 한

---

17 정병오 칼럼, '거절의 의미', 월간 〈좋은교사운동〉 2013년 7월호

부흥의 우물

후 남은 여생 20여년을 로뎀청소년학교를 위해 무보수로 섬겼다. 특히 그의 말년의 봉사는 스승 윤인구에게 교육받았던 복음농업실수학교의 사역을 영적으로 이어받은 것과 같았다.

로뎀청소년학교는 들풀 같은 아이들을 천사처럼 순화하였다고 한다. 많은 범죄 청소년들은 복음의 능력 안에서 하나님의 가장 값진 일을 하는 영광스러운 선교사로 양성되어 오지로 떠났다고 한다.[18]

나는 그 일이 계기가 돼 '좋은교사운동'의 정병오 선생과 '사교육없는세상'의 공동대표 송인수 선생을 만났다. 나는 이 두 사람이 김기열의 영적 제자라는 느낌을 받았다. 그들은 김기열 선생님을 존경하고 있었다. 무너진 교육을 바로 세우려는 힘들고 고된 일에 충성을 다하는 이분들을 보면서, 윤인구와 김기열의 교육에 대한 영성이 오늘날 한국 교육을 바로 세우려는 노력으로 계승되고 있음에 크게 감사했

---

18 국민일보, 2001년 4월 24일자.

조선신학원 학우회 제1기 임원들과(1941년)

다. 부흥의 우물은 여전히 흐르고 있었다.

내가 윤인구의 교육에 대해 더 깊이 알고 싶다고 기도했을 때, 성령
께서는 "그 시절의 제자를 찾으라"고 말씀하셨다. 그리고 김기열의 교
육과 관련한 이야기들이 드러났다. 나는 윤인구가 '부흥의 우물'이라
는 것을 더 이상 부인할 수 없었다. 나는 형언할 수 없는 주님의 오묘
하신 섭리를 찬양하지 않을 수 없었다.

막다른 골목에서도
노래를 쓰다

윤인구는 1939년 조선신학원을 설립하고 주도적으로 운영하였다.
그 해 9월 형사들이 집으로 들이닥쳐 수색하고 그를 경찰서로 연행해
갔다. 육군형법, 보안법, 치안유지법 등 7가지의 죄목으로 50일간 구
금을 당했다. 일제가 말기에 예비 검속으로 민족 지도자들을 전부 잡
아들일 때였다. 윤인구는 고문과 압박에 시달렸다. 구금 당시 차가운
교도소 바닥에서 웅크리고 잘 수밖에 없었고, 그로 인해 혈액순환에
장애가 발생하고 몸의 반쪽을 제대로 못쓰게 되는 상태가 되었다. 그
의 표현으로는 신경병이었다. 이는 그의 말년에 중풍과 반신불수가
되는 원인이 되었다.

그런데 이 끔찍한 상황을 겪은 윤인구는 위트 넘치는 모습을 보인
다. 어머니가 면회 와서 걱정스러운 눈빛으로 윤인구에게 물었다.

"(간수들이) 안 때리더나?"

윤인구는 웃으며 대답했다.

"줄 세워놓고 때리면서 오다가, 언제든지 딱 내 앞에서 그만 두데요. 하하!"

1940년부터 일본은 일본의 식민 지배를 정당화하고 일본의 태평양전쟁 목적을 미화한 '대동아전쟁'이라는 표현을 사용하고 있었다. 감옥에서 출소한 윤인구는 자신의 강아지에게 '대동'이라는 이름을 붙였다. 그리고 강아지를 찾는답시고 "대동아! 대동아!"라고 소리지르며 집 앞과 골목을 누비고 다녔다. 일본 앞잡이들과 순사들이 보는 앞에서도 태연하게 강아지 이름을 부르고 다녔던 것이다. 동생 윤학자의 증언이다.

일제 말기에 접어들면서 우리 민족, 교계, 교회, 목사 사이의 배타적 분열과 반목, 일제의 방해 공작 등 정신적 충격으로 인해 1943년경에는 몸도 마음도 완전히 탈진 상태에 이른다. 결국 조선신학원도 문을 닫아, 모든 것을 포기하고 고향 구포로 돌아왔다.

일제는 윤인구의 부친 윤상은에게 전쟁을 위한 군수용 벌목을 강제로 할당했다. 그 벌목 현장에서 윤인구는 인부들과 함께 밥을 지어 먹으며 감독이 되었다. 가진 열정을 다 투자하여 세계 최고의 신학을 배우고 돌아온 그가 결국 다다른 곳은 일제의 강제 징벌 노동 일터인 김해군 상동산이었다. 할 수 있는 것이 아무것도 없었다. 절망하는 것 외에는 다른 선택이 불가능한 인생의 막다른 골목이었다. 윤인구는 동생 윤학자에게 다음의 시(상동산에서)를 써서 보냈다.[19]

---

19   윤인구, 상동산에서, 1944년 봄

이름도 없이 알 님도 없이
피어서 떨어지는
들 꽃 한 송이
그 향기 산간에 넘쳐 오건만

이름도 없이 알 님도 없이
피어서 떨어지는
짧은 한 평생
향기조차 없을까?
이를 두려워하노라

나는 윤인구의 마음으로, 그 역사의 시간으로 들어갔다.

윤인구는 꽃이 핀 상동산의 아름다운 능선을 바라본다. 향기가 몰려온다. 깊은 숨을 들이킨다. 얼마만인가? 이렇게 가슴이 시원해지는 것이…. 한 번도 이런 깊은 숨을 쉬어 본 적이 없었다는 것을 기억한다. 나는 태어나면서 종이었다. "진리가 너희를 자유롭게 하리라." 그 말씀을 가슴에 새긴 이후로 숨 가쁘게 달려 온 인생길이었다. 이제 내가 할 수 있는 모든 시도가 좌절된 이 시간, 이토록 자연이 아름답고 생생하게 느껴지는 것은 왜인가? 철저히 절망해야 하는 바로 이 시간에 왜 하나님의 은혜는 더 넘치고 있는가?

생각은 다시 현실로 돌아오고 윤인구는 깊은 한숨을 쉰다. 저 들풀처럼 향기를 발하지도 못하고 인생이 이대로 끝나지 않을까? 가슴이 답답했다. 가슴의 답답함은 그의 몸을 옥죄어오기 시작했다.

"내려놓아라!"

성령님의 음성이 들렸다. 윤인구가 목숨을 걸고 이루고자 했던 모든 것에서 자유함이 임했다. 모든 짐에서 해방되었다.

'정말로 내가 할 수 있는 것은 없구나!'

윤인구는 산에서 토마토 300본을 심고, 그 중 200본을 산양과 바꾸어 산양 우유를 마시고 토마토로 영양을 보충했다. 이제는 더 이상 사역을 할 수 있는 상황도 아니요 할 마음도 없었다. 모세의 40년 양치기 생활처럼 하루하루 살아가는 것이 일상이 되었다.

우리가 모든 것을 내려놓을 때, 바로 그때 하나님의 일이 시작된다. 모세에게 그랬고, 윤인구에게도 동일했다.

해방과
교육 재건

윤인구는 해방 이후 교육 재건에 기여한 바에 대해 이렇게 썼다.

> 나(윤인구)는 해방 후 미군정에 협력하여 침체된 교육의 회복 재건에 몰두했고, 그 다음으로 부산대학교의 설립과 운영에 힘썼으며, 이후 서울 연세대학교에서도 교육에 힘썼다
>
> 1945년 10월 미군정 도(道) 학무과장으로 일을 시작했다. 해방이 되자 우선 시급한 것은 초등학교, 중학교들의 재개였다. 공립학교는 일본인들이 떠난 후 그들이 차지하고 있던 교장과 교감, 교사 태반을 보충해야 했다. 그래서 교원을 확보 임명하고 교과

를 지시하며 비용을 충당하는 일에 전력했다.

또 당시 주력한 일 중의 하나는 교사 양성이었다. 교사 양성을 위해 한글 강습회, 한국역사 강습회를 열었다. 임시 교원 양성소를 설치하고 부산 사범학교도 설치했다. 이 사범학교는 나중에 부산교육대학으로 발전하여 현재까지 존속하고 있다.

일본인이 남기고 간 학교 건물을 재정비하고 일제 때의 신사 신단 등도 이미 철거했지만, 몸에 밴 일본식 교육 이념은 쉽사리 바꾸기 어려웠다. 올바른 교육을 이 땅에 정립해나가기 위해서는 학교 교육만이 아니라 사회 교육이 동시에 필요했다.[20]

일본인들이 빠져나간 학교는 운영이 불가능했다. 학교의 운영자금도 교사의 수도 턱 없이 부족했다. 이때 윤인구라는 한 탁월한 교육행정가가 탄생한 것이다. 그의 수고로 인해 부산 · 경남의 무너진 교육이 급속하게 회복되었다. 윤인구는 해방 이후 부산 · 경남의 교육의 아버지라 해도 과언이 아니다. 일제가 떠나간 이후 무너진 교육을 다시 살려냈다. 단기간에 1,500여명의 교사를 세우고 수많은 초중고등학교와 대학교까지 생겨났다. 부산대학교 외에도 지금의 부산교육대학교의 전신인 부산사범학교와 부산장신대의 전신인 부산신학교 등을 설립하였다. 또한 윤인구는 8 · 15라는 노래를 작사하여 금수현에게 작곡을 부탁하였다(악보 참조). 이 노래의 가사를 살펴보자.

20 방덕수, 윤인구 박사 그 참다운 정신과 삶, p81, 제일인쇄, 1988

1 : 죽음의 쇠사슬 풀리고 자유의 종소리 울린 날
삼천만 가슴엔 눈물이 샘솟고, 삼천리 강산에 새 봄이 오던 날
아아 동무야 그날을 잊으랴!
우리의 생명을 약속한 그날을, 8월 15일, 8월 15일

2 : 어둠의 절벽이 무너져 해방의 깃발이 날린 날
삼천만 가슴엔 새 노래 샘솟고, 삼천리 강산에 무궁화 피던 날
아아 동무야 그날을 잊으랴!
우리의 영광을 보여준 그날을, 8월 15일, 8월 15일

3 : 뭉치세 삼천만 동포여, 찾으세 삼천리 강산을
지고 온 쓰라린 멍에를 버리고 새로운 만년의 역사를 써가세
아아 동무야 일어서라 이제
자유의 종소리 힘차게 울린다. 8월 15일, 8월 15일

그의 노래 속에는 복음이 진하게 녹아 있다. 민족에 대한 사랑과 죽어 있는 영혼들을 회복시키는 생명이 있다. 이 노래는 사람들을 종의 정신에서 해방했다. 너나 할 것 없이 8·15 노래를 부르기 시작해 부산과 경남 전체에 퍼져갔다. 다른 노래가 없었기에 사람들이 모이면 몇 년 동안 이 노래만 불렀다고 한다.

노래는 사람을 변화시킨다. 그렇게 하여 우리 민족 깊숙이 박혀 있던 종의 정신이 사람들에게서 떠나갔다. 이 일화에서 보듯, 윤인구에게 '노래'란 진리를 획득한 사람이 부르는 것이며, 따라 부르는 사람

들을 자기도 모르는 사이에 종에서 해방시키시는 하나님의 생명의
능력인 것이다.

윤인구 작사, 금수현 작곡, 8 · 15 노래

11 예수님이라면 어떤 꿈을 꾸실까?

민립으로 출발한 부산대학교

나는 '부산대가 국립이니 당연히 나라에서 만들었겠지'라고 생각했다. 아니었다. 윤인구는 해방 직후 문교부 장관 유억겸 씨를 설득하여 민립 부산대학교를 국립대학으로 만들었다. 유억겸은 국립대학교를 만들 생각조차 하지 않고 있었다. 그러므로 우리나라 국립대 개념의 정립과 설립은 윤인구의 교육철학에서 출발한 것으로 보아야 한다. 그가 생각한 국립대학교는 어떤 것이었을까?

"우리의 운명을 어떻게 개척할까? 정치냐, 외교냐, 산업이냐? 물론 이와 같은 일이 모두 필요하도다. 그러나 그 기초가 되고 요건이 되며, 가장 급한 일이 되고 가장 먼저 해결할 필요가 있으며, 가장 힘 있고 필요한 수단은 교육이 아니면 아니 된다. (중략) 민중의 보편적인 지식은 보통 교육으로 가능하지만, 심오한 지식과 학문은 고등 교육이 아니면 불가하며, 사회 최고의 비판을 구하며 유능한 인물을 양성하려면, (중략) 오늘날 조선인이 세계 문화 민족의 일원으로 남과 어깨를 견주고 우리의 생존을 유지하며 문화의 창조와 향상을 기도하려면, 대학의 설립이 아니고는 다른 방도가 없도다. "[21]

일제 강점기에 민족 지도자들은 민립대학을 꿈꾸었다. 심오한 지식, 사회 최고의 비판, 세계와 어깨를 나란히 하는 문화의 창조를 그린 것이다. 윤인구의 꿈도 바로 그것이었다. 그는 우리나라 역사상 처음으로 설립되는 민립대학이 우리 민족의 새 역사를 시작하는, 우리의 자자손손들을 대대로 광명으로 이끄는 '광복을 기념하는 대학'이 되리라는 의미를 부여했다.

그가 백만인 구령 운동에 대해 나머지 2천 9백만 명을 자신이 맡겠다고 사촌 앞에서 한 말을 다시 생각해보자. 그는 이 대학이 우리 민족 전체를 구원하는 대학이 되기를 바라고 기도했던 것이다.

윤인구는 부산의 군소 대학 설립 기성회와 시민들의 힘을 모아 우리나라 최초, 유일의 민립대학교를 만들었다. 국가에서 재정이 튼튼해질 때까지 대학의 운영 경비로 쓸 대학설립 기금 천만 원을 만들어 정부에 납부하고, 마침내 1946년 5월 15일 국립 부산대학교로 인가

---

21 민립대학 설립 취지문(1923년)

를 받았다. 말이 국립대학이지, 국가는 이 대학 설립에 한 푼도 내지 않았기에 의미상으로 보면 민립대학이었던 것이다.

  '대학 교육은 나라에서 책임져야 한다'는 것이 윤인구의 소신이었다. 그래서 민립대학을 설립하여 국가에 기증한 것이다. 그 원칙에 따르면, 우리나라는 독일과 같이 모든 대학은 국립으로 하고, 대학 등록금은 국가에서 100퍼센트 책임을 져야 한다. 실제로 그는 "등록금이 없어서 대학을 그만 두는 일이 있어서는 절대 안 된다"라고 교수와 학생들에게 강조했으며, 장학금을 많이 모아 가정 형편이 어려운 학생들에게 지원했다. 학생들은 윤인구를 아버지라고 불렀다.

윤인구의 대학관과
지금의 대학

나는 여기서 잠시, 우리나라의 대학과 교육 문제를 일부 짚고 넘어가기 원한다. 우리나라 고등교육법 28조에 따르면 대학의 목적을 다음과 같이 정의하고 있다.

  대학은 인격을 도야(陶冶)하고, 국가와 인류사회의 발전에 필요
  한 심오한 학술이론과 그 응용방법을 가르치고 연구하며, 국가
  와 인류사회에 이바지함을 목적으로 한다.

  대학의 첫 번째 목적은 '인격도야'라고 고등교육법에 명시해놓았다. 그러나 요즘 인격도야를 제대로 하는 대학은 없다. 두 번째 목적

은 심오한 학술이론과 응용방법의 교육과 연구이다. 기업은 돈을 벌 수 있는 연구를 한다. 그에 반해 대학은 당장에 돈이 들어오지 않아도 심오한 학문을 연구해야 한다. 그리고 학문의 후속세대(학생)에게 학문을 하는 가치와 태도를 교육해야 한다. 그러나 기업에서 당장 필요한 인재를 양성하고, 기업에서 필요한 기술들을 연구해주는 것으로는 대학의 세 번째 목적인 '국가와 인류사회에 장기적으로 기여하는 본연의 목적'을 달성할 수 없게 만든다.

'교수(가르침)의 자유와 학문의 자유'가 대학의 근본이념이다. 이것이 제한받거나 왜곡되면 대학은 본연의 기능을 상실한다. 정치권력이나 자본 권력이 이를 위협할 수 있다. 대학은 이러한 외부의 압력에 굴하지 않고 11-12세기부터 시대적 문제를 해결하는 정신과 과학기술들을 개발해왔다. 이에 반하여 오늘의 대학은 자본주의를 효율적으로 돌리기 위한 수단으로 전락했다. 기업은 자신들이 원하는 연구와 인적 자원을 공급해주도록 교육에 영향력을 행사하면서 교육을 왜곡시킨다. 교육을 기업과 국가 경제 발전의 수단으로만 여기는 발상에 따른 비교육적인 대학이 생겨난 이유이다. 국민들 대부분도 대학을 좋은 직장을 얻기 위한 취업의 수단으로 받아들이고 있다. 이제 교육부의 대학 평가에서 졸업생 취업률은 중요한 지표가 되어 있다.

대학 교육을 신분 상승 욕구를 달성하는 수단으로 생각하는 것을 경계해야 한다. 거기에는 경쟁과 도태의 악순환이 있다. 인간성이 말살된다. 대학에 들어가기 위한 경쟁이 가속화되고, 학부모들은 자신의 아이를 소위 상위권 대학에 넣기 위한 경쟁에 목을 맨다. 우리나라는 이 문제의 해결에 실패하고 있다.

부흥의 우물

대학은 평생 심오한 이론을 연구하고 가르치는 것을 기뻐하는 사람들이 모이는 곳이 되어야 한다. 대학생 수를 획기적으로 줄여야 한다. 대학은 심오한 학술이론을 연구하고 교육함으로써 국가와 인류 사회에 이바지하는 것을 기뻐하는 곳이기에 대학생들에게는 100퍼센트 장학금을 주는 것이 타당하다. 특정 분야에서 학문하기를 기뻐하는 달란트를 가진 학생들은 누구나 대학에 들어가 심오한 연구를 할 수 있도록 해주어야 한다. 그것이 국가의 진정한 경쟁력이 된다.

대학의 존재 목적을 본질에 따라 생각하는 것만으로도 우리의 교육이 어느 방향으로 나아가야 할지 해결 방법이 보이는 법이다. 이런 방향으로 나아갈 때 우리나라가 교육 기회 균등의 나라, 입시지옥이 사라진 나라, 아이들을 달란트대로 최고의 인재로 육성하는 나라가 될 수 있다고 본다.

윤인구는 대학의 근본 이념인 '교수 자유와 학문의 자유'를 지키기 위해 자본 권력으로부터 보호가 필요하다고 보았다. 그것이 진정으로 국가를 위한 것임을 알고 있었다. 윤인구는 1920-1930년 경 일본, 미국, 유럽에서 교육을 받았다. 그 당시 이미 선진 사회에서는 대학 교육에 대한 자본 권력의 요구와 대학 본질을 지키기 위한 줄다리기가 문제를 일으키고 있었다. 그래서 그는 "대학은 국가가 책임져야 한다"고 대학 재정의 원칙을 주장했던 것이다.

여기서 윤인구의 중요한 특성을 발견할 수 있다. 그는 세상과 타협하지 않고 본질을 좇으며 원대한 꿈을 꾸는 자였다. 꿈꾸는 자이기에, 일제 강점기에 모든 사람이 백만인 구령운동에 매달릴 때 3천만 민족 전체의 구원을 목표로 삼은 것이다. 그래서 가난한 가운데서도 힘들게 민립대학을 설립하면서 민족의 무궁한 발전이라는 원대한 목표를 가질 수 있었다. 나는 그가 그렇게 원대한 꿈을 꿀 수 있는 근원이 무엇인지 너무나 궁금했다. 나는 현실 상황에 맞추어 문제를 조금씩 개선해 나가려고 한다. 그런 내가 보기에 윤인구는 도저히 이해할 수 없는 사람이었다. 나는 이 의문을 꽤 오랫동안 가지고 있었다. 그 비밀을 알게 해달라고 기도했다. 나는 그 비밀을 그의 1948년 신입생 환영사에서 알 수 있었다.

"우리의 목표는 천 년입니다. 지나간 10년이 소중한 것처럼 앞으로의 10년도 소중할 것입니다."

바로 그런 차이였다. 우리의 목표는 길어야 수십 년인데, 그는 천년을 목표로 꿈을 꾸었다.

윤인구 부산대 초대총장 취임식 장면으로 추정되는 사진, 1953

부흥의 우물

예수님이라면 어떤 꿈을 꾸실까? 인류 전체의 구원을 꿈꾸시고 십자가에 달리신 것이 아닌가? 그렇다. 윤인구는 '예수님과 비슷한 생각의 크기'를 가지는 법을 알고 있었다. 눈앞의 현실만 생각하는 근시안적 사고가 아니라, 인류의 역사와 하나님의 창조부터 종말까지의 시간 속에서, 하나님의 뜻에 기초하여 큰 생각을 할 수 있었던 것이다. 나도 그렇게 원대한 꿈을 가지는 자가 되기 원한다.

대학 설립 후의
가시밭길

그는 마음만 먹으면 민립대학을 개인 소유의 사학으로 만들 수도 있었다. 민립으로 만들어놓은 대학을 사립으로 등록하면 끝나는 일인데, 굳이 문교부 장관을 설득하여 국립대학 개념을 만들고 나라에 기증하였다. 그는 사심 없이 오직 정도를 걸었던 것이다.

윤인구는 부산대학교를 소유하려는 욕심이 없었다. 부산대학교를 만들고 선교사인 베이커 박사를 초대 학장으로 초빙했다. 그러나 그는 학교에 골치 아픈 문제가 계속 발생하자 미국으로 돌아가버렸다. 1947년 문교부는 윤인구에게 "이 대학을 윤인구 당신이 만들었으니 당신이 책임지라"고 했다. 그리하여 미군정 학무국장이면서 부산대학장 서리를 겸임하게 되었다. 그의 앞에는 고난이 계속 준비되어 있었다.

대한민국이 수립된 후에도 부산대학교의 앞날은 가시밭길이었다. 첫 문교부 장관 안호상은 부산대학교가 미군정 하에서 설립되었기에 대한민국 정부가 설립한 대학이 아니라고 했다. 정부는 부산대학교를 사생아 취급하듯 했다.

부산대학교의 시련은 그것으로 끝나지 않았다. 1948년 대학이 천신만고 끝에 정식으로 국립대학교로 인정되고 새 출발을 기약하는 단계에 접어들자 6·25가 터지고 만 것이다. 학생들이 전쟁터로 나가고 전사자도 생겼다. 대학을 운영할 수가 없었다. 가시밭길의 연속이었다. 얼마나 힘들었을까? 이런 상황 속에서도 윤인구는 어떻게 지치지 않을 수 있었을까? 윤인구는 전선에서 죽어가는 젊은이들을 생각하며 "나는 군목으로 나가야겠다! 청년들이 다 거기 있지 않느냐!"라고 말했다는 제자들의 증언도 있다.

종합 대학교 승격과
초대총장 취임

전쟁 막바지에 접어든 1953년 1월 부산 국제시장에 큰 화재가 났다. 같은 해 7월 27일 정전협정이 체결되었다. 나라 전체는 이미 폐허 더미로 변해 있었다. 국가 재정은 최악의 상태였다. 부산대학교는 부산의 유지들이 기성회를 구성하여 지원했기에 근근이 유지하고 있었다.

윤인구는 이런 시련에도 불구하고 꿈을 놓칠 수 없었다. 1953년 9월 15일 국립대학교 설치령에 따라 종합대학으로 승격되고, 몇 개월 후인 11월 26일 총장에 임명되었다. 이 기쁨도 잠시, 아이러니하게도 총장 임명 소식이 전해진 바로 다음날인 11월 27일, 우리나라 역사상 전대미문의 화재사건인 부산역 대화재를 계기로 부산의 경제는 완전히 몰락한다.

부산역 화재는 부산의 중심부를 초토화한 것이었다. 이 사고로 부산역이 전소되었다. 이외에도 부산일보, KBS 부산방송 총국, 부산우편국 등 도시의 교통, 통신, 방송이 마비되었다. 주택 3,132채가 완전히 불에 탔고 사상자 29명, 6천여 세대 3만여 명의 이재민이 발생하는 재산과 인명의 피해가 발생하였다. 피해액은 177억 환으로 현재 화폐가치 기준 1조 7700억 원에 해당한다.[22]

총장에 취임하는 윤인구에게 세상에 기댈 곳이 완전히 사라진 것이다. 하나님께서 너무 가혹하시다는 생각이 들지 않는가? 그러나 그것이 하나님께서 일하시는 방식이다. 우리로 하여금 온전히 그분만 의지하도록 하시고, 하나님께서는 그때 일하기 시작하신다. 애굽에서 노예로 살다가 광야로 들어가면 오직 하나님만 의지할 수밖에 없다. 그래서 우리는 절망 가운데 소망을 품는 크리스천인 것이다.

약 보름 후인 12월 10일, 온전한 소망을 회복한 윤인구는 총장 취임사에서 다음과 같이 말한다.

이같이 힘차고 원대한 이상을 가진 이 대학교에 책임자로 임함에 있어 불초 이 사람도 마치 옛 이스라엘 목자처럼 가시덤불에 불이 붙고 있으나 사라지지 아니함을 보고서 "네가 선 곳은 거룩한 땅이라. 네 발의 신을 벗어라"라는 음성을 듣는 것 같습니다.

---

22 최차호, "격동기 부산 속 나의 체험"/ 부산광역시 홈페이지, 잊혀진 부산역사 – 해방 이후, 부산의 대화재

이와 같이 이 대학은 이 나라의 성소이니 참으로 숭엄과 경건의 감을 금할 수 없습니다.

나는 윤인구의 마음을 알기 위해 이 글을 계속 묵상했다. 호렙산에서 하나님을 만난 모세의 마음이 바로 윤인구의 마음이었다. 현실은 암담하나, 힘차고 원대한 이상은 결코 죽지 않았다. 그리고 이곳이 바로 '거룩한 땅'이라는 계시를 경험한다.

나는 내가 서 있는 이 학교가 거룩한 곳이라는 생각을 해본 적이 없었다. '역사 속의 모세가 있었던, 성경 속의 하나님의 임재가 있었던 그곳만 거룩하다'는 생각이 문제였다. 내가 지금 서 있는 바로 이 자리, 내 직장이 거룩한 곳이라는 인식이 있었다면, 지금까지 교수로서의 마음가짐이 얼마나 달랐을까? 학생들을 더욱 사랑하지 않았을까?

윤인구가 취임 연설을 하던 모습이, 그 육성이 지금도 남아 있다면 얼마나 좋을까? 윤인구를 직접 만난 한 원로목사가 그때 모습을 증언했다.

"그 분은 평소에는 조용하셨지만, 그 설교(취임사)는 마치 사자가 포효하는 것 같았습니다."

윤인구는 총장 취임사에서 이런 말도 했다.

이처럼 비참한 현실의 생에서, 그리고 '이 절망적인' 암흑 속에서 참된 인물을 살려내려면 하늘을 열어 광명을 저들의 가슴 속으로 던져야 할 것이며, 장벽을 헐어 신선한 공기를 마음껏 호흡하도록 해야 할 것입니다.

부흥의 우물

나는 '이 절망적인'이라는 표현에서 당시가 한 치의 틈도 허용하지 않는, 도무지 빠져 나올 수 없는 막다른 상황이었으리라는 짐작을 막연히 하게 되었다. 지금으로서는 도무지 상상조차 할 수 없는 절벽이었다.

총장 취임사의 이 구절을 제대로 이해하는 데는 깊은 기도가 필요했다. 기도가 계속될수록, 점점 더 생생하게 이해할 수 있도록 하나님께서 은혜를 주셨다. 이것은 단순히 며칠의 기도로 알게 된 것이 아니었다. 매주 목요일 다큐멘터리 제작에 참여하는 학생들과 1년 정도 기도하는 과정에서 하나씩 베일이 벗겨지듯 점점 깊이 알게 된 것이다.

부두 노동자(최민식 작, 1957)

전쟁 이후의 부산,
당시 윤인구의 마음

오랜 기도 끝에, 바로 그 절망적인 역사의 현장을 느끼게 해주는 사진을 한 장을 찾을 수 있었다. 부산의 전쟁 이후를 기록한 사진작가 최민식 님의 사진이었다. 나는 부두 노동자 사진을 처음 대하는 순간 호흡하기조차 힘들고 서 있기도 힘들게 깊은 허기를 느꼈던 내 어린 시절의 가난이 생각났다. 동병상련으로 사진 속의 그를 이해할 수 있었다. 지금 이 청년은 단지 살아남기에 필요한 떡 한 조각이 필요할 뿐이다. 생존의 욕구, 그것조차 채워지지 않는 처참함이었다.

그 당시 우리 민족은 이 청년과 같은 상황이었다. 나라의 운명이 너무나 암울한 시기였다. 길도 보이지 않았다. 그런 시대의 '장벽'은 청년들을 절망하게 만드는 모든 것들이다. 그래서 그 당시 많은 지식인들은 허무주의에 빠졌다. 이 와중에 윤인구는 생명을 선포한다. 그 시절의 윤인구는 하늘의 광명을 소유한 자였다. 그의 취임사에서 '하늘의 광명을 저들의 가슴 속으로 던진다'는 시적 표현이 너무나 놀랍다. 그가 손을 뻗어 하늘의 광명을 잡는다. 투수처럼 자신의 모든 힘을 다하여 광명을 던진다. 그리고 허무주의에 무너졌던 청년들은 하늘의 광명과 막히지 않는 자유를 노래한다. 그들을 살려내는 대학을 꿈꾼다.

그 무렵, 이승만 대통령은 윤인구에게 문교부 장관 자리를 제안했다. 그러나 그는 거절했다. 그것에 대해 다음과 같이 회고했다.

 6·25 전시에는 천막교사였는데, 휴전이 가까워지자 유네스코

와 운크라의 원조로 목조 판잣집 건물을 10채 지을 수 있었다. 1954년 이승만 대통령이 나를 찾는다고 했다. … 그 이유는 나에게 문교부 장관 직을 맡기려는 것이었다. 우스운 이야기지만, 나는 꾀병을 앓다가 (외국 출장 후) 대학에 돌아와서도 자리에 누웠다. 그래도 안 되어 서울에 올라가서 비서를 찾아 거절하는 말을 했더니, 그 다음날 다른 사람이 장관으로 임명되었다.

나는 정치가나 관료가 될 생각은 없었다. 장관이 되지 않은 것이 다행이라 생각한다. 만일 내가 문교부 장관이 되었더라도 능히 감당할 수 없었을 것이다. 장관이 되려면 비위가 좋아야 하고 담대해야 하고 돈을 모을 줄 알아야 하는 것이다. 나로서는 대학 하나 완성하는 일이 필생의 사업이었다. 명예도 권력도 화려한 업적도 나와는 무관한 일이었다고나 할까.

위로부터 1951년 대신동의 천막 가교사 모습. 1953년 천막교사에서 목조 가교사로 낙성된 대신동 캠퍼스와 목조 가교사 모습.1954년 입시생 소집.

12   이룰 수 없는 꿈이
이루어지면

돈키호테도
이룰 수 없을 꿈

동생 윤학자는 윤인구가 돈키호테를 닮았다고 말했다. 뮤지컬 '맨 오브 라만차' 중에 '이룰 수 없는 꿈'이라는 노래가 있다.[23] 그 가사가 마치 윤인구의 마음을 묘사하는 듯하다.

> 그 꿈 이룰 수 없어도 싸움 이길 수 없어도
> 슬픔 견딜 수 없다 해도
> 길은 험하고 험해도
> 정의를 위해 싸우리라 사랑을 믿고 따르리라

---

23 뮤지컬 '맨 오브 라만차' 중 '이룰 수 없는 꿈' 노래의 가사.

잡을 수 없는 별일지라도 힘껏 팔을 뻗으리라

이게 나의 가는 길이요 희망조차 없고 또 멀지라도

멈추지 않고 돌아보지 않고

오직 나에게 주어진 이 길을 따르리라

내가 영광의 이 길을 진실로 따라 가면

죽음이 나를 덮쳐 와도 평화롭게 되리

세상은 밝게 빛나리라 이 한 몸 찢기고 상해도

마지막 힘이 다할 때까지 가리

저 별을 향하여

윤인구의 노력으로 천신만고 끝에, 정부는 부산대학교의 국립을 인정했다. 그러나 앞길은 계속 가시밭길이었다.

대학이 '국립'이 되기는 했지만 국고에서 예산을 세워 충분히 지급한 일은 없고 대학 부지는 아직 미정이었다. 앞날이 우려되지만 나로서는 돈을 모으는 재능이 없었다. 개교 당시부터 교사(敎舍) 문제가 해결되지 않아 어려움을 겪더니 국립으로 확인된 당시에도 그것은 해결을 보지 못하고 있었다. 구덕운동장 뒤의 가교사는 너무나 초라한 것이었고, 면적도 대학을 세우기에는 너무 협소했다. 뿐만 아니라, 설사 부지가 마련된다 하더라도 대학 교사(敎舍)를 새로 마련하기란 막연한 것이었다.

도무지 헤쳐 나갈 수 없는 막다른 상황에서 윤인구는 꿈의 캠퍼

부흥의 우물

스를 그림으로 그리기 시작했다. 그런데 그 꿈이 너무나 허무맹랑하였다. 찌그러져가는 판잣집으로 시작한 부산대학교에서 새로운 대학 캠퍼스 설계에 돌입한 것이다. 누가 보기에도 미친 짓이었다. 땅을 살 돈도, 거액을 기부할 사람도 없었다. 누가 보더라도 이룰 수 없는 꿈이었다.

대학 배치를 스케치한
그림을 팔다

윤인구는 일본 메이지대학 신학과 학생 시절과 프린스턴 석사 과정 시설, 그리고 에는버러 시절의 아름다운 교정을 잊을 수 없었다. 거기서 자신의 아름다운 꿈을 키웠고 너무나 행복했다. 그에 반하여, 전쟁 이후 부산대학교는 쓰러져가는 몇 개의 판잣집 교실이 전부였다. 윤인구는 현실과 꿈 사이의 괴리를 기도로 메워나갔다.

기도 가운데, 어릴 때 뛰어놀던 금정산을 대학 부지로 삼으면 좋겠다는 꿈이 생겼다. 그 땅을 살 수 있는 아무런 수단도 가능성도 없었지만, 윤인구는 계속 기도했다. 그 꿈은 마침내 점점 커져, 윤인구는 신학 석사 시절 공부했던 프린스턴 대학에 견줄만한 아름다운 대학 캠퍼스를 꿈꾸게 되었다. 윤인구는 새로운 대학 캠퍼스의 꿈을 한 장의 그림으로 완성했다.

윤인구는 이 꿈을 교수들에게 이야기했다. 모두 농담처럼 웃어넘기곤 했다. 그러다가 총장이 그 이야기를 진심으로 한다는 것을 알게 되자, 총장은 으레 헛된 꿈을 꾸는 자라고, 실없는 사람이라고 생각했다. 그럼에도 불구하고 윤인구의 '이룰 수 없는 꿈'(Impossible Dream)은 계속되었다.

나는 윤인구의 마음을 이해할 수 있다. 하나님의 사랑과 위대하심을 믿는 자는 절망적인 상황 속에서도 꿈꾸지 않으면 하루라도 더 살수 없는 법이다. 우리는 절망하든지 꿈을 꾸든지, 두 가지 중에 하나를 선택해야 한다. 대부분의 사람들은 세상의 조건들을 받아들이고 타협한다. 그러나 그것은 절망의 또 다른 모습일 뿐이다. 하나님의 사랑과 위대함을 아는 자는 절망할 수 없다. 세상과 타협할 수도 없다. 절망을 넘어 꿈을 꾸는 동안은 행복하다. 현실의 절망적 상황 가운데 하늘로부터 임하는 행복을 느끼며 살아간다. 그러니 어떻게 살아가는 것이 진리인가?

4주 안에서 항상 기뻐하라 내가 다시 말하노니 기뻐하라 5너희 관용을 모든 사람에게 알게 하라 주께서 가까우시니라 6아무것도 염려하지 말고 다만 모든 일에 기도와 간구로, 너희 구할 것을 감사함으로 하나님께 아뢰라 7그리하면 모든 지각에 뛰어난 하나님의 평강이 그리스도 예수 안에서 너희 마음과 생각을 지키시리라 _빌 4:4-7

그렇다. 최악의 상황에서 기뻐하는 것이야말로 하나님의 명령이 아닌가? 상황을 보지 않고, 주님을 바라보는 것이 기쁨을 유지할 수 있는 비결이다.

그때 윤인구에게 한 가지 묘안이 떠올랐다. 미군 기지 위트컴 사령관을 대신동 가교사로 초청했다. 총장실 벽에는 윤인구가 그린 교사 (校舍) 배치도가 붙어 있었다. 윤인구는 장군에게 그 그림을 보여주

부흥의 우물

며 말했다.

"장군, 내 그림을 사 주시오!"

장군은 웃으면서 악수를 청해왔다. 교섭은 단번에 이루어졌다.

나는 이 대목에서 윤인구의 태도가 신기하다는 생각이 들었다. 나 같으면 장군의 눈치를 보면서 "제발 도와달라"고 최대한 조심스럽게 말했을 것이다. 그런데 그는 어떻게 그렇게 절박한 자리에서 자신의 그림을 파는 위대한 예술가처럼 말할 수 있었는가?

나는 주님께 "윤인구가 가진 담대함의 비밀을 알려주세요"라고 기도했다. 주께서는 "하나님의 영을 가진 자들은 하나님의 아들답게 행동한다"고 가르쳐주셨다. 윤인구는 하나님의 아들로서 정체성이 분명했다. 상대가 아무리 세상에서 권세가 있고 높은 사람이라 해도, 순종의 종은 하나님의 아들의 영으로 위엄을 갖추어 말한다.

나는 윤인구가 담담한 어체로 쓴 글을 통해 이 상황을 보다 더 깊이 이해하고 싶어 기도하며 주님께 지혜를 구했다. 조사해본 결과, 놀랍게도 그 그림 한 장을 팔고 금정산의 땅 50만 평을 구했던 것이다. 위트컴 장군이 경상남도 도지사와 이승만 대통령을 설득하여 이 문제를 정치적으로 해결해준 것이다. 장군은 부산대의 발전을 위해 헌신적으로 도왔다. 일본 동경을 방문하여 맥아더 장군과 담판하여 25만 불의 대학 건립자금을 가지고 오기도 했다. (당시 화폐로 약 2억환이며, 이는 현재 가치로 약 200억 원으로 추정된다.)[24]

대학 부지 선정을 위해 장군과 논의할 때 위트컴 장군은 다른 장소

---

24 '부산대 건학 정신 회복을 위하여' 준비위원회, 왜 이 시대에 윤인구인가, p66, 2013년

를 추천했지만 윤인구는 장래성이 없어 보인다고 거절했다. 그리고 지금의 금정산 기슭 장전동 부지를 제안하였다. 장군은 "6 · 25 당시에도 육군 공병단이 사용하려고 검토했는데, 큰 돌이 많아서 부지 정리를 할 수 없는 땅이라고 이미 결론난 곳이다"라고 선을 그었다. 그 땅은 농사도 지을 수 없고, 정말로 모두가 포기한 땅이었던 셈이다. 윤인구는 웃으며 대답했다.

"내가 프린스턴에 가보니 아름다운 석조 건물이 많았습니다. 이 땅은 그야말로 하나님이 주신 땅입니다. 석조전을 짓기 위해 돌을 옮겨올 필요도 없습니다. 그 자리에서 돌을 다듬으면 석조전도 지을 수 있고 땅도 고를 수 있습니다."

위트컴은 탄복했다. 같은 땅을 두고 모두 쓸모없다고 했지만, 윤인구에게는 최적의 땅이었다. 하나님께서 사랑하는 자에게는 이러한 새로운 창조적인 눈을 주신다. 위트컴 장군은 윤인구와 함께 헬기를 타고 부지를 시찰했다. 그리고 이 부지의 개발을 지원하기로 다시 한번 약속했다.

드디어 미군이 참가하여 기공식을 거행했다. 부지 안으로 들어가는 길은 동민이 기부해주었다. 미군은 부지 조성을 위해 길을 열어주었고, 공대를 건설하기 위한 자갈과 목재 같은 물자를 날라다 주었다.

그런데 문제가 발생했다. 모든 교수와 학생들이 이전을 반대했던 것이다. 교통이 편하고 전차도 다니는 대신동을 놔두고 첩첩산골로 대학을 옮기겠다고 하니 이해해주는 사람이 아무도 없었다. 그가 사랑하던 제자 김기열조차 스승을 이해하지 못하고 뒤에서 욕을 했다고 한다. 그렇게 극렬한 반대를 이겨내고 대학 이전 계획을 확정했다.

완전한 독재였다. 그러나 세월이 흐른 지금, 모든 사람은 그의 고집을 탁월한 결정이라고 칭송한다.

"여보, 윤인구 총장은 참 외로웠을 것 같아요. 그 시대에 윤인구를 이해해줄 사람이 하나도 없었지요. 홀로 전세계를 돌아 세계 최고의 대학들과 선진국의 모든 문물을 다 알고 있었던 윤인구를 그 시대에 누가 이해해주었을까요?"

내 아내의 말이다. 과연 그랬다.

이룰 수 없는 꿈이
이루어질 때

윤인구의 꿈이 거침없이 이루어지기 시작했다. 판잣집 대학 캠퍼스에서 일약 50만 평의 캠퍼스를 가진 대학으로 변모되고 있었다. 엄청난 건설비가 들어갔지만, 하나님께서 다 채우셨다. 정부는 도와줄 형편이 아니었다. 나는 이 놀라운 역사를 보면서 감탄할 수밖에 없었다. 사람들은 돈키호테라고 비웃었지만, 그는 하나님께서 사용하시는 돈키호테였던 것이다.

어떻게 이런 일이 가능했을까? 나는 의아했다. 나는 앞서 윤인구가 모세와 비슷하다고 말했다. 만일 윤인구가 모세처럼 하나님과 얼굴과 얼굴을 마주 보고 이야기했다면 다 이해할 수 있다. 이를 뒷받침해주는 알려지지 않은 이야기가 있었다.

"윤인구 목사님이 이 땅을 얻기까지 금정산 바위에 올라가서 얼마나 기도했는지 모릅니다."

위로부터 부산대 발전의 최대 은인 위트컴 장군이 기공식 첫 삽을 뜨는 모습(얼굴 사진이 위트컴 장군), 기공식에서 감사장을 주고 받는 윤인구와 위트컴 장군. 종 모양으로 개발되고 있는 부산대학교.

동래고 역사관 안대영 관장의 증언이다. 윤인구는 기도의 사람이었다. 그리고 순종의 종이었다. 순종의 종은 결과에 연연하지 않는다. 윤인구는 미친 사람이란 비웃음을 들으며 하나님의 꿈을 꾸고 선포했다. 사람들의 눈에는 허황한 개꿈이었다. 순종의 종은 비난의 화살을 받아들인다. 예수 그리스도의 영이 있기 때문이다.

²일을 행하시는 여호와, 그것을 만들며 성취하시는 여호와, 그의 이름을 여호와라 하는 이가 이와 같이 이르시도다 ³너는 내게 부르짖으라 내가 네게 응답하겠고 네가 알지 못하는 크고 은밀한 일을 네게 보이리라 _렘 33:2,3

종 모양의 캠퍼스를
꿈꾼 까닭은

그는 종 모양의 캠퍼스를 그리고 싶었다. 동생 윤학자의 증언이다.

"처음에는 집에 컴퍼스가 없어서, 접시 또는 큰 쟁반을 뒤집어놓고 본을 땄어요."

그는 단지 원대한 캠퍼스만 구한 것이 아니었다. 당시로선 지구상 가장 가난했던 나라였던 한국에서 진리의 종소리가 온 세상으로 울릴 것이라는 위대한 선포를 한 것이다.

나는 최근 캄보디아로 선교 여행을 다녀왔다. 그곳은 대학교 1학년의 학력 수준이 한국의 웬만한 중학생보다 못했다. 우리나라의 6·25 직후 상황은 지금 캄보디아보다 암울했고 당시 세상에서도 최악이었다. 학문 수준이 밑바닥을 헤매던 후진국에서 무슨 진리의 종소리를 세상에 울린다는 말인가? 나의 인간적인 생각이 자꾸 윤인구와 비교되기 시작했다. 성령께서 나에게 물으셨다.

"너라면 그 시기에 그런 꿈을 꿀 수 있겠니?"

나는 실현 가능한 꿈을 꾸도록 교육받았다. 조금씩 노력하며 착실하게 꿈을 이루어가는 것이 현명하다고 생각했다. 어느 정도의 꿈을 품는 것은 가능하지만, 도저히 불가능한 꿈을 꾸며 살아갈 수는 없다고 생각했다. 윤인구의 생각은 나의 차원을 넘어선 것이었다. 그는 내가 알고 있는 지구상의 어떤 인물보다 위대한 꿈을 꾸었고, 그것을 성취했다.

보통 사람이 맨 정신으로는 도저히 도달할 수 없는 꿈, '위대한 꿈'은 인간 영역 밖의 꿈이다. 그 위대한 꿈을 내가 꾼다면, 그것은 "진리를 알지니, 진리가 너희를 자유케 하리라" 말씀하신 주님의 뜻이 이미 이루어진 것이다. 그 생각이 드는 순간, 그것은 애초에 윤인구의 꿈이 아니었다는 것을 깨달았다. 그것은 태초부터 예비된 주님의 꿈이었다. 윤인구는 기도하며 주님의 마음을 받았던 것이다. 그리고 순종의 종으로서 거침없이 주님의 비전을 세상 사람들에게 선포한 것이었다. 윤인구는 꿈꾸며, 주의 은혜를 더욱 사모하며 이 땅에 하나님 나라를 세워가는 자로 변화되어갔다.

한편, 나는 위트컴 장군이 윤인구의 그림을 사달라는 제안에 왜 그리 놀라운 반응을 보였으며, 왜 자신의 일보다 더 적극적으로 도왔는지 이해할 수 없었다. 그래서 위트컴 장군에 대해서도 조사했다. 위트컴의 영문 이름은 Whitcomb이다. 윤인구의 회고록에 Whitcom이라고 잘못 기록돼 있어서 그를 찾는 데 3년이 걸렸다. 마침내 그를 찾았고, 그의 역사를 거꾸로 추적해보았다. 놀랍게도 그는 대학생 시절 필리핀 선교를 희망하는 SVM(Student Volunteer Mission)의 청년 리더였다. 1,2차 세계대전을 치르는 동안 하나님께서는 그를 미국 군수사령관의 지위에 오르게 하시고, 때가 되어 윤인구를 만나게 하신 것이다. 윤인구는 그가 왜 자기를 열심히 도왔는지 몰랐다. 그렇지만 위트컴은 윤인구를 돕는 것이 자신의 평생의 꿈, 곧 선교를 이루는 일이었다. 윤인구에게는 꿈을 주시고, 위트컴에게는 그것을 이룰 수 있는 세상의 권세를 주시고, 하나님의 때에 두 사람을 만나게 하신 것이다. 윤인구가 꿈을 꾸기 전부터 하나님은 위트컴을 준비하셨다.

이제 나는 거침없이 꿈꾸는 사람으로 살아가고자 한다. 하나님의 마음으로 꿈꿀 것이다. 더 이상 현실의 제약을 바라보지 않을 것이다. 나에게 꿈을 주시는 분이 하나님이시면, 그분이 이루실 것이다. 나에게 영적 돌파가 일어났다. 나에게는 꿈꾸는 데 제약이 있을 수 없다. 나는 교수, 교사, 학부모, 젊은이들에게 동일한 일이 일어나기를 소망한다.

나는 위트컴에게 팔았다는 그 종 모양의 캠퍼스 대학배치도 그림이 어떤 것인지 보고 싶었다. 어떤 그림이기에 위트컴이 그것을 샀을까? 원로교수님들과 대학의 역사 자료실 등 모든 방법을 다 동원해 그 그림을 찾아보았지만 헛수고였다. 나는 주님께 그 종모양의 그림을 찾게 해달라고 간절히 기도했다.

13

새벽 벌판에
광명이 오네

세상의 모든
의심을 잠재우다

대학 캠퍼스 부지가 확보되고 공사가 착착 진행 중이었다. 이제는 모든 것이 해결된 것처럼 보였다. 꿈이 이루어지기 시작할 때 사탄 마귀의 집요한 공격도 시작된다.

윤인구가 건설비 일부를 유용하여 온천장 기생집을 전전하며 술판을 벌이고 있다는 소문이 대통령의 귀에까지 들어갔다. 부산대 건설 과정에서 일감을 따지 못한 건설업자들의 모함이었다. 정부에서는 부산에 몰래 감사관을 파견했다. 감사관들은 온천장 술집을 뒤지고 다녔지만 헛수고였다. 온천장 요정의 마담들은 "윤인구? 그이의 이름은 들었지만 얼굴을 전혀 본 적이 없다"고 했다.

감사관들은 수소문 끝에 대학 개발 현장에 있던 자그만 움막을 찾아갔다. 거기서 인부들과 캠퍼스 개발에 혼신의 힘을 다하며 노무자처럼 검게 그을린 윤인구 총장을 만났다. 윤인구는 집에도 가지 않고 6개월간 움막에서 지내고 있었다. 감사관들은 감동했다.

"이렇게 열심히 일하고 있는데 무슨 감사가 필요 있나!"

그 후 공사가 모두 끝날 때까지 다시는 감사가 없었다. 그것은 세상의 모든 의심과 무고를 일시에 소멸시킬 수 있는 헌신의 능력이었다. 순종의 종은 언제나 가장 낮은 자리로 내려간다. 거기는 하나님의 능력으로 사탄 마귀의 어떠한 궤계도 물리치는 능력의 자리이다.

그는 문교부 장관 자리는 거절하고 대학 건설 현장의 움막에서 6개월을 지내며 인부들과 함께 주먹밥을 먹으면서 땀을 흘렸다. 자기가 있어야 할 자리를 분명히 알고 있었다. 그는 모함 받는 자리, 땀 흘리고 수고해야 하는 낮은 자리를 장관 자리보다 사랑하였다. 주님의 마음에 합당하게 순종하는 자리가 가장 영광된 자리가 아닌가?

그는 왜 움막에서 6개월을 지냈는가? 그것은 풀 한 포기, 돌 하나에도 정성을 다하며 대학을 건설하려는 열정과 헌신의 마음, 가장 낮은 자리로 내려가는 종의 마음 때문이었다. 나는 도저히 그처럼 할 수는 없을 거라 생각했다. 그러나 성령께서 나에게 물으셨다.

"너의 일생의 소원이 이루어진다면, 그 정도 헌신을 하지 않겠느냐?"

그렇다. 그는 생명을 다해 대학을 사랑했다. 그에게 학교에 대한 헌신은 당연한 것이었다. 나도 학교를 사랑하는가? 생명을 다해 사랑하는가? 반문해보았다. 우리 모든 교사와 교수들이 이렇게 학교를 사랑하다면 우리나라의 교육이 얼마나 아름다워질까 생각해보았다.

효원의
의미

그는 어느 날 새벽, 캠퍼스 부지에 비치는 동 터 오는 햇살을 보고 감동하여 이 땅을 효원(曉原, 새벽벌)이라 명명한다.

어느 날 아침 금정산에 새벽이 왔다. 동쪽 하늘이 붉게 물들기 시작했고 새 소리가 들려왔다. 간밤에 온 비로 계곡의 풍성한 물소리가 금정산 일대를 가득 채우는 듯했다. 눈부신 태양이 떠오르고 있었다. 산등성이로 고개를 내민 태양은 붉었다. 우리 민족을 억누르던 가난과 영혼의 피폐함이 사라지고 하나님의 은혜가 이제 민족을 축복할 것이라는 생각이 그의 가슴을 가득 채우기 시작했다. 얼마나 기다렸던가? 얼마나 긴 시간 한숨 쉬며 살아왔던가? 영혼을 인고의 칼로 조각하던 날들이 이날을 위함이 아니던가?

금정산 정상부터 붉게 물들이던 태양은 이제 대학 부지 전체를 비추고 있다. 터져 오르는 가슴을 안고 달리고 싶었다. 벌판 이쪽 끝에서 저쪽 끝까지 단숨에 달린다. 돌과 돌을 건너, 돌 사이 흐르는 개울 소리를 타고 넘어서, 들풀들을 가르며, 바람을 가르며 달린다.

"바로 여기가 효원이야! 여기가 새벽벌이야!"

복음농업실수학교 시절에 아이들에게 만들어 주어 부르게 했던 잊혀진 그 노래가 다시 살아나온다.[25]

1. 새벽 하늘 고요하고 사방은 어두운데

---

[25] 윤인구의 시, 새벽 하늘

부흥의 우물

불붙는 듯 빛난 별은 우리의 학교라
일어나라 동무들아 단잠을 깨어라
의의 태양이 돋으리니 너 준비하여라

2. 이 땅에도 주 영광이 비치려 하도다
이 땅에도 주의 불이 사르려 하도다
이 땅에도 주의 힘이 운동하시리니
아아 벗아 일어나서 구주를 맞으라

3. 너희 힘이 있는 대로 한 곳에 모으고
거룩한 제단 위에 모두를 바쳐라
아침 햇살 비칠 때에 그 기쁨 어떠리
하나님 전 충성되이 너 몸을 드려라

4. 동포의 깊이 든 잠 깨울 이 누구며
죽음의 길 돌아서게 인도할 이 뉘뇨
사랑으로 하나 되어 서로 섬김으로
위기에서 구해낼 이 어느 젊은이랴

5. 흙이 되자 흙이 되자 이 땅에 파묻혀
하나님의 나라 건설(建設) 지반(地盤)이 되리라
떨어지는 밀알 하나 백 배로 맺히니
이 아니 대장부의 할 사업 아니냐

6. 청춘의 끓는 피를 제단에 뿌리고
   뜨거운 이 가슴을 열어서 드리세
   모든 생명 아낌없이 지금 솟아오니
   주여 주의 뜻을 이루게 하소서

사랑하는 나의 조국, 하나님의 은혜가 아니고는 희망이 없는 나라에서 "흙이 되어 이 땅에 파묻혀 하나님 나라의 지반이 되리라"고 노래했던 그 스승을 만나고 싶다. 그 생명 아낌없이 제단에 뿌리겠다던 그 분을 만나고 싶다. 내가 뿌리는 이 청춘의 피가 사랑하는 나의 조국에 아낌없이 뿌려지고, 이 땅의 모든 생명을 솟아나게 하길 원하는 노래! 그 노래를 부르는 윤인구 선생님을 더 알고 싶다.

나는 그를 본 적도 없지만 사랑한다. "주여! 주의 뜻을 이루소서." 이 노래가 나의 노래가 되기를 바란다. 하나님의 은혜가 나를 부르신다. 육신으로는 만날 수 없지만, 이제 내가 믿음의 눈을 들어 그를 만난다. 그의 하나님 사랑과, 청년들을 위한 그의 사랑이 나에게 임하는 것을 믿음으로 본다.

새벽별에서

노래한 사람

윤인구의 영이 내게 임했다. 윤인구에게 임한 주의 영이 나에게 임한 것이다. 그가 평생 불렀다는 그 노래! 내가 그토록 알고 싶었던 그 노래가 내 속에서 운동한다. 나는 내 안에 있는 이 노래가 나의 것이 아님을 잘 안다. 나는 애초 이런 노래를 부를 수 없는 별 볼일 없는 사람이었다. 그런데 성령께서 역사하셔서 윤인구의 마음을 나에게 주셨다.[26]

> 망국의 한을 지나, 동족상잔의 비극이 휩쓴
> 이 황무의 땅에서
> 나는 꿈을 꾼다.
>
> 황무함을 운명처럼 결정짓는 돌들은
> 석조전이 되고
> 이 벌판의 잠들지 않는 거친 바람은
> 자유의 노래가 된다.
>
> 새벽벌의 아침 햇살은 내 심장을 새 생명으로 채우고
> 모진 폭풍우 뒤에 세상으로 달려가는 물소리는
> 산을 솟구쳐 올라
> 거대한 함성이 된다.
>
> 사랑하는 그대, 위대한 꿈을 꾸라!
> 세상이 감히 범접할 수 없는
> 지고의 아름다움과 위대함을 세상으로 흘려보내라!

---

26 김재호의 시, 새벽벌에 서서 - 윤인구 초대총장의 마음으로

태초부터 그대를 위해 간직한 이 땅의 비밀이
그대로 인해 세상에 나타나리니
만사에 구애받지 않는 자유를 획득하고
하늘의 광명을 노래하라!

이 황무의 땅에
그대들의 함성과
진리의 종소리가 들린다.

나는 꿈도 없이 현실의 무게에 치여 힘없이 살아가는 청년들을 보면 가슴이 시리도록 아프다. 예수께서 유대 광야에서 절규하며 외치셨던 "진리를 알지니 진리가 너희를 자유케 하리라"는 음성이 내 귀에 분명히 들리는데, 그들은 진리가 무엇인지 자유가 무엇인지 관심도 없다. 롱펠로의 시 '화살과 노래'처럼, 나는 끝없이 하늘로 사라지는 노래를 부르는 시인이 될 수밖에 없다. 다만 세월이 오래 지난 후 내 친구의 마음속에 내 노래가 남아 있기를 기대하며, 또 그것을 기도하며, 믿으며 살아가야 한다.

무지개문에
숨은 뜻

부산대학교는 지금의 정문을 신(新)정문, 무지개문을 구(舊)정문이라고 부른다. 무지개문은 1957년 장전동 캠퍼스 시대의 정문으로 지어졌다. 제자 정권섭은 "무지개문은 마치 신선이 사는 세상으로 들어가는 문과 같았다"라고 증언했다. 6·2.5 전쟁의 상흔이 아직 아물지 않은 세상에서 살던 그 시절의 학생들에게 하나님의 꿈으로 지어진 그 문은 새로운 세상으로 들어가는 관문이었던 것이다.

무지개문은 2014년 10월 30일 대한민국의 등록문화재 제642호로 지정되었다. 문화재청의 자료에 의하면 다음과 같이 설명되어 있다.

> 아치 형태를 갖고 있는 무지개문(虹門)은 원만(圓滿)과 자비(慈悲)를 상징하는 사랑의 정신을 표현하고 있고, 해와 달이 상승하듯 인류와 나라의 새 문화 창조의 인재가 되라는 염원을 담고 있으며, 구 수위실은 지면에서 떠 있는 구조로 전면에 큰 유리창 구성을 하고 있는 등, 근대 모더니즘 양식의 건축물로 한국 현대건축사에서 매우 중요한 의미를 갖고 있는 김중업의 작품으로서 가치가 있음.

그러나 이는 무지개문을 잘 이해하지 못하고 있거나 일부러 그 뜻을 왜곡시키려는 사람들의 설명이다. 유명 건축가인 김중업의 설계로 알려져 있는데, 그것은 잘못된 정보이다. 윤인구는 목사로서 철저하게 하나님의 뜻 안에서 무지개문을 직접 설계하였다. 윤인구는 그의 회고록에서 이를 분명히 밝히고 있다.

부산대학교가 윤인구를 부산대의 역사에서 완전히 지워버린 시기에 작성된 부산대 30년사에 이런 잘못된 정보가 들어 있다. 2014년 부산대학교는 이 잘못된 정보를 문화재청에 보고했다. 대학도 문화재청도 사실 관계를 파악하지 않고 역사 왜곡에 동참하고 있는 것이다. 지금도 여전하다. 이제 이를 바로잡아야겠다.

> 무지개문은 내가 설계했다. 교문이라고 하여 큰 기둥을 세우는 것보다는 뒤에 있는 높은 산, 푸른 하늘, 흰 구름을 다 포함할 수 있는 무지개(홍예)문이 적당하다고 생각했다.[27]

캠퍼스를 담은 액자,
화살을 쏘아올리는 활

무지개문은 하나의 액자가 되어 '하나님께서 주신 모든 것, 즉 하늘과 구름과 금정산과 대학 캠퍼스를 하나의 그림처럼 담아내고 있다. 문은 한 세상에서 또 다른 세상으로 가는 경계에 위치해 있다. 그래서 들어가려고 하는 문 안의 세상을 대표하는 이미지로 설계되어야 한다. 무지개는 부산대가 하나님의 언약 안에 있음을 표현하고 있다. 수위실은 지상에서 떠 있는 듯한 모습으로 설계되었다.

히브리어 케쉐트는 무지개 또는 전쟁의 무기인 활을 가리킨다. 하늘로 화살을 쏘아 올리기 위해 팽팽히 당겨진 활의 형상을 표현하고 있다. 윤인구는 무지개문 옆에 대나무를 심었다. 대나무는 화살을 의미한다.

윤인구의 애송 시 롱펠로의 '화살과 노래'에서 시인은 "한 평생 하

---

27   방덕수. 윤인구 박사 그 참다운 삶과 정신. p 95, 1988

늘로 화살을 쏘아 올렸다"고 이야기했다. 윤인구는 그 의미를 교육과 연결하고 있다. 학생들(화살)을 하늘까지 도달하도록 쏘아 올리는 활의 형상을 무지개문으로 표현한 것이다.

나는 어느 날 기도할 때, 갑자기 부산대학교가 있는 마을의 이름 장전동에도 분명히 어떤 의미가 있으리라는 생각이 들었다. 조사해보니 장전(長箭)의 의미는 긴 화살이었다. 조선시대 조정(정부)에서 가장 멀리 날아가는 화살을 조사하였는데, 그것이 바로 부산 장전리(長箭里)에서 나온 대나무로 만든 화살이었다.

장전동은 금정(金井 : 금우물)산 기슭에 자리하고 있다. 여기에 금샘(금우물)이 있다는 전설이 있다. 하나님께서 태초부터, 금샘에서 내려오는 생명수를 마시고, 하늘로 가장 멀리 날아가는 화살(학생)을 교육하는 대학이 되라는 의미를 정하신 것은 아닐까? 윤인구가 계획까지 하지는 않았겠지만, 결과적으로 금샘이 있는 산에, 그리고 가장 멀리 날아가는 화살이 있는 '장전'이라는 땅에 대학을 만든 것이다. 나는 이 모든 것이 우연이 아니라 하나님의 계획이라고 믿고 싶다.

윤인구는 무지개문의 중앙 상부에 종을 달았다. 진리의 종소리가 온 세상으로 퍼지는 것을 기원하던 그 마음을 다시 만날 수 있다. 오늘도 바람이 부는 날에는 이 종소리를 들을 수 있다.

> "학문의 길은 멀고 인생은 짧다. 그래서 오고 가는 앞길에는 횃불이 더욱 필요한 것인지도 모른다. 무지개문, 그 약속의 문 아래 설 때마다 우리는 다 같이 인생과 학문에 대한 어떤 다짐을 하는 것이다." - 윤인구

무지개문의 최근 모습(위 사진). 무지개문 바로 옆, 부산대 캠퍼스 안에서 빼곡하
게 자라고 있는 대나무숲에 선 저자(아래 사진).

14

하늘을 열고 장벽을 헐어

**구 대학본관,
인문관 건립**

원래는 대학본관이었으나 지금은 인문관인 건물은 2014년 10월 30
일 대한민국의 등록문화재 제641호로 지정되었다. 이 건물은 근대
최고의 건축가인 김중업이 설계하였다고 알려져 있다. 그러나 역시,
제자들의 증언에 의하면 윤인구의 기도와 정신에 기초하였고, 디자
인의 상당 부분에 윤인구의 뜻이 반영되었다고 한다.

　윤인구 총장의 정신과 총장 취임사, 그의 노래를 잘 알게 된 나로서
는 이 건물 디자인의 많은 부분에서 윤인구의 마음이 형상화 과정을
거쳐 고스란히 반영된 것을 발견하였다. 어떻게 건축가가 설계 발주
자의 마음을 이토록 잘 이해하고 건축할 수 있었을까? 기적이 아니고
서는 불가능하다는 생각이 들었다.

건축가 김중업은 1956년 2월 파리에서 귀국하였다. 제자 정권섭은 이렇게 증언한다.

"1955년 늦가을 부산대 신입생 입학 요강에 캠퍼스의 종 모양 배치도와 그 속에 인문관의 평면도가 그대로 들어 있었다. 그뿐 아니라 대학의 모든 건물에 대한 설계도를 윤인구가 다 직접 그려 두었다."

이는 윤인구의 설계가 이미 매우 상세하게 진행되었음을 증명하는 것이다. 김중업은 말년에 자신의 설계 작품 목록에서 부산대 인문관을 삭제했다고 알려져 있다. 설계자의 양심에서 나온 행동이 아닌가 짐작된다. 정리하자면 윤인구는 건축의 개념과 철학과 표상을 디자인하였고, 김중업은 이를 이어받아 상세한 설계를 완성한 것으로 보인다.

인문관은 지하1층, 지상4층(연면적 2천 7백 82평) 규모로 1957년 착공, 1959년에 완성되었다. 요즘도 이 건물 앞에 설 때, 이 건물이 1950년대에 지어졌다는 사실을 떠올리면 크게 놀라곤 한다. 마치 최근에 지어진 건물 같다고 이구동성으로 말한다. 규모도 매우 웅장하다. 나라 전체가 극도의 가난에 시달리던 시기에 어떻게 이런 건물의 건축비를 감당할 수 있었는지는 기적이라고 말할 수밖에 없다. 국립대학이라 해도 당시 정부는 경제적으로 지원할 능력이 없었기 때문이다.

인문관에는 다음의 사진과 같이 다른 건축물에서 일반적으로 발견할 수 없는 여러 가지 특징이 있다. 나는 이 사진 속의 모습들을 볼 때마다, 분명히 어떤 뜻이 숨어 있을 거라는 생각이 들어 그 비밀을 찾기 위해 고민하고 기도했다.

하늘을 열어
광명이 오게 하라

지금은 외벽이 유리인 건물이 흔하지만, 1950년대의 시민들은 유리를 구경하지도 못했다. 그런데 1층부터 5층까지 큰 중앙 홀을 전면 유리창으로 감쌌다. 홀 중앙에는 2중 나선형 구조로 계단을 설치했다. 왜 이런 구조여야 했을까? 가난이 극에 달한 시절에 그저 교실을 만들 생각을 했다면 이런 중앙 홀을 설계하는 건 꿈도 못 꾸었을 것이다. 여기서 윤인구의 총장 취임사를 기억해야 한다. 거기서 이 디자인을 한 철학의 실마리를 찾을 수 있다.

> 이처럼 비침한 현실의 생에서,
> 그리고 이 절망적인 암흑 속에서 저들을 살려내리면
> 하늘을 열어 광명을 저들의 가슴 속으로 던져야 할 것이며,
> 장벽을 헐어 신선한 공기를 마음껏 호흡하도록 해야 할 것입니다.

'하늘의 광명'이 중앙 홀의 설계 주제였다. 이 중앙 홀이 아침에 뜨는 동쪽의 햇빛을 받아들이는 것이 바로 '저들의 가슴속으로 광명'을 던지는 것의 표상이었다. 이 거대한 홀은 바로 청년의 가슴이다.

윤인구는 아침 해가 뜨는 순간부터 한줌의 빛도 놓치고 싶지 않았다. 그래서 1층 밑바닥까지 유리창을 두었다. 계단을 오르내리는 학생들이 가슴 가득한 광명, 진리를 향유하도록 설계했던 것이다. 내벽 전체는 흰색이다. 이는 광명을 품은 청년의 마음을 표상한 것이다.

총 길이 16미터인 인문관 입구의 기다란 캐노피에도 특별한 비밀

위로부터 인문관 중앙 홀에서 세상을 바라보는 학생들(1959년), 하늘을 가슴에 품고 있는 청년을 상징한다. 동트는 새벽 첫 햇빛을 받아들인 인문관. 동이 트는 무렵의 인문관 내부.

이 숨어 있었다. 처음에는 입구 현관에 지붕을 두어 비를 피하기 위함인 줄로 짐작했다. 혹은 여름에 햇빛을 피하기 위함인가 싶었지만, 그래도 의아했다. 하루는 우연히 홀에서 유리창 바깥의 캐노피 지붕을 내려다 보았다. 내가 방문자에게 인문관의 의미를 소개하고 있을 때였다. 내 눈에서 비늘이 벗겨지듯 십자가가 눈에 띄었다.

"아! 십자가!"

나는 외마디 탄성을 질렀다. 캐노피 위에 십자가가 있었다! 인문관의 검은 창틀에 가려 그동안 캐노피 위의 십자가를 보지 못한 것이었다. 그것은 묘안이었다. 국립대학교이기에 십자가를 세울 수 없었다. 그래서 캐노피 위에 그 건물의 입구를 지나는 어느 누구도 알지 못하도록 아주 비밀스럽게 하늘을 향해 누운 거대한 십자가를 새겨 넣은 것이다. 하지만 지난 50년 이상 부산대의 구성원 중 누구도 이 캐노피 위에 십자가가 있다는 사실을 인식하지 못했다.

윤인구는 이 대학이 하나님의 것이라는 사실을 어떻게 표현할 수 있을지 고민하고 고민했다. 반드시 거대한 십자가가 필요했다. 그러나 드러나게 세울 수는 없었다. 그 절묘한 대안이 지붕 위에 십자가를 얹은 것이었다. 나는 이 캐노피 위의 십자가가 기도 중 하늘의 계시로부터 온 것이라고 믿는다. 세상에 이런 디자인을 본 적이 있는가?

나는 이 비밀을 극소수의 사람들 외에는 공개할 수 없어 몇 년간 침묵하고 있었다. 당시에 이 십자가를 학교에서 알게 되면, 그 위에 시멘트를 부어 십자가를 없애버릴지도 모른다는 생각이 들었다. 나는 이 건물이 문화유산으로 등록되기를 기도했다. 그러면 영원히 아무도 십자가에 손을 댈 수 없다. 인문관은 2014년 마침내 문화유산으로

위로부터 인문관 중앙 홀의 계단. 당시 일반 건물보다 2배 높게 설계됐다. 인문관 입구의 긴 캐노피. 인문관 내부에서 보이는 캐노피 위의 십자가.

등록되고, 이제는 국가의 보호를 받는 건물이 되었다. 하나님께 깊이 감사드린다. 할렐루야!

장벽을 열어
신선한 공기를 호흡하도록

나는 어느 날 동이 틀 무렵 인문관을 찾았다. 아침 햇살이 유난히 붉은 날이었다. 해가 붉은 빛을 내며 금정산과 인문관을 함께 붉게 물들였다. 나는 예수 그리스도의 보혈이 인문관에 뿌려지는 것이 형상화되어 나타나는 것으로 느꼈다. 이때 그 붉은 빛이 십자가 위를 지나 인문관에 도달하고, 인문관 내벽은 온통 붉게 물든다. 예수 그리스도의 피가 우리의 가슴에 뿌려지는 것이다. 그리고 곧 하늘의 광명이 임한다. 그때 모든 것이 새 생명으로 살아난다. 인문관이 그리스도의 십자가 보혈의 비밀을 형상화하였음을 보여주는 놀라운 장면이었다.

등교 시간이 되면 모든 학생과 교직원이 십자가 아래를 통과해 (구) 대학본관이던 인문관에 들어와 공부하고 대학 생활을 한다. 이 건물을 위에서 볼 때 구부러진 모양은 Jesus의 J 자 모양이다. 그것은 "종의 추가 지나가는 궤적을 형상화한 것이다"라고 동생 윤학자가 증언하였다. 따라서 우리는 이곳에서 학문하고 연구를 함으로써 온 세상에 진리의 종소리를 울리는 것이다.

저녁이 되면 다시 십자가 아래를 통해 모두 세상으로 돌아간다. 진리를 연마하고 자신의 역량을 키우고 나서 세상으로 나가는 것이다. 그 관문인 십자가는 하늘의 광명을 받을 수 있는 유일한 길이다.

인문관 입구의 오른편에는 필로티(piloti) 공법(누각처럼 건물을 공중에 띄우는 구조)으로 설계한 70.6 x 14.2제곱미터의 열린 공간이 나타난다. 그토록 가난하던 시절이었는데, 이런 공간을 막아 교실로 만들었다면 대형 강의실 6개는 만들 수 있었다. 그게 아니라면 5층이 아닌 4층으로 설계해도 되었을 것이다. 당연히 건축비를 20퍼센트 가량 줄일 수 있었다. 그토록 많은 돈을 들여 지은 건물인데, 이 공간을 왜 비워두어야 했을까? 그 이유가 궁금했다.

　　이 공간은 그가 총장 취임사에서 "장벽을 헐어 신선한 공기를 마음껏 호흡하도록 해야 할 것입니다"라고 말한 부분의 표현이다. 돈이 얼마가 들지라도 이 자유의 정신을 반드시 표현해야 했다.

　　이 공간에 들어서면 금정산의 바람이 건물에 막히지 않고 산 위에서 아래로 흐르는 것을 느낄 수 있다. 1950년대의 건물에 사람이 아닌 바람이 다닐 길을 만들었던 것이다! 와, 정말 놀랍다. 여기에 바람이 불 때마다 청년들의 가슴에 '만사에 막히지 않는 자유'가 심기기

인문관 입구 오른편의 필로티 공간. 금정산에서 내려오는 바람이
이곳을 통과해 캠퍼스로 흘러간다.

부흥의 우물

원하는 윤인구의 소원이 느껴진다. 그렇다. 여기가 바로 부산대 교훈의 하나인 자유를 표상하는 공간이다.

인문관에서
만나는 정신

나는 부산대 건축과 교수이자 건축비평가인 이동언 교수를 만나 인문관에 관해 대화해 보았다. 그는 윤인구가 어떤 마음으로 인문관을 지었는지 전혀 모르고 있었다. 그런데 그는 "인문관에 들어서면서 어떤 정신이 싹트는 것을 느꼈다"고 말했다. 인문관의 천정, 난간, 계단, 창문 등 구석구석에서 어떤 정신이 싹트는 걸 느낀 것이다. 이동언 교수는 크리스천이 아니면서도 인문관에서 속박과 어둠이라는 운명 같은 것을 내어쫓는 하늘의 광명을 느낀 셈이다. 그는 윤인구를 모르면서도 윤인구의 인문관 디자인의 철학을 정확히 집어냈다. 그는 말했다. "이 대학의 정신을 가진 곳이 중앙홀이다." 다음은 그가 인문관을 방문하여 느낀 점을 쓴 신문 칼럼이다.[28]

> 부산대 인문관에 들어서면 그 정신을 만난다. 무신경하게 보아 넘기던 것들이 정신을 싹틔우고 있으므로.
> 시인 정종현은 시 '정신은 어디서나 싹튼다'에서 읊조린다.

---

28 이동언 교수, '건축, 시로 쓰다', 국제신문, 2010년 11월 29일자

비에 젖어 햇빛에 반짝이는 나뭇잎에서
번개와도 같이 그건 싹트고,
창밖으로 지나가는 사람의 배경이
그 움직임을 씨앗으로 하여 팽창할 때
그건 꽃필 준비가 되어 있으며,
활성(活性) 슬픔에서는 물론
굴광성(屈光性)의 기쁨에서도 정신은 싹튼다.
그 어디서나 정신은 싹튼다.[29]

그렇다. 건물 구석구석과 천장 구석구석마다, 계단 난간의 핸드
레일에도, 5층까지 올라가는 계단의 구석구석에도, 창문의 유리
창에도 정신이 보인다. 시공간의 압축으로 인해 희미해졌지만,
활성의 슬픔에서나 굴광성의 기쁨에서도 정신이 싹튼 흔적이 있
고 지금도 싹튼다. 슬픔에서나 기쁨에서도 이 대학의 정신을 가
진 것이 중앙홀이다.

중앙홀은 T자형 계단 좌우면이 5층까지 열려 있는 다목적 중앙
홀이다. 친구를 기다리는 대기실, 풍광을 즐기는 정자, '열공'하
는 학습실, 휴식하는 휴게실, 햇빛과 달빛, 별 등을 만나는 관측
소, 이런 사소한 것보다 중요한 것은 이 대학의 정신들이 소통하
여 자기정체성을 구축하는 곳이라는 점이다.

중앙 홀의 정신은 여름에 중앙 홀을 들어가 보면 더 확실히 안다.

---

29 시인 정종현의 시, '정신은 어디서나 싹튼다'

부흥의 우물

모듈러로 요리조리 박아 넣은 장변의 직사각형 붙박이창 너머로 물기 젖은 나뭇잎을 보며 시인 정현종의 '아침'을 되뇐다. '새날, 풋기운'을 느낀다. 속으로 "정말 운명 같은 것은 없나봐"라고 중얼거린다.

아침에는
운명 같은 건 없다.
있는 건 오로지
새날
풋기운!

운명은 혹시
저녁이나 밤에
무거운 걸음으로
다가올는지 모르겠으나
아침에는
운명 같은 건 없다.[30]

아침에는 중앙홀을 중심으로 정신을 만난다. 워낙 기운이 풋풋해 운명 같은 것은 없다. 설사 저녁이나 밤에 축 늘어진 나에게 운명이 엄습해온다 할지라도 아침에는 의기충천하노라. 마치

---

30 정현종의 시, 아침에는 운명 같은 건 없다

젊은 시절에는 노년 시절이 두려운지 모르는 것처럼 말이다. 중앙홀, 이곳은 학교 내의 중심이 될 수밖에 없다. 새벽에 동이 틀 때 인문관이 빛을 받아 생기는 아우라를 통해 정말 '새날, 풋기운!'을 느낀다. '운명이 혹시 저녁이나 밤에 무거운 걸음으로 다가올지 모르겠으나', 인문관과 그것의 아우라를 보고 있노라면 이렇게 말하게 된다.

"아침에는 운명 같은 건 없다."

윤인구는 그 정신을 이 홀에 표현하고 싶어했다. 그런데 그 역사적 맥락과 윤인구의 정신에 대한 사전 지식이 없는 건축비평가 교수의 눈에 그것이 정확하게 인지될 수 있다는 것이 놀라웠다.

윈스턴 처칠은 "우리는 건물을 만들고, 건물은 우리를 만들어간다"라고 말했다. 전해지는 이야기는 없어도 인문관은 지난 60년 이상 이 자리에서 학생들에게 그 정신을 이야기해주었다. 인문관은 문화유산으로서 앞으로도 영원히 그 이야기를 학생들에게 전해줄 것이다.

세상에 진리의 종소리를 울릴
인재들을 위하여

이 건물의 준공식에 국내외 주요 인사들이 초대되었다. 문교부 장관은 '궁궐 같다'라고 했고, 유네스코에서는 "어떻게 이런 낭비가 있을 수 있는가?"라고 분개했다. 그들의 원조로 살아가는 '가난한 나라의 불쌍한 대학과 학생'이라는 인식의 틀에서 우리를 쳐다본 것이다.

윤인구의 생각은 달랐다. 이 정도의 건물은 청년 학생들을 위해 꼭 있어야 한다고 생각했다. 윤인구는 학생들이 온 세상에 진리의 종소리를 울릴 인재이며, 호연지기를 기르고 큰 인물을 내기 위해서는 그만한 건물이 필요하다고 생각했다. 그는 이 건물에 정신을 담았던 것이다.

"이 건물은 뒷산인 금정산의 위세에 눌리지 않고, 그것을 이겨내는 기상을 가져야 한다."

윤인구의 말이다.

대대손손 가난에 찌든 나라, 식민지 종살이를 지나 6·25 전쟁으로 폐허로 변해버린 나라, 1959년 이 홀 중앙에 서서 세상을 바라보던 청년을 생각해보라! 그들의 가슴에 임한 하늘의 광명을 생각해보라!

인문관 건립 당시를 생각해보자. 윤인구는 국민소득 67불 시대에 그런 인문관을 지었다. 나는 지난 60년의 금값 변동과 우리나라의 경제성장을 종합적으로 고려하여 '인문관 건립은 현재 2조 원 정도의 건물을 대학 안에 짓는 것과 비슷하다'라는 결론을 얻었다.

지금의 건물은 대부분 실용성과 경제성을 가장 중요한 가치로 설계된다. 그런데 윤인구는 공간 개념으로 보면 약 25퍼센트 이상의 건축비를 비실용적인 곳에 투자한 셈이다. 하늘의 광명이 임하는 중앙홀, 만사에 구애받지 않는 자유함을 표상하는 필로티 공간, 금정산을 이겨내는 청년의 기상을 표현한 높은 층고(層高) 등에 아낌없이 투자한 것이다. 지금 시대에 2조 원으로 건물을 지으면서 5,000천억 원을 비실용적인 가치에 투자하는 사람을 기대할 수 있는가? 아무도 없다고 단언할 수 있지 않을까? 그렇다면 이 놀라운 건설의 설계자는 하나님이었다고 인정할 수밖에 없다.

윤인구는 어떻게 해서 대학의 설계와 완성에 이르기까지 하나님의 뜻을 온전하게 받아서 실천할 수 있었을까? 그 답은 1949년 윤인구의 교육과 종교라는 강연에서 찾을 수 있다.[31]

윤인구는 우리 민족 중에서도 위인, 영웅, 대선도자를 길러낼 수 있다는 '믿음과 종교적 신념'이 그 답이라고 말한다.

> 브라우닝의 시에서와 같이 "믿음은 마른 나뭇가지에서 새 봄을 찾으며 작은 알 안에서 종달새의 노래를 듣는다"는 것이며, 현실이, 조선이, 이 민족 속에도 위인과 영웅과 대선도자들을 불러낼 수도 있고 뽑아낼 수도 있으니, 이는 한갓 교육자, 차디찬 교육가의 기쁜 마음으로 되는 것이 아닙니다. 종교적 신념에 그가 사로잡히지 않고는 되지 않습니다.[32]

---

31 김기열, '이 땅에 한 스승 계셨네', 그루터기
32 윤인구, '교육과 종교' 강연 중에서, 1949년

부흥의 우물

15

이것이 내 아들
예수의 길이니

부산대에 지성소가
있었다

제자 정권섭(전 동서대 총장)의 증언이다.

"총장님의 집무실은 기도실이었고 제도실이었다. 윤인구는 부산대 장전동 캠퍼스 개발이 시작되자 캠퍼스 가장 중앙에 첫 건물로 프린스턴 대학의 한 건물을 본딴 채플을 세웠다. 윤인구는 이 건물에서 기도하면서 부산대 전체를 개발해나갔다. 이는 대학을 설립하고 발전시키는 원동력이 하나님께 있음을 고백하는 것이다. 그는 건물 하나하나에 하나님의 마음을 담았다."

윤인구는 항상 '어떻게 하면 하나님께서 기뻐하시는 대학교를 만들까'를 고민하였다. 국립대였음에도 불구하고 당시에는 입학식과 졸업식 등 주요 행사는 예배였다. 모든 예식에서 성가대가 하나님께 영광을 올려드렸다. 다음 페이지의 사진은 1958년 성탄축하 기념 예배를 드리는 모습이다. 수업의 시작과 끝을 알리는 것은 이 채플의 종탑에서 울리는 종소리였다. 이 채플은 윤인구가 하나님을 만나는 지성소였다.

1959년에는 전국하기기독학생대회가 이 지성소에서 열렸다. 이 나라 이 민족을 가슴에 품은 거룩한 청년들이 모여들었고, 은혜받고 도전받아 주님께 삶을 드렸다. 약 60년 전, 정말 하나님의 은혜가 풍성했다. 물질로는 가장 가난했지만, 영적으로는 온전히 하나님의 은혜를 체험한 시기였다. 사진 속에서 연설을 하고 있는 학생의 열정과 헌신이 느껴진다. 이런 젊은이들이 있었기에 우리나라가 하나님의 복을 받은 것이 아닌가? 거룩한 다음세대, 나라의 장래를 맡길 수 있는 청년들이 이런 대회를 여는 모습을 보고 싶다.

그러나 지금은 하나님 말씀이 선포되던 강대상이 있던 자리에 인간이 쓰던 깨진 항아리가 귀중한 유물이라며 그 자리를 차지하고 있다. 하나님의 말씀을 듣던 사람들이 앉아 있던 자리에는 녹슨 칼, 인골, 쓰던 그릇 등이 유물로서 자리 잡고 있다. 박물관이 된 것이다.

고고학도 중요하고 유물도 중요하다. 그것들을 탓하고 싶은 마음은 없다. 다만 이것이 오늘 우리의 영적 현실을 그대로 반영하고 있는 듯해 가슴이 아프다. 우리나라에는 하나님의 자리를 얼마나 많은 세상의 물건들이 차지하고 있는가? 현실 세계는 영적 세계에서 일어난 일을 반영한다. 박물관으로 변한 지성소는 하나님의 영이 부산대에서 떠난 후 발생한 결과이다.

"윤인구를 세상에 드러내라!"라는 명령을 주신 주님께서 박물관

안으로 들어가서 기도하라는 마음을 주셨다. 옛 강대상 앞에서 기도하니 "이 장소에서 다시 예배가 드려지고 하나님의 영광이 임할 것을 기도하라"고 하신다. '국립대학교 안에서 그런 일은 도저히 일어날 수 없다'고 생각했다. 그러나 기도할수록 하나님께서 반드시 이룰 것이라는 믿음을 주셨다.

나는 이제 확신 가운데 선포한다. 주님이 주신 마음이기에 주님께서 이루실 것이다. 이 장소가 온전한 예배의 장소로 회복되는 날, 부산대학교에 교회가 다시 서는 날을 기대하고 기도한다. 그날은 다시 하나님의 영광이 부산대와 함께 할 것이다. 박물관은 좋은 건물을 지어 이사 보내고, 여기는 1950년대의 모습으로 온전히 회복하는 일이 일어나야 한다. 이제 여기에서 모든 부산대 학생들에게 윤인구의 마음에 있던 부산대의 건학정신을 유업으로 이어받도록 하는 것이 내 꿈이다. 그것은 윤인구의 꿈이고, 또 하나님의 꿈이라고 믿는다. 이것이 회복되면 진리의 종소리가 더 힘차게 온 세상으로 울려 퍼질 것이다.

눈앞에
가나안을 두고서

부산대 캠퍼스의 완성을 앞두고 윤인구는 쫓겨나듯 대학을 그만두게 된다. 윤인구는 그 과정을 다음과 같이 설명하고 있다.

내(윤인구)가 1946년에 부산대학을 세운 이래, 옳은 책임자가 없어서 도 학무국장으로 있으면서 학장 서리로 일한 것이 여러

위로부터 채플에서 드리는 성탄축하 예배 모습. 전국기독학생하기대회 모습. 윤인구가 직접 설계한 석조전 채플

해였고, 그 뒤 대학장이 되고 종합대학 총장으로 만 6년을 재임하여 총장 임기가 다 되었다. 전후 15년간 부산대학교와 인연을 맺은 것이다.

당시 교육법에는 총장을 교수회에서 투표하여 결정하게 되어 있었다. 문교부 장관은 나를 다음 기의 총장으로 추천할 모양이었다. 나는 대학의 운영보다 한 사람의 교수로서 내가 세운 대학에서 강의하는 것을 영광으로 알았기 때문에 고사했다. 그런데도 장관이 나를 추천해왔다. 내가 총장에 뜻이 없다는 것을 알아차린 교수들은 구수회의를 하고 밀의를 하기도 하여, 교수회의에서 부표를 던진 사람이 많았다.

나의 총장 연임이 부결되고 나자 당을 지어 다니면서 차기 총장이 되기 위한 운동을 하고 다니는 사람들이 있었다. 나는 그런 일을 예기하고 있었으나, 대부분 교수들에게는 의외였다. 눈앞에 총장이라는 '감투'가 어른거리니 일부 인사들이 술렁거리기 시작한 것이었다. 그때의 다수 학장들, 처장, 과장들도 감투싸움에 휩쓸려 들어간 것 같았다. 나로서는 사실 어이없는 일로 느껴졌고, 한국 대학에는 아직도 윤리가 서 있지 않다는 생각마저 들었다.

문교부는 대학과 교수들이 정상을 찾을 때까지 나를 총장서리로 임명했다. 그리하여 그 해도 저물고 다음 해인 1960년이 되었다. 그해 3.15 부정선거로 인하여 마산에서 시위가 시작되어 각지에서 연달아 데모가 일어나 4 · 19로 발전하고 말았다. 이어 과도 정부가 들어서자 문교부에서는 대학총장이 책임지고 사표를 내라고 했다. 내용인즉 이승만 대통령의 사령을 받았으니 함께 물러가라는 것이었다. 나는 그 자리에서 사표를 써서 내던졌다. 그것이 부산대학교를 위하여 전후 15년간 심혈을 기울인 대가였다. 나는 부산대에서 송별식이나 대가를 받은 일이 없다.

배반의
상처

혼란했던 당시에 모 교수가 학생들을 몰고 윤인구가 사는 집 앞까지 와서 고함을 쳤다. 심지어 "윤 총장이 쫓겨나서 그 집을 판다더라"면서 집을 사려고 보러 오는 사람까지 있었다. 윤인구가 받은 상처가 과연 어떠했을까? 다음 글에서 그의 마음을 조금이나마 느낄 수 있다.

> 나는 해방 후 한 일들, 교육과 이 부산대를 위하여 바친 수고를 헛된 것이라고 생각하지 않는다. 그러나 내가 받은 마음의 상처, 그 배신당한 것 같은 상처는 쉽게 없어지지 않았다. 그러한 일들이 기억에도 남아 있지 않을 정도로 되기까지는 10-15년의 세월이 흘러야 했다. 그래서 지금은 아무 괴로움이나 아픔을 느끼지 않게 되었다.

학내에 윤인구가 대학 공금을 횡령하고 집을 으리으리하게 꾸며 놓고 산다는 소문이 돌았다. 성난 학생들는 윤인구의 집으로 몰려갔다. 손에 각목과 큼지막한 돌멩이를 들기까지 한 데모대가 온다는 소

부흥의 우물

식을 들은 윤인구는 피신하고, 정권섭 군이 대신 데모대를 맞았다. 그들은 집 앞에서 성명서 같은 것을 낭독했다. 정 군은 소문이 사실이 아니라고 설명하고, 데모대의 대표 몇 명을 윤 총장 집으로 들어오게 해 조사하도록 요청했다. 집은 너무나 검소했다. 데모대는 이상한 점이 없다며 돌아갔다. 온 삶을 바쳐 사랑한 대학교, 학생들, 그리고 동료 교수들의 배반은 윤인구를 지옥의 구렁텅이로 몰아갈 만큼 강력했다. 그가 이 모든 아픔을 신앙으로 넘어가는 데 15년이 걸렸다.

하나님의 구름기둥과 불기둥의 역사 이후에 벌어진, 정의가 불의에 의해 내몰리는 기가 막히는 상황을 알게 되면서, 나는 기도에 깊이 들어갈 수밖에 없었다. 하나님의 위대하심을 세상에 드러내는 방향성을 기지고 나아가던 다큐멘터리 제작이 갑자기 암초에 부딪혀버린 것 같았다. 도대체 이 다큐멘터리를 어떻게 끝맺어야 하는가? 해피엔딩을 기대하다 파국의 결말을 예상하게 된 것이다. 내가 어떻게 역사를 바꿀 수 있는 것도 아니고, 다큐멘터리는 있는 그대로를 표현하는 것이어야 하기에 난감했다. 하나님의 뜻을 구하는 것 외에 다른 길은 없었다.

임종을
앞두고

1960년 5월 윤인구는 부산대에서 물러난 후, 1961년 12월 연세대 3대 총장으로 초빙받고 부임했다가 1964년 사직하였다. 나는 윤인구의 일생 이야기가 마무리되는 시점인 그 마지막 6년의 모습이 몹시 궁금했다. 그것은 회고록에도 나와 있지 않았다. 고혈압 등 지병이 생겼고, 반신불수로 말도 한마디 할 수 없었다는 이야기를 전해 들었다. 그는 말년에 중풍으로 몸의 절반이 기능을 상실했다. 걷지도 못하고, 그 후 임종할 때까지 한마디도 할 수 없었다. 그러니 글은 남길 수 없었을 것이다. 그러나 더 자세한 이야기를 듣고 싶었다. 기도했다. 그랬더니 너무나 뜻밖에 우리 다큐멘터리 제작팀의 학생 감독을 맡은 서상영 군이 놀라운 소식이 있다며 보고를 해왔다.

"교수님! 우리 교회 목사님께 윤인구 총장님 이야기를 전해드렸더니, 우리 목사님이 총장님 임종하시기 얼마 전까지 전도사 시절에 그 댁에 가서 예배를 인도했다고 하셨습니다."

얼마 후 우리는 H 목사님을 통해 윤인구의 마지막 모습에 대한 생생한 증언을 들을 수 있었다.

"제가 전도사일 때 주일에 그 댁을 방문해서 예배를 드렸습니다. 제가 총장님 댁에 들어서면 하얀 무명 한복을 곱게 입으시고 기다리고 계셨습니다. 제가 가면 두 분 다 반가이 맞아 주셨습니다. 방덕수 권사님께서 이따금 하얀 손수건을 가지고 총장님 입에서 침이 흐르는 것을 닦아 주셨지요. 제가 설교하는 중에 '우– 우–' 하는 알아들을 수 없는 소리를 내셨는데, 그것은 분명 슬픔이나 한탄이 아니라, 뭔가 가슴에 강한 감동이 있다는 느낌이었습니다. 두 분이 함께 예배를 위해 우리를 기다리시던 모습이 눈에 선합니다."

나는 그의 말을 듣는 내내 눈물을 참았다. 마음이 너무나 힘들었다. 내 속에서 하나님에 대한 원망이 올라왔다.

"하나님, 도대체 왜 그러셨습니까? 온 세상을 돌고 돌아 진리를 찾고, 그 진리로 당신이 사랑하라고 한 이 나라의 청년들을 죽도록 사랑하고 자신을 온전히 내어준 분이 아닙니까? 최고의 지성, 모든 스승의 모델, 당신께 순종한 종이 아닙니까? 최소한 그의 인생 말년을 조금만 더 아름답게 마무리할 수 있도록 해주셔야 하는 것이 아닌가요? 사람들에게 '너의 하나님이 어디 계시냐?'고 손가락질 받을 길을 걸게 하시다니요! 만약 나에게 이런 길을 걸으라고 하신다면, 저는 도저히 못 할 것 같습니다. 주님….'

그런데, 기도 중에 이런 마음을 받았다.

"이것이 내 아들 예수의 길이었다. 내 종 윤인구는 예수를 따라 살았다. 나는 네가 현세를 넘어서 영생을 바라보는 신앙으로 진일보하기 원한다."

예수님의 십자가를 생각해보았다. 윤인구가 반신불수가 된 주 원인은 일제 말기 용산 유치장에서 당한 고난 때문에 생긴 신경병과 제자들과 동료 교수들의 배반으로 인한 마음의 상처였다. 그것은 그의 십자가였다.

"아멘! 주님, 나의 한계를 인정합니다. 이 세상에서의 결론은 진정한 결론이 아닙니다. 이것을 깨닫게 하시니 감사합니다. 나도 십자가를 회피하지 않게 능력을 주옵소서!"

십자가를 지는
순종의 종

진정한 순종의 종은 주께서 주신 모든 것, 고난까지도 기쁨으로 승화시키는 자이다. 윤인구는 말했다.

"진보하는 사회에는 언제나 숨은 속죄의 양이 있다."

나는 윤인구의 일생이 모세와 많이 닮았다고 생각했다. 역시나, 그에게도 동일하게 가나안으로 들어가는 은혜가 허락되지 않았다. 부산대가 50만 평의 캠퍼스에서 아름다운 무지개문과 인문관(구 대학본관)을 완성하고 대학의 다른 건물들도 자리를 잡았다. 캠퍼스의 완성이 코앞이었다. 1959년 4월 5일에는 식목일을 맞이하여 5만 그루의 나무를 심었다. 지금 부산대학교는 그때 심은 나무들로 인하여 숲이 아름다운 대학이 되었다.

그러나 가슴 아프게도, 윤인구는 새 건물(현 인문관)의 총장 집무실을 쓰지도 못하고 쫓겨나듯 대학을 물러났다. 15년간 모든 사랑, 열정, 헌신을 다 드리고 사랑했던 사람들로부터 마음의 상처를 안고 떠나야 했던 것이다. 총장실 벽에 붙어 있던 부산대 캠퍼스 사진이 든 액자 하나만 떼어 집으로 들고 왔다고 한다. 그는 농담처럼 웃으며 말했다.

"내 부산대에서 15년 일하고 이거 하나 건졌다."

1986년 1월 25일, 그는 하나님의 부름을 받았다.

3부／우리가 부를 노래

윤인구 다큐멘터리 제작보고회에서 함께 새 노래를 부르고 기도했다.

16

그의 노래를
내게 주시다

50년 만에
드리는 예배

2008년 봄이 되었다. 그때까지 1년 동안 하나님의 인도하심이 놀라웠다. 나는 그동안 기독교수신우회에 윤인구의 다큐멘터리를 제작하는 중이라고 알렸다. 간간이 깨닫게 된 순종의 종 윤인구에 대한 소식도 전했다. 그러나 다큐멘터리를 완료하기 위해서는 아직도 가야 할 길이 멀었다. 김우현 감독의 버드나무팀이 도와주었지만 우리가 해야 할 몫이 많이 있었다. 초보인 우리 학생들과 나로서는 감당하기 버거웠다. 나는 위기의식을 느끼기 시작했다. 이대로 가다가는 5월 15일까지 끝내기 힘들다는 생각을 했다. 이 다큐멘터리를 완성하기에는 강력한 하늘의 은혜가 필요했다.

나는 부산대학교에서 50년 만에 예배를 드리고 싶었다. 기독교수들과 학생 대표들에게 5월 15일 역사적인 날, 하나님께서 부산대학교에 역사하신 것을 기념하는 부흥찬양 예배를 드리고, 그것을 준비하기 위해 40일간 매일 정오 기도회를 하자고 제안했다. 우리 모두 그날을 기도로 잘 준비해야 한다는 마음이었다. 많은 교수들이 흔쾌히 동의해주었다. 기도할 장소를 어디로 할지가 고민이었다. 주님은 윤인구가 50년 전까지만 해도 예배를 드리던 박물관, 곧 과거의 채플 앞으로 우리를 인도하셨다. 그곳에서 정오 기도회를 열었다. 박물관 앞은 사람들이 점심시간에 많이 오가는 곳이었다. 우리는 그곳에서 고형원 곡, '우리 함께 기도해'를 불렀다.

> 우리 함께 기도해 주 앞에 나와 무릎 꿇고
> 긍휼 베푸시는 주 하늘을 향해 두 손 들고
> 하늘 문이 열리고 은혜의 빗줄기 이 땅 가득 내리도록
> 마침내 주 오셔서 의의 빗줄기 우리 위에 부으시도록

부산대학교의 기독인이라면 이 일을 알고 참여하는 것이 좋겠다는 생각이 들었다. 엽서 형태로 초청장을 만들었다.

나는 초청장에 선포의 내용을 담았다. 2008년이 부산대학교의 희년이며 아울러 50년만에 예배를 회복하는 것이라고. 이제 빛이 바랜 사진처럼 아무도 거들떠보지 않는 진리 · 자유 · 봉사의 교훈을 우리 대학의 핵심 가치로 부활시키자고 했다. 덮었던 부흥의 우물을 다시 파고, 무너진 성벽을 다시 수축하는 느헤미야의 자세로 기도하며, 주님이 다시 오실 길을 예비하자고 했다.

처음에는 5명 정도가 시작한 기도회였다. 나중에는 60명 이상으로 늘어났다. 매일 정오, 부산대학교 교정에 찬양이 울려 퍼졌다. 장소는 캠퍼스의 중심부, 옛 채플이 있던 자리였다.

하늘의 광명을
촬영하라

정오 기도회가 진행되면서 중보기도의 도움을 받았다. 다큐멘터리는 순항하며 마무리 작업을 향해 가고 있었다. 그때 다큐멘터리의 시작 타이틀 영상이 매우 중요하다는 말을 들었다. 그러고 보니 제대로 만들어진 영화나 다큐멘터리는 타이틀 영상이 잘 만들어져 있었다. 우리는 비록 초보들이지만 좋은 타이틀 영상을 만들고 싶었다.

나는 다큐멘터리 제작에 참여하는 학생들에게 이 다큐멘터리의 타이틀 영상으로 쓸 장면을 촬영하되, 인문관에서 '하늘의 광명'을 촬영할 것을 지시했다. 윤인구의 총장 취임사와 인문관 디자인 등에서 보듯, '하늘의 광명'은 윤인구 일생의 주제였다. 나는 학생들에게 '너무 어려운 주문을 한다'고 생각했다.

학생들은 부지런히 카메라를 들고 인문관 앞을 왔다 갔다 했다. 나는 거의 매일 학생들을 독려했고, 학생들이 촬영을 나갔다 오면 좋은 장면을 촬영했는지 물었다. 몇 주가 지나자 학생들은 도저히 능력 부족이니 전문가의 도움을 받고 싶다고 했다. 나는 즉각 전문가를 수배하여 '하늘의 광명'을 촬영해달라고 부탁했다. 전문가는 며칠 작업하더니 크레인 영화 촬영 장비를 사용할 수 있도록 예산을 지원해달라고 했다. 그것도 지원했다. 그러나 며칠 후 도저히 못하겠다고 그도 두 손을 들어버렸다. 나에게는 아무런 대책이 없었다. 나는 또 기도했다.

"하나님 하늘의 광명을 반드시 촬영해야 합니다. 도와주세요."

며칠 후, 바람이 불어오기 시작했다. 내 심령에도 성령의 바람이 불어왔다. 학과 수업을 마치고 오후 5시 무렵이었다. 나는 학생들에게 처음으로 방송용 카메라 사용법을 대충 배웠다. 그 카메라를 들고 인문관 앞으로 갔다. 나는 그 자리에서 너무나 드라마틱한 장면에 압도되고 말았다. 하늘의 광명이 인문관의 유리창에 투영돼 있었다. 평소에는 어두웠던 유리가 그날 바로 그 시간에 하늘의 빛을 반사하고 있었다. 성령의 비람을 타고 온 흰 구름이 인문관의 창을 흘러가고 있었다. 장관이었다.

"오, 하나님! 이렇게 아름다운 광경을 내 인생 가운데 목도하게 하시니 감사합니다."

그날의 구름은 성령께서 남태평양에서 몰고 오신 것이었다. 나는 떨리는 손으로 카메라를 삼각대 위에 세우고 단번에 그 장면을 촬영했다. 다큐멘터리의 타이틀 영상을 본 사람들은 그것이 컴퓨터 그래픽(CG)으로 합성한 영상인 줄 알았다고 이야기한다. 기도가 차면 단번에 놀랍고 비밀한 일을 이루어주시는 하나님이시다.

나는 그 후로 바람이 부는 날이면 인문관에 비친 흘러가는 구름의 놀라운 장면을 기대하면서 하늘을 본다. 그 뒤 10년을 기다렸지만, 그 구름

'하늘 열고 광명을' 다큐멘터리 영상.

은 다시 오지 않았다. 그날의 구름은 하나님의 특별한 선물이었던 것이다. 이 영상을 보려면 유튜브에서 '하늘 열고 광명을'을 검색하거나 스마트폰으로 보려면 QR코드를 촬영해보라.

작곡 1 :
'하늘 열고 광명을'

윤인구의 정신 세계을 알아가고 점점 깊이 느끼게 되자, 나는 다큐멘터리 영상에 하나님의 마음을 담을 수 있는 노래가 있어야 한다고 생각했다. 내레이션만으로 모든 것을 표현할 수는 없었다. 윤인구의 일생을 활자화하여 시적으로 표현하고 아무리 최고의 성우가 녹음한다고 해도, 보는 이의 가슴 속에 윤인구의 마음이 그대로 심어지기는 불가능했다. 오직 음악만이 50년을 넘어 이미 사라진 역사 속의 마음을 오늘 우리에게 연결해줄 수 있다는 것을 나는 깨닫고 있었다.

나는 그때부터 "작곡가를 보내주십시오"라고 기도했다. 하나님을 사랑하는 작곡가가 있어야 한다고 간절히 부르짖었다. 몇 달이나 작곡가를 구했다. 하나님의 은혜로 한 작곡가 자매를 소개받았다. 그 자매는 다큐멘터리 제작을 위한 우리의 목요기도회에 몇 번 참석했고, 이 일의 매력에 점점 깊이 빠져들었다. 그런데 문제가 발생했다. 자매는 영상이 완성되어야 영감을 받아 작곡을 할 수 있다고 했다. 그러나 영상을 완성해야 할 시간이 임박했지만 점점 늦어지고 있었다. 그러니 작곡은 착수하지도 못했다.

나는 어떤 곡이 있어야 하는지, 내가 구상한 것을 자매에게 설명했다. 윤인구의 삶과 사랑과 신앙도 전달하려고 노력했다. 그것을 알려주면 영상이 없어도 미리 작곡을 할 수 있지 않을까 생각해서였다. 그러나 내가 윤인구에 대해 깨달은 깊은 은혜를 자매에게 말로 전달하기는 불가능했다. 나는 기도했다.

"하나님, 내 마음속에 윤인구 초대총장님이 계신데, 그것을 이야기해서 자매에게 넘겨주는 것이 너무 어렵습니다. 어떻게 해야 합니까? 도와주십시오. 아무런 방법이 없습니다."

이렇게 시작된 기도였는데, 어느새 음악이나 작곡 이론도 모르는 내가 하나님의 마음으로 그 곡을 지어 노래할 수 있게 해달라고 기도하고 있었다. 그때부터 틈만 나면 나는 그 노래를 부르려고 노력했다. 악보도 없고 한 번도 들어 보지 못한 노래나. 그것은 윤인구의 마음에 있던 노래였을 것이다.

나는 오래전부터 50년, 60년, 70년 전에 분명히 그의 마음에 있던 그 노래를 부르고 싶었다. 그러나 나는 언어장애인이었다. 고장난 발성기관을 숙명으로 받아들여야 하는 언어장애인처럼, 번번이 그 노래를 부르는 데 실패했다.

그렇게 기도한 지 한 달이 지났다. 나는 교회의 금요철야예배 마지막 시간에 방언으로 기도하고 있었다. 그때 하늘이 열리고 있다는 것을 느꼈다. 사람들의 기도 소리와 내 기도 소리가 섞여 하늘로 올라가고, 하늘에서 한 줄기 영이 내려오고 있었다. 내 영과 하늘의 영이 만나면서 한 번도 들어보지 못한 새 노래가 방언 찬양으로 터진 것이었다.

"하늘 곡조가 언제나 흘러나와 내 영혼을 고이 싸네."

찬송가의 가사처럼 그것은 하늘의 곡조였다. 너무나 감동적이고 아름다운 가락이 내 입에서 흘러나왔다. 나는 하나님의 은혜를 느끼면서, 그 노래가 바로 윤인구의 노래라는 것을 직감했다. 나는 그 노래를 계속 불렀다. 윤인구가 공부를 마치고 귀향을 결정할 때 마음속으로 품었던 진리의 확신, 넘치는 사랑, 화살과 노래의 시에서 이야기하던 그 노래였다. 이 기묘한 노래에 나는 감동했다. 그 시간에 성령께서 시공간을 초월해 윤인구와 나의 마음을 이어 주시고, 또한 내 능력의 한계를 넘어 작곡하는 경지에 이르도록 사용하고 계셨다. 정말 놀라운 경험이었다. 나는 음악을 잘 모른다. 그러나 하나님의 영이 임하니 작곡가로 변한 것이다. 그러나 그뿐이었다. 그날 기도회가 끝나고 그 노래를 기억하려고 노력했지만, 첫 번째 소절은커녕 첫 음조차 기억나지 않았다. 허망하기 그지없었다. 나는 다시 간절해졌다.

하늘 열고 광명을 악보 첫 페이지.

부흥의 우물

"성령 하나님! 그 기회를 한 번 더 주세요."

그 후 나는 MP3 녹음기를 목에 걸고 다녔다. 다시 그런 순간이 오면 반드시 녹음하리라 마음먹고 있었다. 몇 주 지나, 나는 기도 시간에 하늘에서 내려오는 그 노래를 다시 부를 수 있었다. 하늘을 가르고 임하시는 성령의 능력이 내 마음을 휘어잡았다. 환희의 기쁨이 내 영에 밀물처럼 흘러들어왔다. 노래는 성전을 가득 채웠다. 내 노래는 다른 사람들의 기도 소리와 함께 거대한 하모니를 이루며 하늘의 영광을 선포하고 있었다. 우리의 영이 주님의 임재로 인해, 충만한 그분의 사랑과 하나가 되는 장면이었다.

이 곡은 다큐멘터리의 오프닝 타이틀 곡이 되었다. 내 목소리를 Mp3에 녹음해 나중에 작곡가 자매가 듣고 악보로 만들어준 것이다. 내가 성령의 도움으로 받은 곡이지만, 전문가가 볼 때 부족한 것이 있으면 말해달라고 요청했다. 그 의견을 존중해 수정했다. 나의 부족을 인식하고 합력하여 선을 이루었다. 자매는 이 곡이 분명 성령 하나님이 작곡하신 것이라고 인정했다. 자매가 이것을 현악 4중주곡과 합창곡으로 편곡해주었다. 지휘자 P교수는 악보를 보더니 "이것은 하늘에서 내려온 곡이다"라고 말했다.

작곡 2 :
'대학을 떠나며'

성령님의 도움으로 작곡한 또 다른 곡이 있다. 어느 날 인터뷰에서 위대한 스승이 임종을 앞둔 모습을 만나고 난 다음이었다. 윤인구의 말기에 관한 인터뷰였다. 최후까지 모든 사랑을 다 주고 하나님께 순종한 종에게 그런 아픔의 시간이 있었다니…. 마음에는 하나님께 따지듯 원망이 가득했다. 예수님의 십자가가 생각났다. 예수님처럼 하나님께 버림받은 심정은 어떠했을까! 내 속에서 거룩하게 정화된 애통이 올라오고 있었다. 그것은 1960년 대학에 사표를 던지고 아무도 배웅하지 않는 송별의 걸음을 옮기는 윤인구의 마음, 바로 그것이었다.

나는 차에 시동을 걸었다. 그 순간 뜬금없이 기도가 터져나왔다.

"하나님, 이제는 윤인구의 마음에 있는 그 곡을 제게 주셔야지요."

나는 거절할 수 없는 요구를 하듯 하나님께 기도드렸다. 나는 하나님이 그 곡을 반드시 주실 것을 믿었다.

자동차가 교회 주차장을 서서히 떠나는 순간, 내 입에서 아름다운 곡이 흘러나왔다. 나는 이전부터 윤인구의 마음을 담는 곡은 첼로 연주곡일 거라고 생각했다. 내 입에서 흘러나온 곡조와 멜로디는 바로 첼로를 위한 곡이었다. 나는 그 곡의 첫 시작부터, 그것이 윤인구의 마음이라는 것을 단번에 알아차릴 수 있었다.

나는 '이 곡이 윤인구의 마지막 일생을 표현하기에 당연히 슬픔을 내포하고 있을 것이다'라고 지레짐작하고 있었다.

'그런데 왜 슬프지 않지?'

나는 그것이 이상했다. 힘들게 발걸음을 옮기는 듯한 느낌은 있었지만, 말로 표현할 수 없이 비장한 아름다움이 있었다. 마지막 꿈이 꺾이는 바로 그 순간에, 그가 '나는 떠나가지만 하나님의 무한하신 사랑이 여기에 계속 있을 것'을 믿음으로 노래하는 듯했다.

창조의 능력
순종의 비밀

하나님의 능력이 궁극적으로 인간과 다른 것이 무엇인가? 그것은 무에서 유를 창조하는 것이다. 내 능력이 아니라 하나님의 능력이라면 우리에게도 무에서 유가 창조되듯 일이 이루어지는 것이다. 홍해 앞에 선 모세를 생각해보라! 애굽 군대는 쳐들어오고 백성은 홍해 바다 앞에서 울부짖고 있다. 도저히 길이 없는 상황에서 모세는 하나님을 찾았다. 그때 이런 명령을 듣는다.

"지팡이로 바다를 치라."

그것은 순종 아니면 아무런 의미도 없는 행동이었다. 바다가 갈라진 것이 모세의 능력인가? 지팡이의 힘인가? 아니다. 그것이 힘이라면 순종의 힘이다. 순종하면 무에서 유를 창조하는 하나님의 역사가 나타나는 것이다. 도저히 작곡할 능력이 없는 음악의 문외한이 하나님께 도움을 구했다. 그리고 "네 목소리로 노래를 부르라"는 명령에 믿음으로 순종했다. 그리고 기적이 일어났다. 나의 작곡은 그런 순종으로 이루어졌다.

나는 이 일을 겪은 후, 청년들에게 자신의 능력으로 살아가는 인생 방식으로 불쌍하게 살지 말라고 말한다. 그것은 세상 사람들이 사는 방식이다. 하나님의 자녀는 하나님의 능력으로 산다. 하늘이 땅에 임하게 하는 삶이다. 하나님 나라의 통치 방식은 땅에서도 일어날 수 있다. 우리는 세상이 감당치 못하는 자로서, 세상을 이기는 자로서 살아갈 수 있어야 한다.

17

슬픔과 애통이
없는 까닭

하늘 열고 광명을,
노래 가사를 쓰다

윤인구의 마지막 모습에 대한 가슴 아픈 인터뷰를 하고 온 다음날이
었다. 내 가슴에는 윤인구의 아픔이 고스란히 남아 있었다. 아내가 말
했다.

"여보, 어제 저녁에 기도하는데, 하나님께서 윤인구의 삶을 순교로
받으셨다고 하셨어요."

그때 성령께서 강력하게 내 마음을 만지셨다.

"아! 꼭 다른 사람에 의해 죽임을 당하는 것만이 순교가 아니군요.
윤인구와 같이 순종의 삶을 살다간 경우도 가장 영광스런 순교로 받
아 주시는군요."

내 마음속에 하나님의 뜻이 새로워지고 있었다. 아픈 마음이 정화

되기 시작했다. 곧 감사와 찬송이 흘러나왔다. 바로 그때 윤인구의 노래를 위한 가사가 생각나기 시작했다. 그것 역시 성령의 은혜로 노랫말이 탄생하는 순간이었다.[33]

1. 하늘 열고 광명을
   사랑하는 저들 가슴에
   장벽 헐고 신선한 공기를
   마음껏 호흡하게 하소서

2. 선한 싸움 싸운 뒤에
   나의 달려 간 길 마치고,
   믿음을 지켰으니
   면류관 날 위하여 예비됐네

3. 나의 사랑 나의 자녀
   내가 너를 기뻐하노라
   생명의 강물이
   온 세상 끝까지 흐르리라

순식간에 3절의 노랫말이 탄생했다. 1절은 윤인구가 자신의 삶을 드려 헌신할 때의 노래이다. 2절은 반신불수로 마지막 시간을 보낼

---

33 김재호 시, 하늘 열고 광명을-윤인구의 마음으로

때 윤인구가 바울의 마음으로 부른 노래이다. 3절은 윤인구와 우리를 맞이해주시는 하나님의 노래이다.

그리고 몇 년 뒤의 일이다. 잘 아는 지휘자로부터 연락이 왔다. 교회 예배의 오프닝 곡으로, 성가대 합창과 더불어 이 곡을 사용하고 싶다고 했다. 비교적 큰 교회였다. 그 교회 성도에게 큰 은혜가 있었다고 들었다. 감사하게도 이 곡을 알게 된 사람들은 모두 이 곡을 사랑한다. 나는 언젠가 대규모 오케스트라와 합창단이 이 곡을 함께 연주하는 것을 보고 싶다. 하나님께서 반드시 그렇게 해주시리라 믿는다.

성령님의
영상 편집

나는 학부 3학년 서상영 군에게 학생 감독을 맡겼다. 아마추어로서 교회에서 영상물을 몇 편 만들어본 경험이 전부였다. 우리는 함께 기도하며 만들어갔다. D-day인 2008년 5월 15일이 다가왔다. 학생들은 각자 자기가 맡은 일을 열심히 했고 분주하게 움직여주었다. 수많은 인터뷰와 영상 기록들이 검토되었다. 가편집이 끝나고 서 군이 나에게 검토를 요청했다. 몇 가지 인터뷰 장면은 나도 처음 보는 감동적인 증언들이었다.

"부산대학교에 학생이 학비가 없어서 학교를 그만두는 일이 있어서는 안 된다"(윤인구 부산대 초대총장).

"그 당시 학생들이 총장님을 다 아버지, 아버지라고 불렀어요"(아들의 증언).

"그가 설계한 건물은 그저 교실을 늘리기 위해서가 아니라, 하나하나 다 꿈이 담겨 있는 건물이야!"(제자 정권섭의 증언)

당시 학생이었던 N 원로교수님은 윤인구의 업적을 묻는 질문에 눈물을 흘리기도 했다. 그 장면을 보면서 나도 모르게 눈물이 흘렀다. 이렇게 대학과 학생을 사랑한 스승이 어디 있을까?

내가 다큐멘터리에서 가장 신경 쓴 부분은 '대학을 떠나는 윤인구' 장면이었다. 마무리에 앞서 하나님의 은혜로 첼로 연주곡이 작곡되었고 녹음도 완료되었다. 비가 내리는 2월 어느 날 찍어둔 일인칭 시점의 장면 위주로 완성할 계획이었다. 학생들에게 이 장면의 편집을 특별히 신경 쓰도록 지시해 두었다.

부흥찬양집회를 열기로 한 날이 일수일도 남지 않은 어느 날이었다. 나는 계속해서 다큐멘터리의 완성을 위해 기도하고 있었다. 학생 감독 서 군이 내 방문을 두드렸다.

"아무리 편집해도 '대학을 떠나는 윤인구' 장면의 느낌이 살지 않습니다. 죄송합니다. 제 한계입니다."

나는 그 장면을 함께 보았다. 대학을 떠나는 윤인구의 마음을 도무지 느낄 수 없었다. 한평생 학생들에 대한 사랑과 절망과 배신의 가슴앓이가 하나님의 사랑으로 승화된 모습이어야 했다. 그저 '누군가 비 오는 날 걸어서 대학을 빠져나갔다'라는 것으로 표현된 장면일 뿐이었다. 하나님께 기도해서 받은, '대학을 떠나는 윤인구' 테마의 첼로곡이 아름다운 배경으로 흐르고 있지만, 정작 중요한 영상은 표현력의 한계로 윤인구의 내면 이야기는 들려주지 못하고 있었다. 그러나 서 군은 이미 자신의 모든 에너지를 다 투입하고 열심히 해주었기에 그를 나무랄 수도 없었다. 그의 헌신적인 노력이 없었으면 이 다큐멘터리를 도저히 완성할 수 없었음을 밝히고 싶다. 그는 충성된 일꾼이었다. 며칠째 밤을 지새 일했고 체력의 한계에 도달해 있었다.

"나는 영상편집기를 다룰 줄 모르니, 가장 간단한 것만 알려주면 내가 좀 해볼 테니 자네는 좀 쉬도록 해. 수고했다."

나는 생전 처음으로 영상 편집기를 사용하는 법을 배우기 시작했다. 영상편집기의 모든 기능 중에서 5퍼센트에 불과한 몇 가지 기능만 약 10분 동안 익힌 후 편집 작업을 인수받았다.

첼로로 연주된 윤인구의 테마 음악을 들으며 영상 편집을 어떻게 할지 생각하기 시작했다. 그런데 실로 놀라운 상황이 벌어졌다. 음악의 몇 소절을 들으면, 기적처럼 내가 혹은 학생들이 찍어둔 장면이 생각났다. 마치 성령께서 "여기 이 노래 이 소절에는 저런 장면을 넣어야 해"라고 말씀하시는 듯했다. 그러면 놀랍게도 선택해 삽입한 장면마다 작곡된 음악과 완벽한 조화가 이뤄지는 것이었다. 좀 더 설명하자면, 음악에서는 어슴푸레 느껴졌던 윤인구의 내면이 영상과 결합되자 분명한 느낌으로 다가왔던 것이다. 의도하지도 않았던 음악과 영상의 완벽한 조화가 나타났다.

"어!"

입이 다물어지지 않았다. 한 시간도 되지 않아 내가 했다고 믿기지 않는, 만족스러운 편집이 완료되었다.

'윤인구 총장은 무지개문을 나서며 무슨 생각을 했을까?'

나는 그것이 항상 궁금했다. 그런데 그 마지막 부분의 편집에서 무지개문 장면에 이르자, 성령께서 음악과 어울리게 편집된 영상을 통

부흥의 우물

해 윤인구의 깊은 속마음을 들려주셨다.[34]

1. 절망의 어둠 속에
   꿈 없는 내 친구 쓰러지네
   갈 길을 못 찾고
   어둠 속에 무너져
   먼 훗날 그들도 노래하리

2. 나의 노래 불렀으나
   하늘로 올라가 사라지네
   세월이 흐른 후
   나의 친구 맘속에
   내 노래 그대로 남아 있네

3. 태초부터 지금까지
   너는 나의 사랑 널 기뻐해
   환란을 당하나
   너는 기뻐하여라.
   아름다운 면류관 네게 주리라

　　윤인구는 40년 광야 길을 하나님의 인도를 따라 걸어왔지만 자신

---

34 김재호 시, '절망의 어둠 속에'-윤인구의 마음으로

에게는 허용되지 않은 가나안을 바라보는 모세와 같았다. 윤인구는 사랑하는 제자들에 의해 쫓겨나면서도 원망하거나 절망하지 않았고, 이 대학이 영원히 아름답게 하나님의 은혜 속에서 자라갈 것을 굳게 믿었다. 인간적으로는 답답하고 수치심과 억울한 마음이 교차하고 있었겠지만, 하나님께 기도함으로써 감사와 찬양으로 그 아픔을 승화하고 있었다. 성령께서 윤인구의 테마를 작곡할 수 있도록 은혜를 주실 때, '이 곡에 왜 슬픔과 애통이 없을까?' 하고 의아해하던 의문이 성령님의 도움으로 편집할 때 완전히 풀렸다.

나는 이어서 정오 기도회 장면을 편집했다. 대학을 다니며 예수님의 이름으로 대학을 섬기는 구성원 모두가 각자의 자리에서 기도하며 하나님 나라를 꿈꾸는 상징적인 장면이었다. 그 장면들이 음악에 맞춰 배치되는 순간 작곡된 곡의 의미와 촬영한 장면의 의미들이 새 생명을 얻은 듯 살아나 나에게 이야기하기 시작했다. 그 곡의 마지막에는 서 군이 정오 기도회에서 촬영한, 숲 사이로 비치는 햇빛 장면을 넣었다. 그 장면에서 하나님의 은혜가 지금도 항상 우리를 비추고 계신다는 느낌을 강하게 받을 수 있었다. 완벽한 조화였다.

종 안에
종이 있었다

다큐멘터리의 엔딩 장면은 무지개문의 종으로 끝내고 싶었다. 다큐멘터리의 초반부 타이틀곡 마지막에 무지개문의 종을 줌인(Zoom In)하는 장면이 있었다. 그 장면은 화면 전체가 하얗게 변하면서 끝난다(Fade In). 나는 그 장면을 생각하면서 편집기를 만지고 있었다. 그런데 문제가 생겼다. 그런 장면을 표현하려면 내가 서 군에게 미처 배우지 않은 영상 편집 기능이 필요했다. 그를 찾으니 며칠 밤을 일했기 때문에 집에 갔다는 것이었다. '어쩌지?' 나는 사용법도 모르는 영상 편집기 앞에서 한숨을 쉬었다. 완료해야 할 시간이 임박했기 때문에 나 혼자 나도 모르는 몇 가지 기능들을 아무렇게나 조합해 처음 시도한 영상의 결과를 보았다.

그것은 너무나 뜻밖의 장면이었다. 나는 모든 게 하얗게 사라지는 마지막 장면을 예상했으나, 찬란한 보석처럼 빛나는 아름다운 종이 화면에 나타났다. 큰 종 안에 작은 종이 있었다! 작은 종 안에 달린 십자가가 작은 종의 추 역할을 하고 있었다. 우리가 무지개문 아래에서 바람이 불 때 들었던 소리가, 바로 그 십자가가 작은 종을 치고, 또 작은 종이 큰 종을 두드리며 내는 소리였다는 것을 그제야 알게 된 것이다. 그것은 '십자가가 한 사람을 깨우며, 그 한 사람은 대학을 깨운다는 의미와 잘 닿아 있다'는 생각이 들었다. 내가 전혀 계획하지도 않

무지개 문에 달린 종을 확대한 모습. 종
속에 작은 종이 또 있다.

앞던 아름다운 장면을 보며 감탄과 경이의 감동을 느꼈다. 사실 그것은 위대한 실수의 작품이었다. 성령께서 하셨다고 말할 수밖에 없는 편집이었다. 나는 지금도 그 부분을 편집할 때 내가 어떤 기능을 어떻게 조합했는지 모른다.

전문가들이 보면 어설픈 부분이 많다고 할지 모른다. 그러나 이것은 다큐멘터리를 만든 경험이 전혀 없던 완전한 초보들의 작품이란 것을 고려하면 누구라도 성령님께서 하셨다고 인정하지 않을 수 없을 것이다. 초보자들이 기도로 하나님의 마음을 받아가며 다큐멘터리를 만든 것이다. 이 다큐멘터리를 만들면서 우리 모두의 믿음이 굳건해졌다. 하나님에 대한 사랑이 커졌다. 모두 주님의 은혜였다.

주님이 아니었으면 내가 어떻게 윤인구를 찾아보려고 마음을 먹었겠는가? 역사에 무지한 내가 역사의 저편으로 어떻게 들어갈 수 있었겠는가? 윤인구가 회고록을 쓰지 않겠다던 마음을 돌이키지 않았다면 내가 어떻게 역사 속의 사실에 근접할 수 있었겠는가? 일제 강점기의 제자 김기열을 어떻게 만날 수 있었겠는가?

되돌아보면 성령님께서는 다큐멘터리 제작의 고비마다 내가 기도하게 하셨고 도우셨다. 내가 다큐멘터리를 만들며 지나온 길마다 기적의 연속이었다. 잠시 또는 몇 년에 한 번씩 만나는 하나님이 아니라 매일 나의 앞길을 인도하시는 하나님을 만난 것이다. 나는 이제 하나님의 살아계심을 내 영·혼·육으로 믿는다. "내가 앞서갈 테니 너는 나를 따라오라"고 약속하신 주님의 신실하심으로 인하여 다큐멘터리의 모든 것이 온전하게 완성되었음을 고백한다.

부흥을 사모하는
사람들에게

나는 이 다큐멘터리를 공개하는 자리에 특별히 부산대학교의 기독교수와 학생들과 부흥을 사모하는 사람들을 모으고 싶었다. 그 방법으로 2008년 5월 15일의 부흥찬양집회를 생각했던 것이다. 그날은 부산대학교 개교 62주년 기념일이었다.

윤인구가 부흥의 우물이라고 생각했기에, 나는 이 찬양부흥집회에 그동안 부흥을 간절히 노래한 '부흥' 찬양팀이 오면 좋겠다고 생각했다. 아는 사람의 소개로 서울로 올라가 고형원 전도사를 만났다. 나는 두 시간 동안 부산대학교의 역사와 하나님의 뜻을 들려주었다. 그 이야기를 할 때 내가 그동안 받았던 감동이 다시 생각나 계속 눈물이 났다. 고형원 전도사에게 그날 다른 일정을 잡지 말고 비워달라고 부탁했다.

부흥찬양팀을 부산까지 초청하는 데는 적지 않은 경비가 필요했다. 고형원 전도사는 경비는 신경 쓰지 말라고 했다. 나는 감사하면서도 마음은 무거워졌다. 예산을 마련할 때까지 초청을 확정할 수 없었기 때문이다. 윤인구가 설립하고 초대 담임목사로 재직했던 소정교회를 찾아갔다. 윤인구의 다큐멘터리 공개와 찬양부흥집회 계획을 담임목사님께 말씀드리고 후원을 부탁드렸다. 교회의 예산에 전혀 반영돼 있지 않았던 갑작스러운 거금을 요청한 것이지만, 교회는 당회를 열어 감사하게도 전액 지원 결정을 내려주었다. 나는 주님과 소정교회에 깊이 감사드렸다.

그런즉 너희는 먼저 그의 나라와 그의 의를 구하라 그리하면 이 모든 것을 너희에게 더하시리라 _마 6:33

나는 이 찬양부흥집회에 사람들을 초대하기 위하여 간단한 초대 영상을 만들었다. 이 영상의 배경음악으로 윤인구의 마음의 노래인 '작곡 2 : 대학을 떠나며'를 사용했다. 그것은 4 · 19 이후 윤인구가 대학을 떠나는 마음을 노래한 곡이었다. 그때 기도하며 적었던 내레이션 문장을 소개한다.[35]

찬양부흥집회 초대 영상

교육이 망하면 나라가 망한다.
그러나 하나님께서는
일제치하에 청년 윤인구를 택하셔서
일본, 미국, 유럽 최고의 신학교육을 허락하셨습니다.
하나님의 진리를 가슴에 품고 주님의 종으로 돌아온 그에게
하나님께서는 일제와 6.25로 인한 극심한 고난 속에서도
구름 기둥과 불기둥으로 인도하시며

---

35 김재호, 교육 부흥을 위한 초대

이 민족에 대한 대학의 소명을 보여 주셨습니다.

이제 그 순종의 종을 드러내기 원하셔서

하나님의 인도하심과

기도로 제작된 다큐멘터리가 세상에 공개되고

이제 우리 모두 느헤미야처럼

이 나라의 무너진 교육을 슬퍼하며 기도하고

그가 하나님께 받은 마음을

우리가 알기 원합니다.

나는 이 문장을 적을 때, 한 문장 한 문장을 위해 기도했다. 단 한 줄의 문장을 위해 며칠씩 기노하며 씨름했던 적도 있었다. 나는 이 내레이션이 성령님의 마음이라고 믿는다. 이 동영상을 유튜브에 올렸고, 전국에서 부흥을 사모하는 예배자와 기도자들이 부흥의 우물로 모여들었다.

찬양부흥집회의
목적

이 찬양부흥집회의 목적은 다음과 같았다.

1) 윤인구의 삶을 조명하고, 다큐멘터리를 상영하는 것.

2) 원로교수님들과 교수님들께 존중을 표하는 것.

3) 교수가 학생들을 사랑하지 못하고, 학생들이 교수를 존중하지 못했음을 회개하는 것.

4) 마지막으로 교수와 학생들이 윤인구의 마음을 본받고 아름다운 교육을 회복하며, 교육의 진리의 종소리가 온 세상으로 퍼지기를 축복하는 것.

부흥회 당일에 그동안 인터뷰에 응해주신 노 교수님들을 모셨다. 성령께서 "앞 세대를 존중하라"는 마음을 주셨기 때문이다. 거동하시기도 불편한 분들이셔서 세심히 배려해야 했다. 학생들에게 교수님들께 드릴 꽃다발을 준비하라고 지시했다. 나중에 안 일이지만, 노 교수님들은 꽃다발을 받으시고 어쩔 줄 몰라 하시며 기뻐하셨다고 한다. 그 일을 맡은 학생이 이렇게 이야기했다.

"꽃다발을 드릴 때 너무 놀랐어요. 어찌나 기뻐하시는지…. 그러고 생각해보니 그 분들이 정년퇴임하시고 10에서 20년간 아무도 찾지 않아서, 이제는 쓸모없는 사람이 되었다고 당신들 스스로 생각하시며 아무도 찾아주지 않는 마지막 인생을 사시는데, 너무나 뜻밖이었나 봐요."

천국에서는 존중이 화폐라고 한다. 내가 다른 사람을 존중하면 그 사람의 온갖 영적 유산들을 다 살 수 있다. 그것은 천국만의 이야기가 아니다. 우리는 지상에서도 천국의 삶을 살기 때문에 믿음 안에서 동일한 영적 원리가 적용된다. 우리나라는 지난 과거를 얼마나 열심히 잊고자 했는지 모른다. 이제는 역사를 찾아서 역사 속의 위대한 분들을 존중해드릴 때, 우리가 영적으로 풍요함을 누릴 수 있다.

오후 3시에 1부 예배를 시작했다. 예배의 형식 안에서 다큐멘터리를 상영하고 하나님께 영광 돌리는 공식적인 시간이었다. 2부는 6시에 시작하였다. 부흥을 갈망하는 사람들의 예배와 찬양 위주로 장장

6시간에 걸쳐 진행되었다. 시간이 지날수록 찬양의 열기는 뜨거워졌다. 온전히 하나님의 은혜 속으로 들어갔다. 부흥찬양팀의 찬양 인도가 우리를 부흥을 갈망하는 자로 바꾸어갔다. 내 영과 혼이 다 만족하는 예배였다. 그날 참석한 모든 사람들이 나와 같은 마음이었다. 놀랍게도, 이 다큐멘터리의 발표와 부흥찬양집회 소식을 듣고 멀리 서울과 다른 지방에서 온 사람들이 많았다. 내가 별도로 초청하지 않았는데도 달려온 것이었다. 밤 12시가 다가오자 우리는 헤어지기 싫은 연인들 같았다. 은혜의 자리를 떠나기 싫어했다. 윤인구의 다큐멘터리가 완성되고 처음으로 상영된 날의 풍경이었다.

윤인구 다큐멘터리 제작보고회와 부산대 부흥찬양집회에서 부흥팀의
고형원 전도사와 함께 찬양하는 저자.

18

작은 예수의
새 생명 교육

윤인구의
새 생명 교육

이 장에서는 미처 언급하지 못했던 윤인구의 두 가지 중요한 면을 소개하고자 한다. 하나는 그의 교육관이고, 다른 하나는 윤인구가 작은 예수로서 삶을 마무리한 이야기이다.

부산·경남의 교장들은 1949년 9월 10일 경남 지역 하기 대학 교장 대회 자리에 윤인구를 초청하여 '교육과 종교'라는 제목으로 강연해 달라고 요청하였다. 나는 그 강연 자료를 뒤늦게 발견하였다. 그 속에 그의 내면에 자리했던 교육의 본질에 대한 생각이 담겨 있었다. 68년 전의 강연 자료를 오늘 되돌아보는 것이 이 시대를 살아가는 교육자들에게 큰 은혜가 될 줄 믿는다.

이태리 한 마을에 버려둔 돌덩어리가 있었다. 하루는 위대한 조각가 미켈란젤로가 길거리에 버려져 있어 아무도 거들떠보지 않는 이 돌덩어리를 뚫어지도록 바라보았다. 그러더니 해머와 정으로 쪼아내 '청년 다윗 상'을 만들어냈다. 윤인구는 교육과 종교 강연에서 이 이야기를 들려주며 다음과 같이 교육을 정의하였다.[36]

> 이와 같이 '버려진 차디찬 돌덩어리에서 혈맥이 뛰는 생명체를 조각해내려는 것'이 '교육'입니다. 교육가의 노력은 사람의 아들들 안에서 '하나님의 아들'을 발견하는 것입니다. 왕이 흙에 묻힌 것이요, 하나님의 아들들이 불행한 암흑의 철사에 결박되어 있는 것입니다. '천하를 주고도 바꿀 수 없는 생명의 위대성'의 선언입니다.

교육이란 "불행한 암흑의 철사에 묶인 하나님의 아들들을 구해내는 것이다"라는 말이 나의 가슴을 찌른다. 나는 그의 교육관을 감히 한마디로 '새 생명 교육'이라 명명하고자 한다. 윤인구는 그의 인생 전체를 통하여 위 글에 쓴 교육관을 실천하였다. 사람의 아들들 안에서 하나님의 아들을 발견하는 것, 하나님의 창조 목적을 다시 깨닫고 새 생명을 얻게 하는 것, 곧 한 영혼을 살리는 것이야말로 진정한 교육이 아니겠는가? 윤인구는 그 자신이 이러한 교육을 받은 수혜자이다. 그는 자신이 '하나님의 아들'이며 하나님의 왕권을 물려받았다는 사실을 잊지 않았다. 그래서 위트컴 장군에게 비굴하게 굴지 않고 당

---

36   윤인구, '교육과 종교' 강연 중에서, 1949년

당하게 "내 그림을 사달라"고 제안하지 않았던가? 윤인구가 꾸었던 위대한 꿈도 바로 자신의 왕의 정체성에서 나온 것이다.

우리는 복음을 죄 사함과 거듭남 정도로 축소하는 경향이 있다. 아니다. 우리는 주 안에서 왕권을 회복한 사람들이다.

> 한 사람의 범죄로 말미암아 사망이 그 한 사람을 통하여 왕 노릇 하였은즉 더욱 은혜와
> 의의 선물을 넘치게 받는 자들은 한 분 예수 그리스도를 통하여 생명 안에서 왕 노릇
> 하리로다. _로마서 5:17

나도 학생들을 만나 "위대한 꿈을 꾸라"고 말하지만, 그들이 하나님의 아들로서 정체성이 바뀌기 전까지 꿈꾸는 일은 일어나지 않는다. 얼마나 많은 기독교인이 이 위대한 정체성의 변화를 경험하지 못하고 있는지 생각할 때마다 가슴이 답답하다.

우리나라 교육의 문제를 해결하는 길은 학생들에게 바로 이 '새 생명'을, 즉 '왕 의식'을 깨울 수 있는가에 달려 있다. 지금의 교육은 생명이 없다. 그저 지적인 훈련일 뿐이다. 그들이 새 생명을 회복한다면 하나님 나라 안에서 놀랍고 위대한 꿈을 꾸며, 세상을 하나님의 뜻대로 아름답게 바꾸어 갈 수 있을 것이다.

새 생명을
바치는 교육

교육은 단순히 '가르친다' 혹은 '배운다'가 아니다. 생명을 전하는 일

부흥의 우물

이다. 그러므로 교육자는 당연히 생명력 넘치는 사람이어야 한다. 생명이 있어야 생명을 낳기 때문이다. 그렇다면 그 생명은 어디에서 오는가?

예수께서 이르시되 내가 곧 길이요 진리요 생명이니 나로 말미암지 않고는 아버지께로 올 자가 없느니라 _요 14:6

예수로 말미암지 않고는 생명을 얻을 길이 없다. 그래서 윤인구는 예수 그리스도로부터 생명을 받은 자들이 피교육자(학생)들과 생명의 교류를 해야 한다고 강조했다. 어머니의 생명이 그 자녀에게 연결되어 있듯이, 스승과 제자가 운명 공동체로서 생명을 공유하는 현상이 곧 교육이라고 말한 것이다. 윤인구는 "교육자는 생명의 교류로서 피교육자에게 생명을 줄 수 있도록 자신의 부족함을 알고, 자신의 도덕적, 정신적 수준을 끌어올리기 위해 수양에 수양을 쌓고 연마에 연마를 더해야 한다"고 강조했다. 그래서 만나게 되고 공감할 수밖에 없는 말씀이 바로 로마서에 나타난 바울의 고백이다.

17내가 원하는 바 선은 행하지 아니하고 도리어 원하지 아니하는 바 악을 행하는도다 24오호라 나는 곤고한 사람이로다 이 사망의 몸에서 누가 나를 건져내랴 _롬 7:19,24

바울의 몸부림은 종교에 대한 탐색인 동시에 교육자의 길이다. 교육자로서 본분을 다하려면 희생의 생을 살아야 하며, 진보하는 사회에는 항상 숨은 속죄의 희생이 있다.

윤인구는 '교육과 종교' 강연의 마지막에서 "교육이 종교의 길을 걷지 않고는 완성을 보지 못할 것"이라는 결론을 내렸다. 그의 말이 가슴에 큰 울림으로 다가온다. 결국 교육에 생명을 바치라는 말이 아닌가? 내가 죽고 그들이 살아나는 교육을 하라는 말이 아닌가? 윤인구는 "교육을 종교적 신념으로 행하라!"고 강조했다.[37]

이러한 종교적 신념 없이, 다시 말하면 이 한 일(교육)에 그의 생명을 바친다는 신념 없이 어찌 열매를 기대할 수 있겠습니까? 보화가 묻힌 전답을 발견하면 전부를 팔아 사듯이, 자기 생명을 바칠 곳을 찾아서 거기에 자기 생활을 내던지는 것이 바로 종교입니다. 교육을 평생의 사명으로 삼은 사람은 이 종교적 감격에 살고 움직이는 이들입니다. 교육이 불가능하다는 이론이 많으나, 교육가로서는 교육 만능을 부르짖고 나아가야 하겠는데, 이것을 우리 의지의 힘으로, 인격의 힘으로, 생명의 힘으로, 신념으로 밀고 나가야 합니다. 이것은 인류가 사는 문제입니다. 교육이 종교의 길을 걷지 않고는 완성을 보지 못할 것입니다.

그러고 보니 "윤인구의 평생을 순교로 받으셨다"는 아내의 기도 응답이 다시 생각난다. 우리 인생에서 다른 어떤 일보다 새 생명을 살려내는 교육이야말로 숭고하고 존엄한 일이다. 교육 현장은 새 생명을 위해 우리 교육자의 생명을 내어주는 곳이 되어야 한다.

---

37 윤인구, '교육과 종교' 강연 중에서, 1949년

부흥의 우물

작은 예수의
십자가

"과연 윤인구는 그의 생명을 주는 교육을 하였는가?" 의문이 생기지 않을 수 없다. 그래서 윤인구의 일생을 총정리할 만한 사건 하나를 소개하고자 한다.

윤인구 총장이 소천한 지 10여년 뒤, 미망인 방덕수는 자신의 소천도 가까워오자 집문서를 들고 부산대를 방문하였다. 이런 질문을 하고 계셨기 때문이었다.

"남아 있는 재산을 어떻게 처리하여야 하늘에 계신 윤 총장의 뜻을 받드는 것일까?"

그 답은 "모든 재산을 부산대 학생들 장학금에 쓰는 것"이었다.

유월절 전에 예수께서 자기가 세상을 떠나 아버지께로 돌아가실 때가 이른 줄 아시고
세상에 있는 자기 사람들을 사랑하시되 끝까지 사랑하시니라 _요 13:1

당시 서주실 총장은 윤인구 총장과 미망인의 거룩한 뜻이 장학금으로 사라지는 것이 안타까웠다. 그래서 윤인구 총장 기념관을 지어 남기자고 역으로 제안하였다. 자금이 부족한 일이었지만, 교수들의 적극적인 모금과 한 건축회사의 도움으로 윤인구와 방덕수의 중간 글자를 딴 '인덕'관을 완성하였다. 인덕관에는 도저히 용서할 수 없는 자를 향한 용서와, 도저히 사랑할 수 없는 자를 사랑함과, 가장 낮은 자리에서 섬기는 예수의 모습이 담겨 있다.

윤인구는 평생을 바쳐 교육에 헌신하며 학생을 사랑했다. 하나님의

크신 은혜로, 헌신과 열정과 기도와 섬김으로 부산대학교를 온전한 반석 위에 올려놓았고 거의 완성할 단계에 이르렀다. 그때 4·19가 터졌다. 윤인구가 대학 공금을 횡령했다는 소문이 펴졌다. 학생들이 스승을 향해 손가락질하고 각목과 돌멩이와 반기를 들었다. 그들을 충동한 교수까지 있었다. 윤인구는 그것을 보자마자 이렇게 반응했다.

"나는 그 자리에서 사표를 써서 내던졌다. 그것이 전후 대학을 위해 15년을 바친 대가였다."

그가 마음의 상처를 지우는 데 15년이 걸렸다. 고혈압 등 지병이 생겼고 마지막에는 반신불수로 실어(失語)하기도 했다. 입으로는 침이 줄줄 흘러내렸다. 누가 봐도 소천할 날이 다가온 사람 같았다. 그런 상태에서 도달한 결론은 "나의 전 존재를 드려 사랑한 학생과 대학을, 거기에다 나에게 배신과 치욕과 고통을 안긴 그들을 사랑해야 하는 것"이었다. 윤인구는 마침내 배신을 용서로 이기고 영적 전쟁에서 승리했다. 그의 뜻을 받들어, 부인은 마지막으로 전 재산을 학생들을 위한 장학금으로 내놓았다.

인덕관에 전시되어 있는 윤인구 흉상.

부흥의 우물

윤인구는 총장 재임 시에도 움막에서 6개월간이나 살면서 캠퍼스를 개발했다. 대학 발전 기금을 구하러 다니다 P 신문사 사장으로부터 "아침부터 재수 없이 남의 집 대문 앞에 기다리고 있느냐!"는 말을 듣는 수모도 당했다. 그 사장은 사실 윤인구의 도움으로 큰 은혜를 입었던 사람이고 거액의 발전 기금을 약속했었다. 윤인구는 그렇게 학생들을 위해 살다 수모를 당한 것이었다. 윤인구는 그런 상황에서도 문교부 장관으로 오라는 대통령의 제의를 거절했다. 그러면서 항상 입버릇처럼 이렇게 말했다.

"나는 나중에 부산대 그만두면, 이 학교 수위 할 거다."

수위가 되고 싶었던 대학교 총장! 마지막 생명까지 사랑하는 제자들에게 자신을 주고 싶어 했던 그의 마음을 볼 수 있다.

약혼식 직후와 노년기의 윤인구, 방덕수 부부.

더 작고
초라해져야 한다

인덕관 입구에 윤인구의 유품 전시실이 있다. 너무나 작고 초라하다. "이 대학은 어떻게 설립자를 이렇게 대접하고 있나!" 하며 분개할 정도이다. 그러나 제자들의 증언에 의하면, 그것은 스승 윤인구의 가르침을 따른 것이라고 했다. 가능한 더 크고 화려한 유품 전시실을 원했던 내 마음을 부끄럽게 만들었다. 언제쯤 나는 이 안목의 정욕과 이생의 자랑에서 벗어날 수 있을까? 윤인구는 우리에게 말한다.

"더 초라해져야 한다. 더 낮아져야 한다. 겸손하게, 거룩하게, 온전하게 작은 자를 섬겨야 한다."

> 나는 너희의 하나님이 되려고 너희를 애굽 땅에서 인도하여 낸 여호와라 내가 거룩하니 너희도 거룩할지어다 _레 11:45

인덕관 로비에 윤인구의 흉상이 있다. 하나님께서 어떤 우상도 만들지 말라고 하셨으니, 이는 분명히 하나님의 계명을 어긴 것이다. 그런데 이 속에 거룩한 이야기가 또한 숨어 있다. 인덕관을 만들자고 제안한 서주실 총장은 윤인구의 흉상을 만들어야 한다고 주장했고, 부인 방덕수는 "총장님이 살아 계시면 절대 안 될 일"이라고 거절했다. 그러나 부인이 총장과의 길고 긴 대립적 대화 끝에 흉상을 허락하면서 "나는 역시 속물인가 보다"라고 말했다고 한다. 이 흉상은 윤인구의 뜻에 반하여 만들어진 우상이다. 속물들이 만든 우상이지만, 진정 이름도 빛도 없이 사라지고 싶어했던 윤인구의 고귀한 뜻이 오히려 더 찬란하게 드러난다. 윤인구의 진면목을 잘 아는 제자들은 윤인구가 세상 사람들과 달리 너무 정직하고 원칙을 따랐기 때문에 그를 해치려는 사람들이 많았다고 하였다.

윤인구는 "대학 운영에 이권을 달라"고 하는 사람들에게 "적당히 이권을 주면서 일하라"는 요구도 많이 받았다. 그러나 그때마다 거절했다. 그는 "내가 교육 브로커가 되라는 말이냐!"라고 제자들에게 속마음을 털어 놓기도 했다. 제자들은 "부산대와 연세대 총장 시절 그런 사람들에게 조금씩 이권을 나누어 주셨더라면 더 큰 일을 하시고 또 원만하게 세상을 사셨을 텐데…"라며 아쉬워했다. 나도 윤인구의 인생 마지막이 너무나 외롭고 힘들었던 것을 알게 되자 제자들처럼 안타까운 마음이 들기도 했다. 기도로 하나님께 그 이유를 물어보았다. 기도 중에 성령께서 이렇게 나에게 거꾸로 물으셨다.

"나의 아들 예수가 세상과 타협할 수 있느냐?"

그리스도와 벨리알이 어찌 조화되며 믿는 자와 믿지 않는 자가 어찌 상관하며

_고후 6:15

윤인구는 교육자로서, 우리에게 그렇게 작은 예수의 모습을 보여주었다. 그를 가장 아프게 했던 동료 교수들과 제자들을 용서하고, 그가 가진 모든 것을 주고 떠났다. 그는 아무것도 그에게 영광이 되는 일이 없도록 스스로 겸손한 자리로 내려갔다. 세상과 타협하지 않고 거룩한 길을 걸어갔다. "진보하는 사회에는 언제나 숨은 속죄의 양이 있다"라는 말을 했던 그는 자신의 말대로 그가 사랑하는 부산대를 위

한 속죄의 양이 되었다. 퇴임하면 부산대의 수위가 되고 싶어 했던 윤인구의 간절한 소망이 가슴 아픈 역사로 인해 이루어지지 못했다. 그 일이 이루어졌더라면 얼마나 좋았을까?

이 시대에
왜 윤인구인가?

나는 윤인구를 알리는 전도사가 되었다. 우선 학내에 그를 부지런히 알리기 시작했다. 그러나 윤인구는 그들에게 단지 지나간 역사 속의 한 사람일 뿐이었다. 나도 처음에는 그랬다. 내가 교수들에게 단 몇 분 또는 몇 십분간 윤인구를 소개할 때, 그들의 마음에 나와 같은 공감을 일으키는 건 불가능했다. 그들의 반응은 '(대학에서) 왜 이 시대에 윤인구인가?'였다. 나는 이 피해갈 수 없는 질문에 먼저 답해야 했다.

윈스턴 처칠은 말했다.

"역사를 잊은 민족에게 미래는 없다."

한 개인이 생성되는 과정에서 자신에게 새겨진 특성을 잃어버리면 안 된다. 그러면 다른 사람이 요구하는 인생을 사는 불쌍한 처지로 전락한다. 대학도 마찬가지이다.

윤인구는 해방 이후 모든 것이 완전히 무너진 이 나라에 시대정신을 깨우고, 대학을 세우고, 종이 한 장에 그려진 대학 배치도 그림을 들고 배짱 좋게 위트컴 장군을 만나 그것을 판 대가로 50만 평의 땅을 받았다. 대학 정신의 상징인 무지개문과 당대 최고의 건물로 대학본관(현 인문관)을 건립하고 대학의 100년 대계를 완성하였다. 그

건축물들은 우리나라의 근대 문화유산이 되었다. 이것들을 가능하게 한 것은 '돈'이 아니라 '정신'이었다. 그것이 바로 우리 부산대학교의 '건학정신'이다. 우리는 그것을 망각하고 있었다. 건학정신의 회복 없이 대학의 미래는 없다는 생각이 들었다.

"청년들에게 꿈을 꾸며 노래하게 하라! 최악의 시기에도 가장 위대한 꿈을 꾸게 하라. 꿈을 꾸지 않고 노래하지 않는 사람은 그 영혼이 죽은 것과 같다. 청년들의 가슴속에 새로운 세상에 대한 아름다운 노래가 있어야 한다."

윤인구를 통해 배운 슬로건이다. 많은 청년들이 그처럼 위대한 꿈을 꾸며 자신의 일생을 거는 사람으로 살아간다면, 10년, 20년 후에 우리나라는 어떻게 될까? 어떻게 하면 청년들에게 이러한 변화를 일으킬 수 있을까?

앨버트 아인슈타인은 말했다.

"우리를 고귀한 생각과 행위로 이끌어주는 유일한 것은 위대하고 순수한 개인들에 대한 본보기이다."

그렇다. 학생들에게 본보기를 보여주어야 한다. 교수들도 윤인구를 닮아가야 한다. 지금 현재 우리가 아는 사람 중에, 우리를 고귀한 생각과 행위로 이끌어주는 본보기가 바로 윤인구가 아닌가?

깃발을 세우라

나는 나와 같은 변화가 동료 교수들과 학생들 사이에서도 일어날 수 있다고 믿었다. 그래서 5년 동안 계속하여 대학본부를 설득하였다, 마침내 2013년 윤인구 탄생 110주년 기념사업을 할 수 있도록 예산을 확보했다. 기념사업의 하나인 콘퍼런스에서 다음의 3가지 주제를 대학본부와 참석자들에게 나누었다.

1) 왜 이 시대에 윤인구인가?

2) 윤인구의 삶과 사상, 부산대 건학정신.

3) 윤인구와 캠퍼스 비전.

건학 초기의 역사의 은인들을 모시고 60년 만에 감사 음악제를 개최하기도 했다. 나는 이 시대에 감사와 존중의 영이 회복되는 것을 꿈꾸었다. '윤인구 사진전', '건학 정신 공예전'도 열었다. 많은 교수와 학생들이 이 취지에 공감하고 도와주었다. 이 지면을 빌려 그들에게 감사한다.

나는 그런 기념사업을 시작으로 교수와 학생들이 다시 '새 생명'을 회복하는 꿈을 꾸었다. 그 신호탄으로 110개의 큰 깃발을 대학 교정에 걸었다. 학교에 들어서자마자 교정을 가득 메운 깃발이 바람에 세차게 흔들리는 모습이 내 가슴을 쿵쾅쿵쾅 방망이질하기 시작했다. 깃발에는 이렇게 써 두었다.

"그대, 가장 높이 오르는 화살이 되라"

"그대, 위대한 꿈을 꾸라"

"그대, 비상하라. 자유를 노래하라"

나는 부산대의 모든 교수와 직원과 학생들이 이 깃발을 보고 무슨 영문인지 몰라 놀라는 장면을 꿈꾸었다. 나는 이 글귀들이 학생들의 마음에 깊이 새겨지기를 얼마나 기도했는지 모른다.

부흥의 우물

주를 경외하는 자에게 깃발을 주시고 진리를 위하여 달게 하셨나이다 (셀라) _ 시 60:4

그러나 나의 기대는 산산이 부서졌다. 수업시간에 학생들에게 "교정에 나부끼는 깃발을 보았느냐?"고 물었더니 60명 학생 중에 깃발을 본 사람은 단 서너 명에 불과했다. 깃발의 내용을 기억하는 학생은 거의 없었다. 내가 단단히 착각한 것이었다. 학생들은 내가 간절히 바라는 깃발의 메시지를 받아들일 준비가 되어 있지 않았다. 그들은 온통 학점과 취직과 타락한 세상의 대중문화에만 관심을 빼앗기고 있었다. 사탄 마귀는 학생들의 눈과 귀를 막고 있었다. 어떻게 하면 그들에게 '생명'을 전할 수 있을까?

나는 하늘 높이 바람에 나부끼는 깃발을 보며 반응하지 않는 '생명' 없는 학생들에 대한 안타까움이 깊어졌다. 이 외로운 길에서 나와 함께 이 일을 할 한 사람을 구하는 기도를 드렸다.

캠퍼스에 내걸린 깃발.

이 깃발이 오르기까지
가슴 시리도록 아픈 밤이 있었다.

세상을 뒤덮은 어둠을 보며
꿈마저 허용되지 않는 옥죄임 속에서
어떻게 내가 살아왔는지 모르겠다.

이제 이 깃발이 오르면,
꿈꾸는 자들이 나아오리라.
꿈을 꾸지만…

여전히 그들은 깃발을 보지 못한다.

아! 한 사람이면 족하리
나와 함께
이 깃발 아래 목 놓아 울어줄 그 사람.[38]

　나는 항상 꿈을 꾼다. 내일이면 세상이 온전하게 나아지리라는 꿈
이다. 그러나 새로운 깃발을 하늘 높이 날리기 위한 나의 고뇌를 알아
주는 사람은 많지 않다. 세상은 여전히 암흑천지이고, 꿈꾸는 자들을
비웃는 수많은 사람들이 내 옆에 있다. 그래도 나는 또 꿈을 꾼다. 나

38　김제호의 시, 기를 세우고 나서

는 꿈꾸는 것이 버릇이 되어버린 자이다.

> ¹여호와께서 권능으로 내게 임재하시고 그의 영으로 나를 데리고 가서 골짜기 가운데 두셨는데 거기 뼈가 가득하더라 ²나를 그 뼈 사방으로 지나가게 하시기로 본즉 그 골짜기 지면에 뼈가 심히 많고 아주 말랐더라 ³그가 내게 이르시되 인자야 이 뼈들이 능히 살 수 있겠느냐 하시기로 내가 대답하되 주 여호와여 주께서 아시나이다 ⁴또 내게 이르시되 너는 이 모든 뼈에게 대언하여 이르기를 너희 마른 뼈들아 여호와의 말씀을 들을지어다 ⁵주 여호와께서 이 뼈들에게 이같이 말씀하시기를 내가 생기를 너희에게 들어가게 하리니 너희가 살아나리라 ⁶너희 위에 힘줄을 두고 살을 입히고 가죽으로 덮고 너희 속에 생기를 넣으리니 너희가 살아나리라 또 내가 여호와인 줄 너희가 알리라 하셨다 하라 _겔 37:1-6

나의 주님께서 이 깃발을 달게 하시기에, 나는 오늘도 하늘 높이 흔들리는 깃발을 달기 원한다. 그리고 나와 더불어 이 세상의 어둠을 보며 목 놓아 울어줄 단 한 사람이라도 찾기 원한다. 그러나 안타깝게도 그들의 시야에는 깃발이 없었다. 꿈이 없기 때문이다. 생명이 무엇인지 모르는 탓이다. 나는 에스겔의 환상처럼 이 마른 뼈들이 살아나기를 기도한다. 생명의 기운이 마른 뼈 가득한 이 골짜기에 임하기를 기도한다.

19

사랑의 범위를
넓히면 된다

**도저히
이해할 수 없는 것**

나는 윤인구를 닮고 싶었다. 아인슈타인의 말처럼 위대하고 순수한 한 사람을 만났기 때문이다. 그래서 윤인구를 알아가면서, 다큐멘터리를 만들면서, 또한 다큐멘터리를 만든 후에도 나의 간절함은 점점 커져가기만 했다.

윤인구의 가장 놀라운 특징은 '절망적인 암흑'의 상황에서 가장 위대한 꿈을 꾸었다는 것이다. 그는 일제 강점기에 복음농업실수학교 교장으로 재직할 때, 학생들을 데리고 마산에서 경주까지 자전거를 타고 수학여행을 가려는 계획을 세웠다. 당시에는 별다른 교통편이 없었으므로 전교생에게 자전거 1대씩 총 70대가 필요한 계획이었다. 지금으로 치면 학생들에게 자가용을 한 대씩 주면서 수학여행을 가려는 계획이 아닌가? 그런 발상이 어떻게 가능했을까? 그렇게 무모한 꿈을 어떻게 꾸었을까? 나로서는 도무지 상상이 되지 않았다. 동생 윤학자는 그 당시 윤인구 내외의 사정을 들려주었다.

"마산 오빠 댁에 놀러 갔는데, 올케 언니가 꽁보리밥과 멸치 반찬으로 식사를 차려주셨어요. 언니가 미안했던지 잠시만 기다리라고 하더니, 이웃집에 가서 간장 한 종지를 얻어 와서 나에게 밥에 비벼 먹으라고 줬어요."

그런 가난에도 불구하고 마침내 자전거 70대를 구해 수학여행을 다녀왔다는 것이다.

부산대학교 캠퍼스의 종 모양 그림을 그릴 때도 비슷한 일이 반복된다. 땅도 없고 돈도 없는데, 윤인구는 원대한 캠퍼스의 밑그림을 그린 것이다. 더 나아가, 이 종이 울리면 온 세상으로 진리의 종소리가 퍼질 것이라고 노래까지 했다. 경제적 상황은 6 · 25 직후라 일제 강점기 때보다 더 형편없었다.

무지개문과 인문관을 건설할 때도 마찬가지였다. 그는 당대뿐 아니라 지금 봐도 최고의 건물을 지었다. 앞에서 언급한 것처럼, 큰 돈을 들여 건축한 인문관 구석구석의 의미를 살펴보면 실로 놀랍다. 무지개문은 인문관과 함께 우리나라 문화유산으로 등재되기도 했다. 나라면 국민 소득 67달러 시대에 선진국도 부러워할 만한 대학 건물을 꿈꾸고 지을 수 있었을까? 이런 일이 어떻게 가능했을까? 지금의 우리가 그 자리에 있었다면, 과연 그런 꿈을 꿀 수 있을까?

나는 윤인구를 닮고 싶었다. 그러나 그는 도저히 뛰어넘을 수 없는 한계 너머의 위인처럼 보였다. 나는 기도했다.

"하나님, 어떻게 윤인구는 그렇게 위대한 꿈을 마음껏 꿀 수 있었는지요?"

성령께서 답해주셨다.

"그 위대한 꿈은 윤인구만의 꿈이 아니었다. 나의 꿈이었다."

성령께서 하나님의 꿈을 꾸게 하신다. 그리고 하나님이 이루신다. 성령님의 역사하심을 이해하기 시작한 나로서는 그것을 받아들이는 것이 그렇게 어렵지 않았다.

그러나 더 넘기 힘든 벽이 있었으니, 그것은 위대한 꿈을 꾸고 그것이 이루어질 때까지 포기하지 않은 윤인구의 힘이었다. 매일 아침 눈을 뜨면 보이는 절망적 상황에서도 꿈을 포기하지 않는 것은 경이롭다.

아브라함은 아들을 주시겠다는 하나님의 약속을 끝까지 믿지 못하고 하갈에게서 이스마엘을 낳는 실수를 하였다. 꿈을 꾸기보다 어려운 일은 그것을 믿음으로 쟁취하는 것이다. 나는 그 비밀을 알고 싶었다. 매일 벌어지는 현실의 절망적인 상황, 일이 이루어질 어떤 수단도 도저히 보이지 않는 짙은 안개 같은 눈앞의 현실, 그런 것들을 보면서도 하나님의 꿈을 꾸며 사는 일은 나에게 불가능해 보였다. 억지로 며칠 몇 달은 버틸 수 있을지 모른다. 그러나 나라면 그러다 포기해버릴 것만 같았다.

"오! 주님 이 비밀을 가르쳐 주세요!"

이 기도는 쉽게 응답되지 않았다. 윤인구 다큐멘터리를 만들어놓고도 몇 년이 흘렀다. 주님께서는 나에게 오랫동안 허락하지 않으시던 비밀을 보여주셨다.

"윤인구가 끝까지 위대한 꿈을 포기하지 않을 수 있었던 비밀은 바로 사랑이다."

나는 이 응답을 들을 때, 갑자기 윤인구의 모든 것이 이해되었다. 바로 이 사랑이 그에게 있었구나! 진리를 찾기 위한 순례자의 여정에서 마지막이었던 에든버러 신학대학에서 어느 날, 윤인구가 진리에 대해 모든 게 확실해졌다고 귀국을 결정한 날, 예수의 사랑이 그의 가슴에 들어온 것이었다.

그는 사랑하는 자들을 위해 위대한 꿈을 꾸었다. 사랑하는 자들을 위해 절망을 통과하는 모든 시간은 기쁨이 된다. 윤인구는 학생들을 위해 마지막까지 절망하지 않는 한 사람이 된 것을 기뻐했다. 그것은 인고의 세월이 아니었다. 사랑과 기쁨으로 채워진 일생이었다. 반역과 배신으로 부산대학을 떠날 때도 학생들을 위한 사랑은 사라지지 않았다.

> [6]너는 나를 도장 같이 마음에 품고 도장 같이 팔에 두라 사랑은 죽음 같이 강하고 질투는 스올 같이 잔인하며 불길 같이 일어나니 그 기세가 여호와의 불과 같으니라 [7]많은 물도 이 사랑을 끄지 못하겠고 홍수라도 삼키지 못하나니 사람이 그의 온 가산을 다 주고 사랑과 바꾸려 할지라도 오히려 멸시를 받으리라 _아 8:6-7

예수의 사랑이 윤인구의 삶을 관통했다. 마지막으로 모든 재산을 부산대를 위해 다 바치고 떠난 것도 사랑 때문이었다. 가장 위대한 것은 '하나님의 사랑'이다. 사랑은 죽음을 이긴다. 그 불은 여호와의 불과 같고, 홍수도 그 불은 끄지 못한다. 윤인구는 사랑으로 위대한 꿈을 꾸고 끝없는 절망의 터널을 통과했다.

그가 행한 위대한 업적들은 그의 목표가 아닌 부산물에 불과했다. 나는 무지하게도 그것을 뒤집어본 것이다.

내가 그 사랑을 이루기 위해 무엇이 필요한가? 이대로는 안 된다. 내 생각과 존재의 변혁이 필요하다.

> (사랑은) 모든 것을 참으며 모든 것을 믿으며 모든 것을 바라며 모든 것을 견디느니라 _고전 13:7

나는 기도에 매달렸다.

"아, 주님! 나에게 생명의 원천인 그 사랑을 주세요. 나에게 그 사랑이 없습니다."

내게서 도저히 발견할 수 없는 그 사랑을 허락해달라고 기도했다. 그것은 지금의 나로서는 도저히 도달할 수 없는 멀고 먼 별처럼 느껴졌다. 이 문제는 몇 년 동안 나에게 숙제였다. 나는 이것을 알기 위해 기도했다. 그러나 성령께서는 "내가 이미 그 사랑을 허락하였다"라고 말씀하셨다.[39]

> 내 아들아!
> 난 너에게 사랑의 씨앗을 주었다.

> 모든 것을 믿으며,

---

39 김재호의 시, 사랑의 씨앗

모든 것을 바라며,
모든 것을 견디는
그 사랑을 주었다.

넌 너의 딸을 사랑하지 않느냐?
너의 모든 것을 다 주며,
천년의 인내도
그 사랑 속이 있지 아니하냐?.
너는 그것을 부인하지 못할 것이다

너는 이렇게 기도하라
천지가 창조되듯
이미 네 속에 있는 그 사랑이
작은 씨앗 속에 갇혀 있지 않고
새로운 생명으로 세상을 향해 자라나기를 기도하라.

하늘을 향해 줄기를 뻗고
꽃피고 열매 맺는 생명의 향연을 꿈꾸라!

　주께서 우리가 그 사랑을 먼저 경험하게 하셨다. 그 사랑은 하나님
께서 이 세상의 모든 부모들에게 주신 것이다. 부모는 자식을 자기 몸
처럼 사랑한다. 다만 혈육을 넘어서지 못하고 있을 뿐이다. 내 아이를
잘 양육하는 부모라면, 이제 경계를 허물고 이웃을 향해 그 사랑의 대

상을 넓히면 된다. 너무나 쉬운 일이다. 그동안 이것을 왜 몰랐을까? 사랑의 경계를 내 자녀에서 이웃으로, 다음세대까지 넓히면, 그로 인해 거룩한세대 회복이라는 부흥의 물결이 몰려올 것이다.

> 그 날에는 내가 아버지 안에, 너희가 내 안에, 내가 너희 안에 있는 것을 너희가 알리라
> _요 14:20

중국 유학생을 사랑하다

2010년 10월 10일 부산대학교에 중국 유학생 예배(이하 중유예배)가 시작되었다. 내 안에 이를 시작해야 한다는 갈급함이 있었다. 마침 부산대 류호경 교수와 그의 남편인 최인기 장로의 헌신이 있었다. 그들을 도우면서 시작하게 된 예배였다.

2017년 10월 29일 중유예배의 7주년 기념 예배를 가졌다. 감사하게도 그날은 종교개혁 500주년 기념일이기도 했다. 그동안 수백 명의 중국 유학생이 이 교회를 다녀갔다. 그 중 47명에게 세례를 주었다. 7년간 많은 주님의 사람들이 도와주었다. 이 지면을 빌어 감사를 표한다.

중국 유학생의 밤 행사를 총 5회 개최했다. 그동안 1,300명 넘는 학생들에게 맛있는 뷔페 식사를 대접했다. 수십 회의 전도 초청 만찬 행사도 가졌다. 거의 매 학기마다 전도와 수련을 위한 1박2일 여행도 다녀왔다. 내가 매주일 예배 후 중국 유학생들에게 중국 음식을 만들

어주기 위해 배운 중국 요리 실력도 이제는 많이 늘었다. 우리집에 손님을 초대하면 내가 중국 요리를 만들어 대접한다. 직접 시장에 나가 식재료를 구하고 요리하는 것이다. 중국 학생들이 식당에 들어서며 "아! 중국 음식 냄새!" 하면서 기뻐하고 맛있게 먹으면 참 행복해진다.

중국 유학생들에게 복음을 전하다 발견한 사실인데, 결혼에 대한 그들의 문화가 우리와 많이 다른 것이었다. 교회 같이 나오면서 동거하는 아이들이 보이기 시작했다. 중유예배 교수와 스태프들은 충격에 빠졌다. 그런 학생들을 어떻게 지도해야 할지 머리를 맞대고 기도했다. 결론은 동거하는 학생들이 원한다면 결혼식을 올려주자는 것이었다. 우리는 한 쌍씩 불러 혼전 동거가 하나님 뜻에 합당하지 않다고 말해주었다. 먼저 부모님께 허락받고 결혼식을 올리라고 권면했다.

2012년 4월, 두 쌍의 결혼식을 치러주었다. 결혼 화장 전문가를 섭외했고, 내 아내가 교회의 아는 사람들을 통해 웨딩드레스, 부케, 화관 등 일체를 초저가로 빌려왔다. 나는 신랑 신부의 야외 촬영 장소를 알아보고 직접 촬영도 해주었다. 내 아이가 결혼하는 것처럼 기뻐하며 아름다운 예식을 준비해주었다.

교회를 빌려 목사님의 주례로 합동결혼식을 올렸다. 교회는 맛있는 음식을 준비하여 파티를 열어주었다. 중국의 부모님이 핸드폰 동영상 중계로 결혼식을 보았다. 이 일로 중국 유학생 교회는 더욱 하나가 되었다. 생명을 공유하는 공동체로서, 유학생 교회 안에서 생생한 교육을 한 것이다.

그러나 자식이 많으면 바람 잘 날이 없다고 했던가? 사고가 터진

날도 있었다. 새벽 1시경 부산의 모 경찰서에서 전화가 왔다. 중국 유학생 2명이 범죄를 저질러 붙잡혔으니 보호자가 와서 데리고 가라는 것이었다. 알고 보니 중국에서 진행되는 경마도박에 연루된 것이었다. 중국의 친구가 한국의 축구 시합을 스마트폰으로 중계해주면 돈을 주겠다고 하여 끌려 들어간 일이었다. 경찰이 이런 도박이 성행하는 것을 알고서 축구장에서 중계하는 아이들을 검거한 것이었다.

내가 경찰 서류에 보증한다는 도장을 찍고 아이들을 데리고 나왔다. 아이들은 자꾸 변명하려고 했다. 그래서 성경 말씀으로 정직을 가르쳤다. 잠시 모면하려고 거짓으로 넘어가려 하지 말고 오직 정직하게 있는 그대로 조사를 받도록 가르쳤다. 그리고 하나님의 도움을 구하자고 권면했다. 사건은 검찰로 이송되었다. 나는 검사에게 장문의 탄원서를 제출했다. 검찰에서 학생들과 함께 오라는 연락이 왔다. 검사를 만났다. 그는 크리스천이었다. 검사는 나의 글을 읽고서 아이들을 사랑하는 마음이 느껴진다며 훈방해주었다.

2016년 9월, 지난 6년 동안의 교회 행사 사진을 모아 중국 유학생들에게 소개하는 동영상을 만들었다. 동영상을 제작하는 과정에서 그동안 찍은 사진들을 선별하는 작업을 했다. 우리 곁을 스치듯 지나간 아이들의 얼굴이 나타났다. 아이들을 사진으로 다시 대하면서 갑자기 그들이 그리워졌다. 보고 싶은 마음이 물밀듯 몰려왔다. 나도 모르게 눈가에 눈물이 맺혔다. 애잔함이었다. 이 글을 쓰고 있는 지금도 보고 싶은 마음에 눈물이 솟구친다.

그때는 몰랐다. 그저 매주 섬겨주고, 같이 놀아주고, 힘들고 궂은 일을 해도 기쁘기만 했다. 그렇게 시간이 지나간 줄 알았는데, 지나간 사건과 시간이 그리움으로 응어리져 내 가슴 깊은 곳에 남아 있었다. 육십 나이에도 보고 싶어 눈물을 흘릴 사람이 있다는 것은 큰 복일 것이다.

그때, "바로 이것이 네가 구하던 그 사랑이다"라고 성령께서 깨닫게 해주셨다. 이것을 깨닫자마자 나의 영은 하늘의 기쁨으로 충만해지기 시작했다. 그 사랑은 윤인구에게 있던 그것이었다.

윤인구를 볼 때 그의 사랑이 너무 커 보여 나는 좌절했다. 나는 상대적으로 너무 작아 보였다. 나는 윤인구가 가졌던 그 사랑을 가지게 해달라고 기도했다. 그런데 주께서는 "네 속에 있는 혈육에 대한 사랑의 범위를 넓히면 된다"고 말씀하셨다. 나는 그 범위를 넓히는 일이 언제나 가능해질까 싶어 답답했다. 그런데 그 일이 내 안에서 이미 일어난 것을 발견했던 것이다. 나는 뭔가 태산 같은 것을 넘어야 그 사랑이 나에게 올 것이라고 착각했다. 그런데 우리나라에 이방인으로 온 나그네, 곧 중국 유학생을 대접하는 작은 순종 속에 주님이 원하시는 그 사랑이 내 안에 뿌리내리는 길이 있었다. 주님께 감사와 찬송을 올려 드렸다.

20

거룩한세대
멘토링

제자들을
만나다

2008년 9월 가을학기가 개학되자 내 마음은 새로운 영적 봄을 맞이하고 있었다. 그해 5월에 열린 50년 만의 찬양 부흥회의 감격이 그때까지 계속 지속되고 있었다. 나는 이제 도저히 예전처럼 살아갈 수 없는 사람, 새로운 피조물로 변했다는 것을 깨달았다.

 새 학기 강의를 시작하자 성령께서 내 마음을 재촉하셨다. 나는 아무런 대책도 없이 멘토링을 해주겠다며 학생들을 모았다. 서울대학교 대학생활문화원의 자료에 의하면, 멘토링이란 스스로 자신의 문제를 해결할 만큼 충분히 성장, 발달하지 않은 아동이나 청소년, 특정 분야의 초보자에게 충분한 성장과 발달을 경험하였거나 해당 분야에 관해 더 높은 수준의 경험·지식·기술을 갖춘 성인이나 인생의 선

배가 친밀한 관계 속에서 돌봄·배려·조언·지도를 통해 개인의 성장과 발달을 촉진하는 활동이다.[40]

나는 수업에 들어가서나 개인적으로 접촉하는 학생들에게 멘토링의 필요성을 홍보했다. 나로서는 많은 시간을 들여 학생들을 도와주겠다고 나선 일이었다. 그러나 학생들은 멘토링의 필요성을 이해하지 못했다. 어쨌든 어렵게 모은 학생들을 3명씩 나눠 7개의 멘토링 그룹을 구성하였다. 학교 정규 강의 외에 매주 10.5시간 이상을 학생들을 위해 할애했다. 교수의 의무 강의 9시간보다 더 많은 시간을 기꺼이 감당한 것이다.

나는 원래 부산대학교 공대 안에서도 큰 연구비의 프로젝트를 수행하고 있었다. 다큐멘터리를 시작하기 이전에도 연구하던 프로젝트가 있었다. 그러나 다큐멘터리 작업이 시작되면서 윤인구를 알아가고 다큐멘터리를 만드는 일이 나에게 최우선 순위가 되어버렸다. 다른 연구는 도저히 손에 잡히지 않았다. 공동 연구자였던 다른 교수들이 나 때문에 수고를 많이 하였다. 그들의 도움으로 간신히 프로젝트를 끝낼 수 있었다. 이 지면을 빌려 그때 나의 빈자리를 메우며 도와주었던 교수들에게 감사를 표한다.

내 연구실은 다큐멘터리를 만든 후 갑자기 연구비가 없는 곳이 되어버렸다. 내가 그 1년 동안 겪은 일을 모르는 동료 교수들은 정말 의아했을 것이다. 그 후 지난 10년 동안 아무런 연구 프로젝트를 진행하지 않았다. 나는 이것도 주님의 인도하심으로 생각하고 감사하고 있

---

40 서울대학교, 멘토를 위한 청소년 멘토링 가이드북 2010. 12.

다. 그 여분의 시간에 학생들을 만날 수 있었기 때문이다. 그렇다고 해서 마냥 연구를 게을리한 것은 아니다. 외부 프로젝트 연구비가 없어도 연구할 수 있는 분야로 연구 방향을 돌린 것이다. 그로 인해 창의적인 연구를 시작할 수 있었고, 2009년 멀티미디어 학회와 디자인학회의 우수 논문상을 받았다. 2015년에는 부산대학교 공대 논문상도 받았다. 요즘은 내 연구실로 중국 학생들과 아프리카 학생들이 석사, 박사 과정의 공부를 하겠다고 찾아온다. 주님이 보내주신 학생들인 줄 알고, 그들을 통해 하나님 나라가 확장되기를 기도하며 섬기고 있다.

생명을
전하다

처음 멘토링을 시작했을 때, 첫 멘토링 그룹으로 3명을 모았다. 모두 예수를 모르는 학생들이었다. 세상이 이러하기에 기독교에 대한 반감이 많았을 것이리라고 짐작하였다.

나는 학생들에게 내가 기독교인이기에 기도로 시작해도 되겠는지 정중하게 물었다. 이것이 중요하다. 내가 그렇게 그들을 존중해서 말하는데, 그들이 어떻게 안 된다고 하겠는가? '가가멜이 변해도 참 많이 변했다'라고 나 스스로 생각했다.

시작하기 전에는 간단하게 기도했다. 그러나 마음속으로는 정말 간절한 기도가 있었으니, 그것은 "내가 학생들을 모아놓고 무엇을 가르쳐야 할지 모르겠습니다. 성령님, 나에게 학생들을 멘토링할 수 있도록 인도해주십시오"라는 기도였다.

성령께서는 매시간 놀라운 지혜를 주셨다. 기독교의 본질적 진리들에 대하여 학생들이 이해할 수 있도록 가르칠 수 있는 방법을 알려주셨다. 그것은 기독교에 대한 반감 없이, 학생들에게 하나님의 말씀을 자연스럽게 진리로 인정할 수밖에 없도록 하는 성령님의 교안이었다. 나는 가르치면서 스스로 놀랐다. 그것은 나로부터 나오지 않은 것이 분명했다. 학생들은 생명의 복음을 쉽게 받아들였다. 몇 주 지나 학생들의 반응을 보면서 나는 자신감이 생겼다. 학생들에게 물었다.

"자네는 내가 멘토링에서 가르치는 성경의 말씀이 진리라고 인정하는가?"

"인정합니다."

학생들은 한결같이 대답했다. 나는 나에게 있는 생명의 기운이 그들에게 심겨지는 것을 느꼈다. 생명은 생명을 낳는다.

성령께서는 또 한 가지 지혜를 주셨다. 그것은 학생들이 멘토링에서 배운 것을 일주일 안에 반드시 실천해보는 것이었다. 교회 용어로 하자면, 일주일에 하나님 말씀을 하나 배우면 그대로 실천한 간증을 적어 오는 것이었다. 학생들은 적극적으로 순종했다. 이것이 학생들을 놀랍게 변화시켰다. 그것은 학생들을 둘러싸고 있는 사망과 어둠에 하늘의 광명이 임하는 역사였다.

멘토링의
생명력

그 다음 학기인 2009년 봄, 부산에서 학원복음화 리뉴얼(Renewal)

대회가 열렸다. 나의 멘토링 제자 중에서 첫 제자인 황 군에게 놀라운 변화가 있었기에 그를 간증자로 세우려고 마음먹었다. 그에게 대회에 대해 설명한 후 간증할 수 있는지 물었다. 그는 해보겠다고 했다. 그리고 다음의 간증을 적어왔다.[41]

나는 부끄러운 출생 배경을 가진 사람입니다. 세상 법이 인정하지 않는 서자로 태어났습니다. 아버지의 형제와 그 자손들 사이에서 나는 어릴 때 잊힌 존재였습니다. 내가 성장해갈수록 아버지는 나를 가족들에게 드러내 아들의 지위를 친척 모두에게 인정받고 싶어 하셨습니다. 그러나 그럴수록 호적상의 가족들과 치유할 수 없는 상처가 생겼습니다. 그로 인해 내 자존감이 무너져 내리는 것은 어쩔 수 없었습니다. 그래서 나를 세상에 드러내는 것에 겁이 났고, 올 초에는 가족 관계가 더욱 더 파국으로 치달아 나는 존재의 가치를 잃어버렸습니다. 나는 부모님을 원망하며, 끊임없는 자기 비하로 하루하루를 힘겹게 살고 있었습니다.

올해 1학기 시작할 때쯤 학점을 적게 신청하고, 아르바이트를 하면서 무너진 나 자신을 바로 잡아보려고 했습니다. 거의 매주 시험을 보는 우리 학과 사정으로 볼 때 아르바이트와 막중한 공부를 동시에 하는 것은 무거운 짐이었습니다. 그러던 중, 나는 실험 때문에 한 수업을 빠지게 되었는데, 불행하게도 그 시간에

---

41 황OO의 간증. 부산학원 복음화협의회 2009년 Renewal 대회 자료집

쪽지시험을 봤다는 사실을 알게 되었습니다. 자존감이 부족했던 나는 또 한 번 자책감에 휩싸이게 되었고 주체할 수 없이 불안한 감정에 빠졌습니다. 나는 그렇게 쉽게 무너져 내리는 약한 존재였습니다. 그날 밤 교수님께 이메일을 썼습니다. 수업을 빠진 사연과 불안한 나의 마음을 편지에 담아 적었습니다. 교수님께서는 간단하게 답을 하셨습니다.

"화요일 수업 마치고 보도록 합시다."

나는 실낱같은 희망을 가지고 교수님을 찾아갔습니다. 그때 내 친구는 '그 교수님께 가면 기독교 믿으라고 하실 거다'라고 나를 걱정해주었습니다.

교수님께서 쪽지 시험 때문에 안절부절못하는 제게 일침을 놓아주셨습니다. 그 인연으로 나는 일주일에 한 번씩 하는 교수님의 멘토링에 참여하게 되었습니다. 그러다 예수님을 나의 구주로 영접하게 되었고 하나님을 알게 되었습니다.

예수님을 영접하고 1달도 되지 않아 기말고사 기간이 되었습니다. 공부할 시간은 적었고 시험 볼 것은 많았습니다. 나는 어린 아이와 같은 심정으로 하나님께 매달렸습니다. 시험을 치거나 공부를 시작하기 전에는 하나님께 꼭 기도하였습니다. 기도가 뭔지도 잘 모르지만 "하나님, 나의 하나님, 내가 공부하는 데 힘을 주셔서 잘 기억할 수 있도록 도와주세요"라고 했습니다.

나는 교수님께서 제게 영생을 설명하실 때 사용하시던 동전을 간직하고 있었고, 거기에 '영생'이라고 쓰고 지워지지 않도록 테이프를 붙였습니다. 기도할 때마다 그것을 손에 꼭 쥐고 기도하였습니다. 그때 뭔가 모르게 나를 감싸는 기운을 분명히 느낄 수 있었고, 하나님이 나를 도와주실 거라는 믿음이 있었습니다. 그리고 시험을 치기 전에도 내가 긴장하지 않고 아는 만큼 적을 수 있도록 도와달라고 하나님께 기도드렸습니다. 나의 모든 주변 환경은 나를 힘들게 몰아가려고 했지만, 나는 내가 하나님의 자녀라는 믿음과 기도로 어려운 환경을 이겨나가는 법을 배우기 시작하고 있었습니다.

기말 고사가 끝나고 교수님의 멘토링에서 점점 나 자신을 찾아가고 있었습니다. 드디어 성적이 나왔습니다. 나는 처음에 그 성적을 보고 너무 놀랐습니다. 한 과목의 B+만 빼고 전부 A+인 기적 같은 성적이 나온 것입니다. 평균 학점이 4.32였습니다. 내가 도저히 기대할 수 없는 성적이었습니다. 교수님은 "이 정도면 우리 학부에서 아마 수석일거다"라고 하시며 당신의 일처럼 기뻐해주셨습니다.

그렇게 나 자신에 대한 비관적인 생각들을 하나씩 버리게 되었고, 나만의 동굴에서 서서히 빠져 나왔습니다. 나의 모든 일에 주님이 함께 하신다는 믿음과 자신감으로 충만해지기 시작했습니다. 하루를 기도로 시작했고 이전과 다른 나를 발견할 수 있었습니다. 그렇게 주님에 대한 확신과 믿음을 가지게 되었고, 좀더 하나님을 알고 싶은 마음이 커졌습니다. 교수님께서 소개하신 한 전도사님을 통해 초급 성경 공부를 마쳤습니다. 지금 내 마음 속에는 "너희가 내 안에 거하고 내 말이 너희 안에 거하면 무엇이든지 원하는 대로 구하라 그리하면 이루리라"(요 15:7)는 진리의 말씀이 새겨져 있습니다. 나는 이 하나님의 말씀이 내 가슴에 너무 깊이 와 닿아 평생 약속의 말씀으로 간직하며 살려고 합니다.

나는 내 자신의 왕좌에 예수님을 모셔들이고 하나님의 말씀에 따라 기쁜 삶을 살 수 있도록 노력할 것입니다. 그리고 나 또한 하나님의 말씀을 듣고 행하여 다른 사람에게 빛이 될 수 있는 존재가 될 수 있기를 바랍니다. 마치 교수님께서 나에게 빛을 보여주신 것처럼 말입니다. 요즘 내 생활은 너무나 행복합니다. 부모님과도 사이가 많이 좋아졌고 여자친구와 학교 친구들과도 좋은 교제를 하며 살아가고 있습니다.

이제 나는 내 영광스러운 출생의 비밀을 아는 자입니다. 하나님께서 나의 아버지이십니다. 이제는 더 이상 육신의 부모님을 원망하지 않습니다. 더욱 사랑하게 되었습니다. 내 남은 삶의 길에 하나님께서 함께 하셔서 그 거룩한 영광이 나의 삶에 있을 것을 믿습니다.

나는 간증의 첫 대목부터 너무 놀랐다. 누구에게도 말 못할 출생의 비극을 안고 살아온 그에 대해 연민의 마음이 올라왔다. 이것을 어떻게 리뉴얼 대회에 모인 수많은 사람들 앞에서 이야기한다는 말인가? 나는 황 군이 걱정되었다. 그에게 물었다.

"이 간증을 발표해도 괜찮겠나?"

그는 문제없다고 했다. 대회 당일, 그는 약 400명의 같은 나이 또래의 젊은이들 앞에서 자신의 연약함을 드러내고 하나님께 영광을 돌렸다. 초신자인데, 참으로 감사한 일이다. 나는 그래도 걱정스러운 눈빛으로 단상에서 내려 온 황 군에게 다시 물었다.

"(이 간증을 많은 사람 앞에서 했는데) 너 정말 괜찮나?"

그는 씩씩하게 대답했다

"네! 교수님, 이제 모든 것을 다 털어버리니 속 시원합니다."

그는 '차가운 버려진 돌덩어리'였는데, 하늘의 광명이 그에게 임했고 새 생명을 되찾았다. 그에게 문제될 것은 아무것도 없었다. 그를 걱정해주는 내가 도리어 믿음이 부족한 자처럼 느껴졌다.

하나님께서 멘토링 첫 제자부터 이렇게 기적을 일으켜 주셨다. 성령께서 멘토링을 이끌어가고 있음을 증명하는 듯했다. 이외에도 나를 감격하게 하는 수많은 간증이 있었다. 특히 우울증에 걸린 학생들이 많이 회복되었다. 지면상 다 소개하지 못함을 안타깝게 생각한다.

멘토링 교안이
완성되다

멘토링의 생명력은 어느 특정한 사람에게만 나타나는 것이 아니다. 그것은 약 2년 간(2008년 9월-2010년 8월) 나에게 멘토링을 받은 80여명의 학생들의 변화를 보여주는 통계 데이터가 증명한다. 나는 학생들이 멘토링 전과 후에 나타나는 변화를 6개의 항목으로 측정했다. 인생의 진리, 자존감, 긍정적 행동의 변화, 꿈과 비전, 자기 제어력, 삶의 기쁨과 같은 6가지 항목이다. 이 항목마다 멘토링 이전에는 2.0에서 3.2 정도의 수치였다면, 멘토링 이후에는 8.6에서 9.2까지 증가하였다. 더 놀라운 것은 이들 대부분이 예수를 믿지 않는 학생들이었고, 그중 70퍼센트 이상이 멘토링 가운데 예수를 영접한 것이다.

멘토링 7주, 총 10.5시간의 변화는 실로 놀라웠다. 그것은 성령님의 능력이었다. 여기에는 학생들의 입장에서 매주 간증을 적어 내기 위해 진리의 말씀대로 살려고 노력한 시간이 더해졌을 것이다.

이것을 교수와 교사 입장에서 보자. 교육자가 일주일에 1.5시간만 학생들에게 이렇게 멘토링을 한다면, 그들을 구원할 뿐 아니라 그들에게 진리대로 살 수 있는 힘을 줄 수 있다.

나는 이 멘토링 방법을 다른 교수와 교사에게 전수했다. 그 결과는 열매를 맺는 경우와 맺지 못하는 두 가지 경우로 나누어졌다. 나는 그 원인을 교수와 교사, 곧 멘토들의 생명력 유무라고 본다. 하나님의 교육 부흥 전략은 먼저 교수와 교사들을 생명력으로 충만하게 하는 것이다. 그리고 그들을 통해 거룩한 다음세대를 일으키는 것이다.

이러므로 그들의 열매로 그들을 알리라 _마 7:20

몇 번 멘토링을 진행하면서 성령님의 도우심으로 멘토링 교안이 완성되었다. 그것을 여기에 간략히 소개한다.

1주: 배추 거꾸로 심기, 멘토링 서약

학생들에게 자신이 이대로 살아간다면 소망이 없음을 인정하게 한다. 인생을 살아가는 진리를 소개하고, 그런 삶을 갈망하는 변화가 있도록 인도한다. 그리고 7주 동안 멘토(교수)에게 절대 순종을 서약하게 한다.

2주: 항상 기뻐하라

빌립보서 4장 4-7절 "주 안에서 항상 기뻐하라"는 말씀을 소개하고 심비에 새기도록 훈련한다. 어떠한 상황에도 이 말씀이 살아서 역사하는 존재로 변화되도록 지도한다. 학생(멘티)들은 그 다음 주에 이 빌립보서 말씀으로 자신의 삶에서 일어난 영적 승리의 간증을 숙제로 적어온다.

3주: 나는 누구인가?

학생들은 이 질문에 대답하지 못한다. 내가 영,혼,육에서 누구인지 세상의 관점과 기독교의 관점을 비교해주고, 학생들에게 어느 것이 진리인지 선택하도록 한다. 죽어 있는 자와 죄인은 주님을 만나기 전의 상태이다. 시편 2편 7-8절 "너는 내 아들이라. 오늘 내가 너를 낳았도다 내게 구하라…"는 말씀을 주고서 하나님의 아들의 정체성을 회복하게 한다. 과제로는 자신이 하나님의 아들로서 정체성의 변화를 경험한 간증을 적어오게 한다.

4주: 위대한 꿈을 꾸라

윤인구가 꾸었던 위대한 꿈을 소개하고, 이를 꾸게 한 분도, 이루어 주신 분도 하나님임을 믿게 한다. 시편 37편 4절 "여호와를 기뻐하라. 그가 네 마음의 소원을 이루어 주시리라"는 말씀을 믿음으로 선포하게 한다. 자신에게 능력이 없어서 포기하고 있던 꿈을 기억하게 하고,

하나님의 도우심을 믿고 회복할 수 있도록 격려하며, 과제로 그 회복의 간증을 다음 주에 적어 오게 한다.

5주: 위대한 습관

마태복음 7장 12절의 황금률을 소개하고, 이 말씀이 삶의 소중한 진리임을 깨닫게 한다. 학생들에게 '내가 대접받고 싶은 대로 남을 대접한 간증'을 그 다음 주에 적어 오게 한다.

6주: 믿음의 사람

히브리서 11장 3절 "믿음으로 모든 세계가 하나님의 말씀으로 지어진 줄 우리가 아나니 보이는 것은 니타난 것으로 말미암아 된 것이 아니니라"는 말씀으로 믿음의 세계를 변증하고, 믿음으로 세상을 이기는 법을 가르친다. 이를 위해 기도하게 한다. 과제로는 기도하면서 믿음의 능력을 경험한 간증을 적어 오게 한다.

7주 : 작은 예수

우리의 목표는 작은 예수로 사는 것이다. 윤인구의 삶을 통해 그것을 배운다. 우리는 신적 존재였으며, 죄악으로 에덴동산에서 쫓겨났지만, 예수와 십자가를 통해 하나님의 아들로 회복된다는 것을 가르친다. 마지막으로 지난 7주간의 변화에 관해 설문조사를 하고, 전체 간증을 적는다.

거룩한세대 멘토링
홈페이지

21

거룩한세대를
회복하라

공교육
회복의 소명

윤인구의 다큐멘터리를 만들면서 나는 큰 영적 축복을 받았다. 윤인구가 걸었던 교육자의 길은 나를 깊은 회개로 이끌었다. 나는 지난 20년의 교수 생활이 부끄러워 견딜 수 없었다. 다큐멘터리가 완성된 후에는 도저히 이전의 나로서 살아갈 수 없었다. 대학에서 교수로서 세상적 성공을 향해 달려가던 나에게 하나님은 많은 것을 내려놓도록 인도하셨다. 나는 참된 교육자로서 내 삶을 주님께 온전히 드리고 싶어졌다.

나는 다큐멘터리 제작 과정에서 완전한 하나님의 교육 원형을 발견했다. 이것은 반드시 우리나라의 모든 교육계로 흘러 들어가야 하고, 온 세상으로 퍼져가야 한다는 것도 깨닫게 되었다. 그리고 기도 중에 '우리나라 공교육 회복'의 소명을 받았다. 이것은 쉬운 일이 아니라 목숨까지 내어 놓아야 한다는 마음도 받았다

현재 우리나라 교육은 소망이 없어 보인다. OECD 국가 중에서 청소년 자살률 1위, 저 출산율 1위, 노령화 지수 1위, 입시 지옥 등등 이루 말할 수 없는 문제들이 있다. 그런데 아무 힘도 없는 한 교수가 어떻게 이 원대한 하나님의 계획을 이룰 수 있을까? 자조적인 고백이 흘러나왔다.

공과대 교수로서 전략적 사고를 좋아하는 나에게 대책이 없는 계획이란 있을 수 없었다. 반드시 문제에 대한 해답을 찾아야 하고, 합리적으로 계획하고 실행해야 했다. 하지만 공교육 회복의 문제는 너무 거대해 이렇게 하더라도 계란으로 바위치기의 수준을 넘어 설 수 없는 것처럼 보였다.

공교육 회복의 전략을 짜내기 위해 깊은 생각의 늪에서 몇날 며칠을 집중적으로 기도하면서 지냈는지 모른다. 마침내 두통이 몰려왔다. 주신 소명을 이루고 싶은 열정과 도무지 답을 찾을 수 없는 답답함 사이에서 나는 견딜 수 없었다. 그 절망의 끝에서 주님께 애통하며 기도를 드리던 중 하나님께서는 나에게 내적 음성으로 말씀하셨다.

"그 전략을 왜 네가 걱정하는 거냐?"

지혜와 계시의 정신이 버럭 나를 깨웠다. 이 일은 하나님께서 이미 계획하시고 이루실 거라는 확신이 몰려왔다.

지난 2008년, 하나님께서는 나에게 윤인규 다큐멘터리 제작이라는 한 므나를 맡기셨다. 나는 주께서 맡기신 그 일에 최선의 노력을 다했다. 그후 멘토링이라는 이름으로 학생들을 모았다. 그들에게 하

나님 나라를 가르치기 시작했다. 수많은 학생들이 예수님을 영접하고 변화됐다. 그것이 하나님의 전략이었다.

교육의 본질적 회복은 교육정책의 변화로 이끌어낼 수 없다. 하나님의 뜻에 의해 생명력을 회복한 새로운 피조물이 '세상이 감당할 수 없는 자'가 되어 '천하에 염병'처럼 하나님 나라를 확장해가야 하는 것이다. 이렇게 교육이 회복되는 것이 하나님의 뜻이 아닐까? 나는 기독교가 쇠락의 길을 걷고 있는 우리나라에서 하나님 나라가 임하게 하는 가장 중요한 전략적 요충지가 교육계라고 본다.

기독교가 세상으로부터 온갖 손가락질을 받고, 안티 성향의 언론들은 교회에 문제가 생기면 너나할 것 없이 대서특필하고 있다. 이런 시대에 어린 학생들이 보고 듣는 것은 가짜 기독교이다. 사탄 마귀가 뿌려둔 기독교 안의 가라지들이 득세하고 있는 이때, 다음세대를 하나님 나라로 이끌어가기 위해 가장 시급히 필요한 것은 학생들을 하나님의 진리와 사랑으로 가르치는 교육자들이다. 아이들이 초등학교 시절부터 진실로 하나님의 사람인 위대한 스승을 만난다고 생각해보자. 진리의 길을 가고 있는 스승을 알게 된 아이들은 세상을 향해 이렇게 외칠 것이다.

"우리 선생님은 기독교인인데 그러시지 않으셨어요! 신문과 방송에 나오는 문제의 기독교인들은 모두 가짜예요! 나는 진짜 기독교가 무엇인지 우리 선생님의 삶에서 분명히 보았어요!"

학생들이 초중고, 대학교를 거치면서 학교에서 주 안에 거하는 온전한 스승을 만난다면, 그런 스승들이 점점 많아진다면, 하나님의 나라는 크게 부흥하게 될 것이라 나는 믿는다.

그러나 이 일이 어디 쉬운가? 학교 환경은 교사가 학교에서는 자신이 그리스도인임을 나타낼 수 없게 되고 말았다. 또한 세상 사람들과 전혀 다를 바 없는 그리스도인 교사도 너무나 많다. 학교 현장에서 온전한 하나님 나라 구축을 위해 헌신하는 교사는 극소수에 지나지 않는다. 그러나 하나님께서 거룩한 다음세대를 일으킬 수 있는 중요한 영적 전략을 우리에게 허락하셨다. 그것은 '거룩한세대' 기도회를 여는 것이었다.

거룩한세대 회복을 위한
영적 전략

2012년, 주님께서는 말기암으로 고통 중에 있던 이민아 목사에게 "거룩한세대(Holy Generations in Education: HGe) 24시간 연속 기도회를 하라"는 마음을 주셨다. 이것은 거룩한 다음세대를 구하는 도시적 기도 모임이며, 각 도시의 공중권세 잡은 자들에 대한 영적 전쟁이다.

생명이 경각에 달리 그 시간에 이민아 목사는 깊은 중보기도 속에서 날마다 주님을 만나고 있었다. 그녀는 큰 아들의 죽음 이후 하나님으로부터 세상 모든 청년들을 자신의 목숨보다 사랑하는 큰 사랑을 획득하였다. 그 사랑으로 주께 나아가 기도한 그녀를 통하여 다음세대를 위한 주님의 전략을 보여 주신 것이다.

2012년 3월 15일 이민아 목사는 주님 곁으로 떠났고, 나는 남은 자로 그 유업을 이어 받았다.

우리의 씨름은 혈과 육을 상대하는 것이 아니요 통치자들과 권세들과 이 어둠의 세상 주관자들과 하늘에 있는 악의 영들을 상대함이라 _엡 6:12

주께서는 도시와 국가에서 역사하고 있는 어둠의 세상 주관자들과 하늘에 있는 악한 영들과 전쟁을 요구하신 것이다. 기도에서 영적 전쟁의 승리를 거두어야 세상의 전쟁에서 이길 수 있다.

[10]여호수아가 모세의 말대로 행하여 아말렉과 싸우고 모세와 아론과 훌은 산 꼭대기에 올라가서 [11]모세가 손을 들면 이스라엘이 이기고 손을 내리면 아말렉이 이기더니 _출 17:10-11

직접 세상의 전쟁터에 나가는 사람들도 있지만, 영적 영역(산 위)에서 영적 전쟁(기도)을 승리로 이끌어야 하는 사람들도 필요한 것이다.

그러나 이 기도회는 나 개인이 감당하기에는 큰일이었다. 내 체력으로 봐도 밤잠을 자지 않고 24시간 계속 찬양과 기도를 드리는 것이 가능할까 하는 의심이 들었다. 그러나 기도할수록 주께서는 "내가 약속대로 앞서 갈 테니 두려워 말고 나를 따라오라"는 마음을 주셨다. 나는 순종하기로 결정했다. 내 마음은 점점 많은 사람들과 함께 24시간 찬양과 기도를 드릴 기쁨으로 채워지기 시작했다.

2012년 2월 열린 부산 · 울산 · 경남 교수선교대회에서 나는 10분의 시간을 허락 받아 교수들에게 "영적 전쟁을 하자!"라는 제목으로 HGe의 필요성을 도전했다. 감사하게도 교수들이 이 일을 함께 하자고 동의해주었다. 그래서 HGe가 개인이 추진하는 일에서 갑자기 부산·울산·경남 교수들이 추진하는 일로 권위가 격상되었다. 이 기도회에서 이 일에 적극적인 교수들과 준비모임을 가졌다. 우리는 부산성시화본부를 접촉하여 이 기도회를 갖자고 제안하였고, 부산성시화본부에서는 "드디어 교수들이 나선다"며 매우 기뻐해주었다. 또한 적극적으로 돕겠다고 했다. 이를 위해 시스템을 어떻게 갖추어가야 하는지 조언도 해주었다.

그러나 준비 기도를 하는 중에, 주님의 뜻은 우리가 생각하는 것과 전혀 다르다는 것을 알게 되었다. 주께서 원하시는 것은 전혀 다른 새로운 형태의 중보기도회였다. 그것은 그때까지 내가 아는 바 한 번도 시도된 적이 없는 새로운 형태의 기도회였다. 기도 가운데 주님의 마음을 구했고, HGe의 7무(無) 원칙을 확정했다. 이것은 거룩한세대를 구하기 위해 우리에게 요구하시는 주님의 거룩한 원칙이다.

원칙 1: NON-STOP 대회
시작부터 끝까지 쉼 없이 중보기도와 찬양을 함.
원칙 2: 무 조직 대회
성령께서 직접 인도하시는 대회를 지향하며, 조직위원회, 운영위원회도 없음. 위원장도 위원도 없으며, 오직 주께서 주시는 마음에 따라 각 개인이 자발적으로 헌신함.
원칙 3: 무 인원 동원
대회 홍보는 하되 어느 누구에게도 대회 참여 인원을 늘리기 위해 인원 동원 요청을 하지 않음.

원칙 4: 무 재정 후원 요청

필요한 예산을 주님께서 다 채워주실 것을 믿고 어느 누구에게도 재정 후원 요청을 하지 않음.

원칙 5: 무 스타(star)

대회의 주강사, 예배인도자, 기도인도자들의 이름이 외부에 드러나지 않도록 진행함. 하나님 한 분만 높아지시는 대회를 지향함.

원칙 6: 무 의전

모든 사람들이 온전히 예배, 찬양, 중보기도에 집중하기 위해 의전 없이 진행함. 진행자들이 지정된 장소에 대기하고 순서가 되면 맡은 순서를 진행함. 마치면 의전 환송도 없음.

원칙 7: 무 사례비

예배인도자, 기도인도자, 찬양팀 어느 누구에게도 사례비를 지급하지 않기로 함.

이 7가지 원칙 하나 하나를 기도 중에 받을 때마다 나는 매우 힘들었다. 세상의 관습과 전혀 다른 것을 요구하셨기 때문이다. 또한 내가 보았을 때도 이 원칙대로 하면 기도회에 사람이 전혀 모이지 않을 것이고, 대회를 운영해나가기도 너무 힘들어 보였기 때문이었다. 그러나 주님의 뜻을 받아들이고 순종하기로 했다.

그런데 생각을 바꾸어 보면, 이 7무 원칙은 주님의 마음이 분명했다. 주님은 오직 홀로 영광 받으시길 원하시며, 주님의 뜻대로 이 대회를 해나간다면 성령께서 다 인도해주신다는 약속인 것이다.

HGe 취지문을
작성하다

대회가 점점 다가오면서, 나는 우리가 왜 이 기도운동을 해야 하는지 사람들에게 설명할 필요를 느꼈다. 나는 취지문을 쓸 수 있도록 하나님의 마음을 달라고 기도했다. 다음은 하나님의 마음을 따라 쓰게 된 취지문이다.

거룩한세대 운동 취지문

교육이 망하면 나라가 망한다. 행복한 어린 시절과 꿈 많은 청소년기가 사라졌다. 폭력으로 학교에서 아이들이 자살로 내몰리고 있다. 교육 몰락의 징조가 여기저기에서 나타나고 있다. 자녀의 교육을 위해 쏟는 애정과 시간, 교육비가 날로 증가되어도 교육은 더 황폐해가고 있다. 교사와 교수의 권위는 땅에 떨어졌다. 교육은 이미 자본주의를 효율적으로 움직이는 수단으로 전락했다. 이제 이 모든 죄악이 가득한 교육 시스템이 조직화되고 완성 단계에 이르렀다.

타락한 세대의 재생산, 왜 이 지경이 되었는가? 이 치욕스러운 상황 속에서 허무하게 하루하루 보내고 있을 수는 없다. 공중권세 잡은 자의 권세는 이 도시와 나라의 교육계를 파멸로 몰고 가고 있다. 그래서, 우리는 오늘 영적 전쟁을 선포한다.

하나님의 나라가 교육계에서 임해야 한다고 믿는 우리는 거룩한 세대를 일으키고자 분연히 깃발을 들고 일어선다. 우리의 원수는 타 종교 또는 나를 위협하는 외부의 인물과 상황이 아니다. 타락한 나의 자유의지와 하나님 나라 건설에 대한 나태함이 나의 영적 전쟁의 대상이다. 우리 교수와 교사는 하나님의 복음에서 벗어난 교육을 행하는 등 수많은 죄를 양산해왔고, 학부모들도 경쟁 시스템에 함몰되어 자신의 아이만을 위한 경쟁에 뛰어든 죄를 범하였음을 고백하고 회개한다.

교육계에 이미 뿌리를 내린 모든 죄악들을 밝혀내고, 우리가 기도하며 회개하여 하나님의 은혜로 다시 거룩함을 회복하고자 한다. 교육의 본질은 진리에 대한 경외심에서 출발한다. 하나님께서 우리에게 주신 교육의 원리들을 현장에서 회복하고, 이제 하나님의 뜻에 따라 세상에서 가장 아름다운 교육으로 회복하기 위해 실천적으로 나아간다.

이 대회 이후 거룩한세대 운동(Holy Generations Movement)을 매년 실행하고, 점검을 통한 개혁으로 거룩한세대들을 기르는 교육 · 사회 시스템의 완성을 지향한다.

이 대회에 하나님의 크신 은혜가 임하시기를 갈망하며, 24시간 온전한 찬양과 중보기도를 올려 드리고자 한다. 이것은 부흥을 기다리는 우리의 간절함의 표현이다.

주님 우리를 불쌍히 여기소서!

성령이여 임하소서!

거룩한세대가 일어나기를 갈망하는 중보자 일동(2012년 5월)

HGe 대회의
확산

주께서 신실하게 약속대로 다 이루어주셨다. 무 인원 동원 원칙으로 인해 대회에 10명도 오지 않을지 모른다는 걱정을 하기도 했다. 그러나 놀랍게도 기도회에 참가한 사람들의 총수는 약 2,000명에 달했다. 무 재정 요청의 원칙으로 예산 걱정도 많이 했지만, 주님의 은혜로 모두 확보되었다. 아무에게도 요청하지 않았는데, 기도 중에 헌금할 마음을 받은 사람들이 스스로 헌금하였다. 아무도 나서서 일을 조직하거나 도모하는 사람이 없어도 하나님 나라가 이루어지는 것을 보는 것은 큰 기쁨이었다.

놀라운 것은 24시간 찬양과 기도를 드렸는데 에너지가 계속 샘솟은 것이다. 아내는 "자정만 넘으면 골이 깨지는 듯 머리가 아파 절대 밤샘은 못한다"고 했는데, 밤을 꼬박 새우고도 대회 시작 후 13시간이 경과한 오전 11시에도 어디서 힘이 났는지 펄펄 뛰며 찬양했다. 아내만이 아니었다. 수많은 중보기도자들에게 하늘로부터 은혜가 임했다. 이날 기도회에 주께서 우리에게 큰 감동을 주셨다.

이 대회 후에 또 다른 놀라운 소식이 있었다. 대회에 참여한 사람들이 1년 내내 지치지 않는 영성으로 하나님 나라를 위해 살고 있다는 것이었다. 그들은 예년과 달리 자신의 사역에 지치지 않는 돌파의 영성을 받았다고 했다.

HGe 소식은 전국교수선교대회로 퍼져나갔다. 나는 강사로도 초대받았다. 그 자리에도 성령님이 함께 하셨다. 크게 감동받은 교수들은 전국의 각 도시별 교수선교모임에 나를 초대했다. 그리하여 기도로 연결된 강력한 거룩한세대 기독교수의 네트워크가 만들어졌다. 전국의 기독교사 연찬회에도 초대를 받아 하나님의 뜻을 전했다.

이제 HGe는 많이 확장돼 매년 개최되고 있다. 2016년 제5회 대회는 6개 국 24개 도시에서 드려졌다. 이제 한국을 넘어 선교사들을 통해 세계 각 나라로 확산되고 있는 것이다. 나는 이것이 주님의 인도하심이라고 믿는다. 개인에 불과했던 내가 노력한다고 해서 어떻게 전국교수선교대회의 강사가 되겠는가? 어떻게 전국의 기독교수들과 영적 네트워크를 만들며, 6개 국 24개 도시로 이 대회가 확장될 수 있겠는가? 더구나 HGe는 7무 원칙에 따라 아직도 아무런 조직이 없다. 인간이 만든 조직과 조직의 리더도 없이 각 나라로 퍼져가고 있으니, 어찌 성령님의 인도하심이 아니라고 말할 수 있겠는가? HGe에 대해 더 많은 정보를 담고 있는 HGe 홈페이지를 소개한다.

HGe 홈페이지.

HGe 영적 전쟁의 승리,
그 이후

HGe에서 얻은 영적 승리는 부산대학교에서 현실로 나타나기 시작했다. 부산대학교 건학정신회복위원회가 만들어지고, 개교 이후 처음으로 건학정신(윤인구 탄생 110주년 기념) 콘퍼런스를 개최할 수 있었다. 연합기도로 영적 전쟁의 승리를 거둔 도시는 그 리더십이 하나님의 뜻에 의해 바뀐다는 것을 경험한 것이다. 그리고 2014년, 나는 부산대학교 교수회장에 출마하여 당선되었다. 부산대학교 안에서 정치적 성향이 전혀 없던 내가 당선되리라고 아무도 생각하지 못했다.

당선 이후 2015년부터 전국 거점 국립대학교 연합회(각 지역의 대표 국립대학교의 연합)에 부산대학교 대표로 가서 어떻게 하면 교육계에 하나님의 나라가 오게 할 수 있을지를 함께 고민했다. 나는 그 회의에 가서 처음에는 내 아이디어를 지지해줄 다른 대학교의 교수회장 중 크리스천을 찾기 위해 암중모색을 하였다. 직접 대화하면서 슬며시 종교적 성향을 물어보기도 했고, 식사 시간에는 기도하는 사람이 누구인지 살폈다. 참으로 놀랍게도 전국 거점 국립대학교 연합회의 회장 10명 중 7명이 진실로 하나님을 사랑하는 크리스천이었다. 그런 회장들이 주님의 뜻을 따라 일사분란하게 연합하여 교육 회복을 위한 전략들을 고민하고 실행에 옮겼다. 나 혼자의 힘이 아닌 약 1만 명의 교수를 대표하는 거점 국립대학교 회장단의 힘으로 공교육 개혁을 진행할 수 있게 된 것이다.

나는 내가 이 일을 외롭게 감당하고 있는 줄 착각하고 있었다. 그러나 주께서 이미 하나님을 사랑하는 자들을 전국의 대학에 세우시고, 교육계의 리더십으로 세우고 계시는 것이 아닌가? 나는 이것을 경험하면서 주께서 우리나라의 크리스천을 나라의 리더로 세우고 계신다고 믿게 되었다. 실제로 각 대학에서 총장, 부총장, 기획처장 등의 보직을 맡은 이들의 면면을 들여다보면 그리스도인이 제법 많다. 주 안에서 하나님 나라를 간절히 사모하는 동지들에게 이 얼마나 기쁜 소식인가? 우리 대부분은 잘 인지하지 못하고 있지만, 겨울이 지나고 봄이 오듯 주님의 새로운 계절로 이행하고 있음이 곳곳에서 점점 분명해지고 있다. 그러므로 지금 세상의 어두운 모습을 보고 실망하면

안 된다. 얼어붙은 동토 아래에서 새싹들이 움트고 있다.

　나는 하나님께서 이미 공교육 회복을 위한 길을 예비하고 계심에 놀랄 수밖에 없었다. 그들과 3개월 동안 공교육 회복을 위해 거점 국립대학들이 해야 할 전략을 마련했다. 이제 거점 국립대학교 약 1만 명 교수들이 공교육 회복을 위해 동참할 수 있는 초안이 마련된 것이다. 거점 국립대 회장단들과 국회를 방문하여 공교육 회복 포럼을 공동 개최하자고 제안하였고 크게 환영받기도 했다.

　나는 거룩한세대 학부모 훈련 프로그램을 실시하기도 했다. 하나님의 뜻에 따라 온전한 부모를 양성하고 회복시키는 훈련이다. 이를 통해 학부모들도 크게 변화되었다. 엄마와 아이 모두 심한 우울증으로 지옥 같던 가정이 3개월 만에 회복돼 가정 천국을 이루는 경우도 보았다. 생명의 능력은 놀라웠다.

공교육 회복을 위한
하나님의 전략

지난 몇 년간 일어난 모든 변화를 요약해보면 다음과 같다. 이를 통해 공교육 회복을 위한 하나님의 전략은 분명해졌다.

　첫째, 하나님의 교육의 본질을 회복하는 교육자의 개인 부흥이다. 거듭난 교육자들을 통하여, 교수, 교사, 학부모의 변혁으로 사람(학생)들을 바꾸신다. 하나님을 사모하는 자들에게 개인적 부흥을 주시고, 그들을 통해 교육을 바꾸어가실 것이다.

　둘째, 거룩한세대를 세우기 위한 거룩한세대 24시간 연속 도시별 중보기도이다. 각 도시가 영적 전쟁에서 승리를 거두어야 한다. 이를 통해 하나님의 사람이 교육의 각 부분에 리더로 세워지며, 국회와 정치권에도 하나님의 나라가 임하게 하는 은혜가 임할 것이다.

하나님께서 교육자들과 교육제도와 시스템을 바꾸는 일을 시작하셨다. 나는 '하나님의 거대한 교육 혁명'이 시작됐다고 믿는다.

나는 '윤인구를 세상에 드러내는 일'부터 시작된 이 여정이 시작되기 전에는 아무런 방법이 없다며 우리나라 교육에 대해 포기하고 있었다. 그러나 현재 하나님의 전략에 따라 교육개혁의 목표가 착실하게 달성되어가고 있음을 도저히 부인할 수 없다.

나는 '진리의 종소리가 온 세상으로 퍼질 것'이라는 윤인구의 독백이 그대로 이루어질 것을 믿는다. 가장 아름다운 하나님의 교육이 온 세상으로 흘러갈 것을 믿는다. 온 세상에 퍼져 있는 한인 디아스포라 교회가 거룩한세대를 기를 수 있도록 교민과 현지 시민들을 도와야 한다. 생명의 말씀을 가진 교회가 하나님의 교육을 회복하여 거룩한 다음세대를 세워야 한다.

22

진리의 종소리를
울려라

종을
발견하다

이 책은 윤인구의 역사이며 나의 간증이기도 하면서, 또한 그의 다큐멘터리를 만든 이후 나와 내 주변에서 어떤 변화가 나타났는지까지 다루고 있다. 이 책을 마무리하면서, 마지막 메시지로 종 모양의 캠퍼스를 이야기하고 싶다.

오늘날 대학이 대학답지 못하고, 교육이 교육답지 못하고, 청년이 청년답지 못하다. 안타깝게도 회복할 수 있는 가능성은 전혀 없어 보인다. 1950년대 중반에는 지금보다 더 절망적이었다. 그야말로 암흑천지였다. 그러나 윤인구는 놀라운 꿈을 꾸기 시작했다. 프린스턴에 견줄만한 아름다운 캠퍼스, 50만 평의 대지에 지구상 유일하고 가장 큰 종의 모양의 캠퍼스였다. 진리가 온 세상으로 퍼져나가기를 바란 윤인구의 꿈이 마침내 종으로 형상화되었다. 진리의 종소리가 이 대학에서 온 세상으로 울려 퍼지길 그가 얼마나 간절히 원했는지를 그 설계에서 느낄 수 있다.

나는 이 종 모양의 그림을 7,8년 동안이나 찾으려고 노력했으나 소망이 없었다. 위트컴 장군에게 보여준 그 그림, 즉 대학 배치도라는 걸 찾고 싶었다. 생존해 계신 위트컴 장군의 부인을 만났으나, 부인은 그 그림을 전혀 모르고 있었다. 백방으로 수소문했지만 도저히 찾을 수 없었다. 그러나 그 그림보다 약 1년 후에 더 자세하게 그려져 완성된 대학 캠퍼스 그림(배치도)이 존재한다는 것을 알게 되었다. 윤인구의 수제자요 양아들이라고 알려진 전 동서대 총장 정권섭의 증언 덕분이었다. 그가 "1955년 초가을 또는 늦은 가을에, 부산대 입학 요강에 종 모양 그림이 있었다"고 말한 것이다. "그것을 찾으면 좋을 텐데…"라며 안타까워했다.

나는 그 그림을 영원히 사라진 그림이라고 거의 포기하고 있었다. 그런데 그것을 90세가 훨씬 넘으신 윤인구의 동생 윤학자 원로교수께서 2013년 "집 정리를 하다가 찾았다"며 들고 오셨다. 이 종 모양 캠퍼스의 그림은 역사 속에 영원히 묻힐 뻔하다 발견된 것이다. 나는 이 그림 한 장이 윤인구의 대학을 향한 마음, 하나님의 마음을 가장 잘 드러낸다고 믿는다. 백 마디 말보다 그림 한 장이 더 많은 이야기를 전해주고 있다.

이제 이 종 모양의 대학 배치도 그림을 조용히 들여다보자.

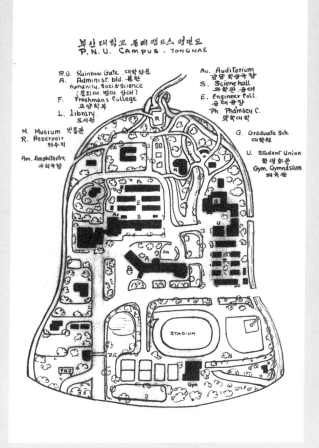

부산대학교 동배 캠퍼스 명면도
P. N. U. CAMPUS . TONGNAE

R.G. Rainbow Gate . 대학정문
A. Administ. bld. . 본관
    Humanity. Social science
    (문리대. 법대. 상대)
F. Freshman's College
   교양학부
L. library
   도서관
M. Musium
   박물관
R. Reservoir
   저수지
Am. AmphitheTre
    야외극장

Au. Auditorium
    강당 및 학생국장
S. Science hall
   과학관 . 문대
E. Engineer coll.
   공대공강
Ph. Phamacy C.
    약학대학
G. Graduate Sch.
   대학원
U. STudent Union
   학생회관
Gym. Gymnasium
     체육관

우리는 이 한 장의 종 모양 그림(캠퍼스 배치도)에서 윤인구의 꿈, 하나님의 꿈, 부산대의 꿈을 느낄 수 있다.

소정천…[42]

다시 살아나는 우물이 있는 시내

금정(金井, 금 우물)의 산기슭을 따라
간밤에 비가 억수 같이 오더니
그 빗물에
흙과 모래가
떠내려가고
녹슨 청동이 드러났다.

잊어버리라!
기억하지 못하게 하라!
그 어느 누구도 알아채지 못하도록
흔적을 지워라!
완벽하게
은밀하게
세상에서 완전히 사라져야 해!

그 음모가 거의 이루어질 뻔했다.
그러나

42　김재호의 시, 종(鐘)의 부활. '소정천'은 부산대학교 부근 소정교회(유인구 목사가 설립한 교회)
곁의 시내 이름으로, 금정산에서 발원해 부산대학교 땅 속을 흘렀다가 다시 솟아나 흐르고 있다.

언제나 그렇듯이
온전한 죽음 뒤처럼
녹슨 청동의 종이 부활한다.
거대한 종이 꿈틀대고
지진으로 산이 무너진다.
바위가 모래처럼 부서지고 흩어진다.

본디
산은
거대한 진리의 종이었다.

천년의 마음이 부활했다.
하나님의 짙고 푸른 마음이 드러났다.

나의 사랑!
나의 누이!
나의 신부야!
넌 내 꿈을 꾸고,
내 꿈을 선포하라!

네 입의 말은 내 예언이 되고
천지가 없어질지라도
일점일획도 변함없이

내가 모두 다 이루리라!

이제
온 세상에
진리의 종소리를 울려라!

나의 신부야!
새벽 벌판으로 나아오라
내가 너를
힘찬 포옹으로 안으리라
빨간 입맞춤으로 사랑하리라

모든 생명들이 소생하는 소정천에서,
해 돋는 금정의 기슭에서,
바람 부는 새벽 벌판에서,
너는 힘차게 청동의 종을 울려라!

　　이 그림은 가장 절망적인 시대에 꿈을 꾸고, 꿈을 노래하는 자들을
부르시는 하나님의 초대이다.
　　"꿈을 꾸라! 꿈을 노래하라, 그것을 형상화하라. 네 속에 있는 것들
은 세상에 나타나야 한다. 꿈을 꾸지 않는 자는 죽은 것이다. 나를 믿
으면서 세속적 사람들과 같이 살아가는 크리스천이 얼마나 많으냐!
나는 너희가 다 살아나기를 원한다. 너희가 입으로는 '천지를 지으신

능력의 하나님'이라고 하면서, 세상을 바꿀 꿈을 왜 꾸지 않고 있느냐? 나는 무에서 유를 창조하는 자이니라!"

그대!

아무 것도 할 수 없을 때
세상이 모두 날 외면하고
오직 세상에 나만 홀로 버려졌다고
생각될 그때도

그대! 꿈을 꾸라!
진리는 그때 더 빛나는 법!

세상의 모든 사람들을 향해
내 안에 진리가 빛나고 있음을 증명하라.
노래하라!

그대 속에 있는 그대의 위대함은
이 절망을
깨부수어야
찬란하게 세상으로 드러나리라.[43]

---

43 김재호의 시, 그대 노래하라

하나님은 순종의 종을 기뻐한다. 하나님께서 내 마음에 넣어준 생각은 내가 아닌 하나님께서 이루신다는 것을 명심해야 한다. 나에게는 그 일이 이루어지는 것에 대한 책임이 없다. 이를 인정함으로써 나는 내 무거운 짐을 내려놓고, 쉽고 가벼운 예수의 짐을 진다. 할렐루야!

하나님께서는 나와 변론하시며 물으신다.

"너는 나에게 답하라. 내가 주는 꿈을 꾸고, 노래하고, 그것을 그려내지 못할 단 하나의 이유라도 찾아낼 수 있겠느냐?"

하나님께서는 우리에게 부흥을 주시고자 한다. 그것은 사랑이며, 믿음이며, 소망이며, 만사에 구애받지 않는 자유함이다. 조급해하지 말자! 내 꿈이 언제 이루어질지 계산하지 말자. 천년 뒤에는 반드시 이루어질 것을 윤인구와 같이 믿으며 생각의 폭을 넓히자.

"우리의 목표는 천년입니다. 지나간 10년이 소중한 것처럼 앞으로의 10년도 소중할 것입니다."

윤인구의 말이다.

나의 아버지! 내가 영원히 당신을 믿습니다!

이 책의 초반에 나의 간염 발병 상황을 이야기했다. 이를 걱정하는 분들이 있어 먼저 나의 승리의 보고를 드린다. 2017년, 드디어 10년 만에 간이 완전히 정상으로 회복되었다. "여호와를 앙망하는 자를 피곤치 않게 하신다"는 주의 말씀이 이루어졌다. 할렐루야!

이 책은 2006년부터 전혀 예기치 않았던 일이 발생하면서 시작되었던 나의 간증이다. 주께서 기도가 무엇인지도 모르는 나를 선택하셔서 나를 기도할 수밖에 없는 상황에 두시고 하나님 나라와 주님의 일을 이루어가는 방법을 가르쳐주셨다. 그것은 아마도 집사 할머니의 중보기도 덕일 것이라고 생각된다.

주님의 일방적 은혜로 예언의 말씀을 받고, 중보기도자들이 생겨나고, 문화콘텐츠개발원장이 되고, "윤인구를 세상에 드러내라"는 말씀을 주시고, 다큐멘터리를 제작할 수 있는 재정과 도울 자를 붙여주셨다. 부산대가 정부로부터 450억 원의 재정을 지원받는 복의 통로가 되었다. 기적의 연속이었다.

기도회가 시작되고 부흥의 우물에서 생명수가 우리에게 허락되었다. 교육의 본질을 알게 되면서 나는 깊이 회개했고, 윤인구의 영성이 나에게 흘러들었다. 다큐멘터리를 성공적으로 마무리할 수 있도록 영상 촬영, 편집, 작곡에 이르기까지 모든 은혜를 허락하셨다. 완전히 오합지졸 같은 초보자들이 모여 다큐멘터리를 만들었다. 나는 '하늘로 부르는 노래'라는 윤인구의 연극 대본을 썼다. 이를 부산의 크리스천 극단인 '디아크노스' 팀이 연극적인 요소를 가미하여 대본을 일부 수정하고 무대에 올릴 수 있도록 섬겨주었다. 이 자리에서 감사를 전한다. 전부 내가 전혀 문외한인 분야이다. 이 모두 주께서 하셨다.

처음에 이 명령을 받을 때, 나는 1년 동안 하나님의 일을 하는 품꾼으로 부름 받은 것이라고 생각했다. 그러나 하나님의 진정한 목적은 다른 데 있었다. 그것은 나를 하나님의 아들로 온전히 세우시기 위함이었다. 나에게 맡겨진 다큐멘터리를 만들고 나니 윤인구가 가졌던 그 광명이, 그의 노래가 내 마음에 들어왔다. 나는 그때부터 노래하는 자로서 살아간다. 나는 도저히 예전과 같은 교수로는 도저히 살아갈 수가 없다. 그것은 나의 온전한 부흥이고 변혁이었다.

윤인구는 나의 부흥의 우물이었다. 마틴 로이드 존스의《부흥》책을 생일 선물로 받으면서 이 일이 부흥이라는 마음을 받았는데, 그것이 적어도 나에게는 이루어진 것이다. 이 부흥은 온 세상으로 퍼져가야 한다. 윤인구가 예언했듯이 50만평의 종에서 나는 진리의 종소리가 세상으로 흘러갈 것을 나는 믿는다. 나는 나의 삶을 거룩한 다음세대를 세우는 일에 바치고 싶다.

2017년은 주께서 "윤인구를 세상에 드러내라"는 명령을 주신 지 10년이 지난 해이다. 그동안 참 많은 변화가 있었다. 2008년 5월 윤인구의 다큐멘터리 '하늘 열고 광명을'이 완성되고 부산대학교 교수, 학생, 구성원들에게 윤인구와 그의 건학정신이 소개되었다. 2013년에는 윤인구 탄생 110주년 기념으로 '왜 윤인구인가?'라는 건학 정신 콘퍼런스를 개최했고, 2015년에는 내가 부산대 교수회장이 될 수 있도록 하나님께서 인도하셨다. 지난 10년간, 나는 부산대에 하나님의 나라가 올 수 있도록 계속 기도했다.

주님께서 2012년 '거룩한세대 중보기도대회'를 몇 교수들과 함께 시작하게 하셨다. 지금은 6개 국 24개 도시가 이 대회에 참여하고 있다. 또한 전국교수선교대회(이하 전교선)와 연결되어 전국의 기독교수들에게 윤인구를 소개하였다. 2015년 전교선대회(광주, 남부대)에 주강사로 초청되어 윤인구

를 알렸다. 그 자리에 임하신 성령님께 감사를 올려드린
다. 2016년 전교선대회(부산, 부산대)가 윤인구를 본받는
다는 의미에서 "거룩한 교수가 되자"라는 제목으로 열렸
다. 국립대에서는 거의 불가능한 대회였기에 하나님께
더욱 감사를 올려드렸다. 교수들이 하나가 되어 그 대회

하늘로 부른 노래

를 아름답게 치렀다. 그때 윤인구의 '하늘로 부른 노래' 연극이 공연되었다(
공연영상 : QR코드). 이 대회에서 교수들은 크게 감동받았고 거룩한 교수가 되
기를 다짐했다. 이제 하나님의 뜻에 따라 하나님을 사랑하는 전국의 모든 교
수들에게 윤인구가 온전히 소개되었다.

지난 10년 사이에 교회 '잡사' 수준에 불과했던 나를 하나님의 아들의 자
리로 불러주셨다. 오직 주께서 계획하시고 이루어주신 것이어서 감사와 찬
송을 다시 올려드린다.

최근에는 하나님께서 새로운 시대가 열릴 것이라는 마음을 주셨다. 2016
년 말에 '캠퍼스부흥미션선교회'(CRM:Campus Revival Mission)를 만들게 하
셨다. 우리나라와 열방의 대학을 포함한 유·초·중·고 캠퍼스의 거룩한 교수,
교사들과 함께 부흥을 위해 주님의 인도하심에 참여하게 되기를 기도한다.

2017년 7월 캄보디아에 선교 여행을 다녀왔다. 거기에는 현재 우리나라
의 1950년대와 같은 절망적 상황이 실제로 존재하고 있었다. 나는 캄보디아
사람들의 눈으로 보면 타임머신을 타고 미래에서 날아온 사람이었다. 어떻
게 선교를 도울 것인가? 이 일에 내가 조금이라도 감당해야 한다고 믿는다.

나에게는 아직 주님이 주신 "윤인구를 세상에 드러내라"는 명령을 준행하
기 위한 일이 많이 남아 있다. 선진국도 후진국도 모두 교육의 본질을 상실했
기에, 이는 온 세상에 더욱 필요한 일이다. 이를 통해 진리를 만나 회개하고,
자신의 삶을 하나님께 드리는 제2, 제3의 윤인구가 나와야 한다고 나는 생각
한다.

나는 각 지역의 대학 교수들을 만나면서 각 대학의 역사를 조사해보라고 권했다. 부산대의 역사 속에 발견되었던 윤인구와 같은 하나님을 사랑하는 설립자가 있을 것이라고 이야기했다.

먼저 전남대학교에서 놀라운 소식을 전해왔다. 설립자 이을식 지사의 이야기가 발견된 것이다. 그 또한 3.1 운동에 가담하여 죽도록 매를 맞았다. 일본 경찰이 그가 죽은 줄 알고 그를 내다버렸고, 지나가던 선한 사마리아인이 그의 숨이 붙어 있는 것을 발견하고 도움을 주어 생명을 건졌다. 그 일로 그는 평생 불구의 몸이 되었지만, 그는 하나님을 진실로 사랑한 사람이었다. 6·25 전쟁 중이던 1952년, 정부는 돈을 만들어오면 국립대 설립을 허가해 준다고 하였다. 부산대학교와 마찬가지로 전남대학교도 국립대로 설립되었지만, 대학을 운영하기 위한 재정은 시민들의 힘으로 모은 것이었다. 그 중심에 이을식 지사가 있었다. 국립이지만 그 시작은 민립인 것이다. 부산대학교와 어찌 그리 똑같은지 놀랍기만 하다. 이을식 지사의 선행과 청렴함, 놀라운 비전의 이야기를 전해 들으면서 나는 감동했다.

얼마 후 경북대학교에서도 연락이 왔다. 초대총장 고병관 또한 하나님의 사람이라는 소식이었다. 전북대학교 설립에도 전북도지사였던 이종록 장로의 기여가 컸다는 사실이 알려졌다.

나는 아직도 많은 하나님의 사람들이 우리나라 교육의 기초를 쌓을 때 헌신한 역사가 더 많이 숨겨져 있다고 믿는다. 이는 "윤인구를 세상에 드러내라"를 단지 부산대의 이야기로 국한해서 들으면 안 된다는 것을 말해준다. 우리나라 역사 구석구석에 숨겨진 위대한 보석과 같은 하나님의 사람들을 찾아서, 다음세대들에게 그들의 아름다운 삶의 이야기를 들려주어야 한다.

내가 이 책에서 언급했던 주님의 모든 인도하심과 나의 간증은 우리 모두의 존재적 변화를 원하시는 하나님의 초대장이다. 나의 중심에서부터 완전한 개혁이 일어나는 것이 하나님의 뜻이다. 주께서는 우리 모두가 예수의 본질을 만나 온전한 부흥을 경험하기 원하신다.

김기열은 윤인구 박사 유고집의 서문에서 다음과 같이 말했다.[44]

땅에 한 스승 계셨네
나는 그를 만났네
그의 참 삶과
그의 옳은 정신을
나는 닮고 싶었네

바로 이것이다. 제자가 닮고 싶은 스승이 되는 것! 이것이 부흥인 것이다. 나를 닮고 싶어하는 제자가 있는가? 우리의 자녀가 부모를 닮고 싶어 하는가? 아니라면, 주께서 지금 당신을 부흥의 우물로 초대하신다. 메말랐던 우물처럼 보였지만, 그것을 파보니 여전히 생명수가 흐르고 있지 아니한가? 우리가 닮고 싶은 스승들의 모습이 우리를 옛적 길 곧 선한 길로 인도하고 있지 않은가?

이를 위해 윤인구의 노래는 부활했다. 역사에서 모습을 감추었던 종이 부활처럼 나타났다. 원수들이 흔적도 없이 덮어버렸던 부흥의 우물이 열렸다. 메말랐던 땅에 생명수가 다시 흐르고 있으며, 그 물길은 더 넓어지고 깊어지고 있다. 이제 온 세상에 진리의 종소리가 울려 퍼질 것을 믿는다.

이 모든 것이 주로부터 비롯되었다. 이 일의 결국을 이루실 주님을 찬양한다!

---

44 땅에 한 스승 계셨네 - 그의 참 삶, 그 옳은 정신(고 윤인구 박사 유고), p14, 그루터기, 1990

부산대학교 초대총장 취임사

경애하는 문교부 장관님, 외국 사절단, 경상남도 지사님, 부산 시장님, 우리 대학교 후원회 간부, 기타 참석하신 귀빈 제위, 그리고 친애하는 동료 교수 여러분과 나의 사랑하는 학생 일동!

　본인은 여러분과 함께 우리 대학교가 부산에 자리잡게 된 그날부터 종합 대학교로 완성의 길을 걷게 된 오늘날까지 자라온 역사를 지켜온 사람의 하나로서, 이날을 맞이하여 기쁨을 금할 수 없는 동시에, 불초 이 사람이 이 대학교의 책임을 맡게 되어 몸에 넘치는 영광과 또한 두려움조차 느끼는 바입니다. 이제 본인이 우리 대학교의 오늘까지의 역사를 상고하면서 총장의 취임의 인사 말씀을 드리려고 할 때, 마음에 복받쳐 오르는 감회는 이 대학교를 위하신 선배 제위의 애호에 대한 감사와 감격으로 차고 넘칠 따름입니다.

　해방 당년 이 민족에 대한 고등 교육의 필요성을 절감해서서 조국 해방의 기념 사업으로서 우리 부산대학교의 창립에 수고를 아끼지 않으신 분도 여러분이시었고, 그 후 교사와 교육 시설에 있어 대난관에 봉착하였을 때에 거재(巨財)를 던져서 가교사라도 건설하여 대학 발전의 기반을 잡아주신 이도 여러분이시며, 이번에 종합 대학교로 출발함에 있어서 외부로부터 온 뜻하지 않던 일들이 우리들을 괴롭혔으나, 이것 역시 무난히 겪고 광명의 오늘을 맞게 한 것도 이해 많으신 여러분이 성원하신 결과라는 것을 알고, 감격과 감사의 뜻을 이루 다 표현할 수 없는 바입니다.

　더욱이 동료 교수 제위와 직원 제군은 이 학교를 낳고 이 학교를 지키고 기르기에 모든 힘과 정성을 다 하였습니다. 만일 이 사람에게 오늘의 영광이 있다면 이는 모두가 여러분이 받아야 할 영광이요, 이 가슴에 안긴 향기로이 아름다운 꽃다발들은 모두가 여러분께서 마땅히 받아야 할 꽃다발입니다. 우리 대학교가 이 땅에 존속하는 한, 여러분의 거룩한 이름은 영원히 그 역사와 함께 남아 있을 것입니다.

경애하는 문교부 장관님과 귀빈 제위, 우리 동료와 만장의 학생 제군! 우리 대학교는 이같이 뜻있게 출발하였고, 힘차게 지원되어 왔으며, 진실하게 전진하고 있으며, 훌륭한 대 종합 대학교로서의 완성의 날이 멀지 않은 장래에 반드시 올 것을 확신하는 바입니다.

생각하건대 이 부산은 저 일본이 과거에 있어 대륙 침략의 교두보로서 점거한 곳이며, 패전 후 저들이 철한 오늘에 있어서조차 꿈에도 잊지 못하고 있는 호시탐탐의 땅이며, 철없는 이 땅의 사람은 옛날의 수치를 잊고 저들과 영합하지나 않을까 하는 행동조차 간혹 보이는 곳이지마는, 그러나 바라다보이는 저 앞바다가 왜함 수백 척을 일시에 격침시킨 충무공의 애국 충혼을 가득 싣고 있는 곳이기도 하니, 여기에 엄연히 선 우리 부산대학교는 이 땅에서 외적을 물리치고 이 땅을 지키는 조국애로 넘치는 애국 열사가 자라는 처소가 될 것입니다. 그것은 마치 전날에 베를린대학을 세워 그곳이 나폴레옹의 말굽에 짓밟힌 프러시아를 회복하여, 다음날 대 독일 국가를 건설하는 애국 애족의 대중심지가 되게 한 것과 같습니다. 이것이 우리 부산대학교가 서 있는 의의 중에서 가장 큰 것의 하나입니다.

또 우리 부산대학교는 문화 면으로 보아서도, 그 의의가 적지 않으니, 이곳 부산은 영남의 웅도(雄都)며 영남 문물의 오늘의 집결지라고 볼 수 있는 바, 영남은 고래로 타지방을 거쳐 온 외래 문화를 충분히 이해하고 내 것으로 만드는 일에 독창성을 발휘했고, 또 길이 이것을 보존하는 일에도 공헌해온 곳이라, 불교가 그러했고 유교가 그러했고, 원효와 퇴계 같은 철인이 이곳에서 났고 저들이 창건한 사찰과 서원들은 아직도 우리 영남 안에 있어 지난날을 말하고 있으니, 해방 후 새 문화를 받아들여 여러 해를 지났으나 아직도 이렇다 할 결실을 보지 못하고 있는 오늘에, 이곳에 그 처소와 인재를 얻었음에 영남이 과거에 남긴 바 그 업적을 이 대학교를 통해서 다시 한번 이 민족 사상에 끼칠 것이니, 다시 말하면 우리 부산대학교가 신문화를 깊이 또는 바르게 이해하고 내 것으로 만들며, 나아가서는 우리 민족의 독창적인 면에 큰 공헌을 하리라고 확신하는 바입니다.

우리 부산대학교가 짊어진 사명은 이상에서 말한 두 가지이니, 다시 말해서 학문을 통해서 첫째로 우리의 국토를 방위하고, 둘째로는 우리의 문화를 새롭게 창건하는 것입니다. 이같이 힘차고 원대한 이상을 가진 이 대학교에 책임자로 임함에 불초 이 사람도 옛 이스라엘의 목자처럼 가시덤불에 불이 붙고 있으나 사라지지 아니함을 보고서 "네가 선 곳은 거룩한 땅이라, 네 발의 신을 벗으라"라는 음성을 듣는 것 같습니다. 이와 같이 이 대학은 이 나라의 성소(聖所)이니 참으로 숭엄과 경건의 감을 금할 수 없습니다.

다행으로 위로는 우리의 영도자를 모시고 뒤에는 밀어주시는 선배 제위가 계시며, 주위에 친애하는 동료와 열심인 학우들이 있으매 붙잡아주시고 도와주시므로, 오직 이 큰 목표를 향하여 지키고 기르고 바침에 충성을 다하여 큰 허물이 없기를 바라는 바입니다. 지키고 기르고 바침에 충성을 다하려 함은 본인이 평소에 가져온 이 대학교를 위한 세 큰 기원입니다. 이 학원을 지키며, 이 학원을 기르며, 이 학원을 바친다는 서원(誓願)이 그것입니다.

이 학원이 책임자의 첫 임무는 이 학원을 지키는 일에 있습니다. 대학은 학문하는 곳입니다. 정치하는 곳도 아니며 장사하는 곳도 아닙니다. 어떠한 세력 부식이나 정치 운동으로부터도 대학을 지켜야 할 것이며, 사리사욕을 일삼는 장사꾼으로부터도 역시 지켜야 할 것입니다. 학원은 내일을 위하여 있고, 또 더 나은 앞날을 바라다보는 사람들이 서 있는 곳입니다. 금일에 눈이 멀고 현실에 부동(附同)하여서는 내일을 위한 신천지의 창조는 있을 수 없습니다. 학원의 사명이 이것이라면 이 학문을 위한 자유발전의 세계가 이곳에 허용되어야 할 것이요, 그것을 위하여 우리는 학문의 자유를 주장하는 바이며, 동시에 참된 자유는 질서 있는 자유일 것이요, 질서 잡힌 생활 안에 참다운 자유와 발달이 있는 것이니, 이 학원의 책임자는 대외적으로는 이 자유를 말살하려는 불법자의 침범으로부터 이 학원을 지킬 것이요, 대내적으로는 더 나은 정진을 위하여 질서를 유지함에 있어서 그에게 허락된 모든 역량을 다 발휘하는 일에 주저해서는 안 될 것입니다.

이 학원의 책임자의 다음 임무는 기르는 일이며 학문의 목적도 이 점에 있으니, 그것은 참된 인물의 양성을 말하는 것입니다. 참되고 가치 있는 생활을 하는 인물은 만사에 구애를 받지 않는 자유인이라야 하며, 또 이 세계를 보다 낫고 보다 아름다운 것으로 만들 참된 세계인이라야 할 것입니다. 스스로 자기를 극복하지 못하면서 이웃을 제압하며 인류 문화에 하등의 기여함이 없는 군소 독재자들을 양성하는 것이 대학의 목적이 아닙니다. 그리고 '대학지도(大學之道)'는 '재명명덕(在明明德)'이라 하였고 명덕(明德)은 인간 본래의 덕성을 말하는 것이니, 오늘의 이른바 '도의교육(道義敎育)'이 대학 교육의 목표라고 할 수 있겠습니다. 모든 학문과 기술의 습득은 '사람됨'을 위한 하나의 수련 도구에 불과할 것입니다. 그러나 금일 도의 교육을 부르짖으면서도 그 실제를 들여다보지 못하는 일이 많은 이유는 무엇입니까? 그것은 교육자 자신이 도의에서 먼 곳에 있고 교육자 자신에게 이상이 없는 까닭입니다. 이 비참한 현실의 인생에서, 그리고 또 이 절망적인 암흑 속에서 참된 인물을 살려 내려면 하늘을 열어 광명을 저들의 가슴 속으로 던져야 할 것이며, 그리고 장벽을 열어 신선한 공기 속에서 저들을 호흡하도록 해야 할 것입니다. 이것이 우리 교육자에게 부하된 가장 중대한 임무의 하나일 것입니다.

이 학원의 책임자의 셋째 임무는 바치는 일이니 이 학원을 위해 바치는 일이며, 이 나라를 위하여 이 학원을 바치는 일이며, 이 민족을 위하여 이곳에서 자라는 우리 젊은이들을 바치는 일입니다. 하늘은 그가 바치는 정도에 따라서 그에게 보답할 것이니, 책임자로서 이 학원을 위해서 바치는 그의 충성에 따라서 이 학원에 보답하리라고 확신하는 바입니다. 우리 학원이나 우리 학생이 모두 그러하리니, 우리 앞에 전개되고 있는 이 현실을 바라다보고 황폐해진 이 강산, 파괴된 이 도시, 분열된 이 인심, 타락된 이 도의를 재건함에 있어서 스스로 바치는 일에 뛰어들어야 할 것이며, 학생은 이 일들을 위하여 노력함에 있어서 희생과 봉사의 길을 배워야 할 것입니다. 섬김에 있어서 뛰어나라, 몸을 내침에 있어 남보다 앞서라는 것입니다. 우리 대학교가 이 민족, 이 국가 그리고 이 세계의 행복과 발전을 위하는 희생과 봉사의 일꾼이 자라나는 학문의 동산이 되기를 바라는 바입니다. 이 의미에서 오늘의 우리 종합 대학교 개교식은 동시에 봉헌식이니, 이것은 이 민족, 이 국가를 위한 헌납식이 되기를 바라는 바입니다.

끝으로 오늘의 축하식은 종합 대학교로의 완성의 축하식이 아니요, 그것이 종합 대학교로서의 출발식이라는 점을 명심해야 할 것입니다. 부산대학교는 자라나아갈 대학교이니 각 단과대학의 충실화, 훌륭한 교수진, 대학교의 상징인 웅대한 교사, 그리고 아름다운 교정-이러한 것들이 이 대학교의 당면 목표입니다.

앞으로 평난(平亂)이 되고 남북이 통일되어 군문(軍門)으로 들어갔던 우리 청년 학도들이 모두 이 학원에 돌아와서 새로운 한국을 건설하기 위하여 학문하게 될 그날을 생각할 때, 영남 청년 학도들의 낙원이 오늘 이곳에 터잡는 감이 있어 감개무량한 바가 있습니다. 그러나 이 일들을 누구가 다 감당해내며, 누구가 성취해내리요? 천학비재로서 이 중책을 능히 질 수 없는 바임을 충분히 알고 있지마는, 스스로 생각해보고서 위로와 격려를 받는 바 없지 아니하니, 그것은 옛 철인이 높은 하늘에 빛나는 별과 가슴의 도덕률에서 그의 계시를 받았듯이, 저에게 있어서도 생각하면 생각할수록 새 길을 바라보게 하며 새 힘을 얻게 하는 것은 높은 하늘에 빛나는 별들과 이 가슴에 차고 넘치는 만장하신 여러분의 온정과 호의이니, 오직 이로써 한 걸음, 또 한 걸음 걸어 갈 수 있는 용기를 가지는 바입니다.

여러분의 건강을 빌며, 또 우리 부산대학교의 앞날의 영광을 바라보면서, 이로써 취임사를 마칩니다. 감사합니다.

1953년 12월 10일

윤인구

땅에 한 스승 계셨네
나는 그를 만났네
그의 참 삶과
그의 옳은 정신을
나는 닮고 싶었네
＿김기열

제자가 닮고 싶은
스승이 되는 것!
이것이 부흥이다.

_김재호